国家治理研究专项基金支持图书项目

中国政治生态研究课题廉政管理丛书

从反腐败到廉政管理

——国家治理研究的管理科学思维

董英豪　著

中国水利水电出版社

www.waterpub.com.cn

·北京·

内 容 提 要

本书分为十章，内容包括：第一章研究廉政管理的目的和意义；第二章廉政管理体系研究；第三章对我国腐败问题的基本判断；第四章我国的反腐败状况；第五章我国腐败犯罪侦查机制的改革与创新；第六章反腐工作中的管理科学思维；第七章大数据让贪腐无处藏身；第八章国家治理研究的管理科学思维；第九章提高一体推进"三不腐"能力和水平；第十章研究结论与建议。

本书适合国家机关工作人员，特别是从事纪检、监察工作的人员阅读，也适合各行各业从事管理工作的人员阅读使用。

图书在版编目（CIP）数据

从反腐败到廉政管理 ：国家治理研究的管理科学思维 / 董英豪著. -- 北京 ：中国水利水电出版社，2022.9
（中国政治生态研究课题廉政管理丛书）
ISBN 978-7-5226-1037-5

Ⅰ．①从… Ⅱ．①董… Ⅲ．①管理学—研究—中国 Ⅳ．①C93

中国版本图书馆CIP数据核字(2022)第187016号

书　　名	中国政治生态研究课题廉政管理丛书 **从反腐败到廉政管理** **——国家治理研究的管理科学思维** CONG FAN FUBAI DAO LIANZHENG GUANLI ——GUOJIA ZHILI YANJIU DE GUANLI KEXUE SIWEI
作　　者	董英豪　著
出版发行	中国水利水电出版社 （北京市海淀区玉渊潭南路 1 号 D 座　100038） 网址：www.waterpub.com.cn E-mail：sales@mwr.gov.cn 电话：(010) 68545888（营销中心）
经　　售	北京科水图书销售有限公司 电话：(010) 68545874、63202643 全国各地新华书店和相关出版物销售网点
排　　版	中国水利水电出版社微机排版中心
印　　刷	北京印匠彩色印刷有限公司
规　　格	184mm×260mm　16 开本　13.5 印张　329 千字
版　　次	2022 年 9 月第 1 版　2022 年 9 月第 1 次印刷
印　　数	0001—5000 册
定　　价	**199.00 元**

党的十八大以来我国腐败治理的新特征与新发展

中国共产党有效治理腐败的显著优势。反腐败是一场顺应民心的"斗争"，党的十八大以来，我国反腐败工作有理论、有行动、有成效，逐步实现以层次、领域、部门为依据分类推进、逐项开展，以精准施策为重要推动解决了一批社会反映强烈的突出问题，走出了一条具有中国特色的反腐败道路，彰显了中国共产党领导下严惩腐败、治理腐败的显著优势。

中国共产党坚强有力的领导。中国特色社会主义最本质的特征是中国共产党的领导，中国特色社会主义制度的最大优势是中国共产党的领导，党的坚强有力领导是新时代赢得反腐败胜利的根本保证。发挥中国共产党在治理腐败过程中总揽全局、协调各方的领导核心作用，有利于抓住腐败治理的"牛鼻子"，坚决纠正不当行为、强化权力运行监督，取得腐败治理成效。其一，党中央的顶层设计推动形成上下联动的反腐"同心圆"。横向上，各级各类纪律检查机关、行政监察机关、司法审判机关等在党的坚强领导下落实主体责任、高效开展工作，形成"联动反腐"的"一盘棋""一张网"，确保方针政策的贯彻执行，获取腐败治理的最大成效；纵向上，党领导下的组织体系由中央到地方不同层级构成国家治理系统，自上而下的组织体系联系紧密，能够发挥贯通优势，实现在腐败治理过程中"一竿子插到底"，做到"打虎""拍蝇""猎狐"。其二，党领导下不断完善的体制机制统合腐败治理的资源与力量。腐败治理是一项系统性工程，党的十八大以来，中国共产党深入推进体制机制改革，着力解决"九龙治水"的内耗局面，建立起党领导下的"合署办公"机制，以此更好地统合腐败治理的资源与力量，推动反腐工作运转顺畅、权威高效。

中国共产党坚持以人民为中心。中国共产党开展反腐败斗争，始终将民心视为最大的政治，坚持以人民为中心的腐败治理理念，牢牢站稳人民立场，持续维护人民利益。在反腐败工作的推进过程中，中国共产党实现以上率下、一以贯之，做到人民群众痛恨什么、厌恶什么就杜绝什么、铲除什么，持续巩固落实中央八项规定、整治"四风"问题，不断将群众路线贯彻到腐败治理的全方位、全过程，为人民"站好岗""放好哨"，使"中国之治"的显著优势在反腐败斗争中得到充分展现。其一，腐败治理工作紧紧依靠人民群众。腐败治理不是党和政府的"独角戏"，中国共产党始终同人民群众保持血肉联系，善于动员社会力量同腐败现象作斗争，通过开门接访、带案下访、宣讲导访等多种途径厚植反腐群众基础，深挖细查腐败问题，以此激发人民群众参与腐败治理的"集体凝视效应"，消除腐败滋生的社会土壤。其二，在腐败治理中增强人民群众的获得感。中国共产党开展的腐败治理行动以维护人民利益、增进人民福祉为价值取向，反腐败举措的深入实施回应和满足人民诉求、释放"反腐红利"，实现反腐成果人民共享的"普惠效应"，从而不断增强人民群众对政府工作的满意度、支持度，对社会环境的满足感、获得感，有利于提高腐败治理的"续航能力"。

中国共产党勇于自我监督、自我完善。勇于自我革命是中国共产党带领人民战胜艰难险阻、取得伟大成就的最大优势，腐败治理依靠从严管党治党、开展自我革命，取得了良好的工作成效。党领导下的反腐败斗争，坚决纠治加重基层负担、漠视人民利益的官僚主义、形式主义、个人主义、享乐主义，严厉查处忽视客观实际、无视群众需要的玩忽职守、扯皮推诿，勇于刀刃向内、刮骨疗毒，勇于坚持真理、修正错误，有利于做到自我纠偏，实现反腐防腐。其一，在自查自省中增强自我监督。中国共产党在治理腐败问题上拥有强烈的自我革命意识，能够通过自查自省实现自我监督，着力构建起具有中国特色的监督体系和机制。党内方面，构建起"六大主体"监督体系；国家层面，推动监察体制改革，利用"合署办公"实现"四个全覆盖"。在此基础上，不断推动党内监督与国家机关监督的贯通、衔接与协调，保证了对权力监督和腐败治理的无死角、全覆盖。其二，在创新发展中实现自我完善。中国共产党将腐败治理与全面深化改革协同推进，通过反腐败推动各领域、各环节改革的深化，同时又通过改革构建科学合理的腐败治理机制，着力在创新发展中完善体制机制，不断铲除腐败滋生的土壤，推动中国特色反腐倡廉制度体系的成熟定性，最大限度地防范、治理腐败问题。

党的十八大以来我国腐败治理的新特征。腐败是党长期执政的最大威胁，反腐败是一场输不起也决不能输的重大政治斗争。党的十八大以来，党领导下的反腐败工作牢牢把握稳中求进的总基调，对腐败行为真追责、敢追责、严追责，持之以恒正风肃纪，呈现出许多腐败治理的新特征。

把权力关进制度的笼子。党的十八大以来，中央扎紧"制度笼子"，先后制定、修订了一系列关于腐败治理、从严治党的法律法规，从制度上强化了对权力的监督与制约，有力推动了我国预防腐败、查处腐败、减少腐败的工作进程。其一，党内法规建设逐渐完善。党的十八大以来，党内反腐倡廉法规制度体系建设以党章为核心、以若干法规为支撑，通过规章制度确定反腐败的要求和目标，为腐败治理提供了理论规范和行动指南。党章是腐败治理党内法规建设总的遵循，党的十九大通过的新党章写入"全面从严治党"，进一步充实了纪律检查、党内监督的职责规范，同时将党的"六大纪律"、监督执纪的"四种形态"等内容写入党章，有力推动了党内监督体系的完善。此外，2016年审议通过修订后的《中国共产党党内监督条例》；2015年、2018年两次修订《中国共产党纪律处分条例》；2018年印发《中国共产党纪律检查机关监督执纪工作规则》等，围绕制度、思想、理论构建体系，围绕责任、权力、担当设计制度，不断提高腐败治理的政治性、针对性、时代性，为反腐败工作提供有力保障。其二，国家法律法规建设逐步健全。面对腐败治理的新任务、新形势，党的十八大以来，中国共产党坚持依法治国、实施"制度反腐"，重视发挥法律法规在反腐败中的保障和协同作用，审议通过的宪法修正案、《中华人民共和国监察法》等条文规定健全了中国特色法规制度体系，基本形成了以宪法为基本依据，以党中央、国务院、全国人大、中央纪委以及监察委员会制定法律法规为基本内容的"制度反腐"原则和方针，为权力监督、腐败治理指明了方向。

坚持不敢腐、不能腐、不想腐一体推进。持续推动腐败治理进程，坚持"三不"一体推进是党的十八大以来全面从严治党的重要工作，中国共产党将严惩腐败、严格要求、严肃教育贯穿衔接，不断完善配合、增强联动，构筑不敢腐、不能腐、不想腐的"堤坝"，做到系统整治、标本兼治，全面提高腐败治理效能。其一，做到以案促改。腐败案件往往暴露出谋取私利与滥用职权、利益输送与利益交换、"围猎"与"被围猎"相交织等问题，以案促改能够做到针对问题进行专题部署，倒逼责任落实，推进腐败治理工作的组织与协调，不断强化管党、治党工作，以此充分发挥办案查案的综合成效，达到"查处一案、警示一片、治理一域"的良好效果。其二，坚持惩前毖后、治病救人。党领导下的腐败治理既体现出严格执法、不徇私情，又体现出人文关怀、组织关爱，实现了"纪法情理"的融合贯通。在实际工作中能够用好"四种形态"，做到"三个区分开来"，坚持实事求是、宽严相济，综合发挥出教育警醒、政治震慑、诚勉挽救的功效，真正做到对干部负责、对党负责、对国家负责。其三，开展纪法、廉洁与警示教育。我们党强调要将思想道德建设置于十分突出的位置，发挥好教育教化作用，把纪法廉洁、警示教育融入日常监督管理的各个环节，实现"三位一体"的常态化教育，同时扎实推进"三严三实""两学一做"专题教育的开展，以此构筑拒腐防腐的思想防线，增强不想腐的主体自觉。

落实"无禁区、全覆盖、零容忍"深入开展。党的十八大以来，"无禁区、全覆盖、零容忍"概括了我们党治腐反腐的原则与标准，纵向上打破反腐上限，横向上深入各个领域，做到有腐必反、有贪必肃，坚决祛除党的肌体上的"毒瘤"，体现出腐败治理的坚强决心和鲜明态度。其一，保持反腐高压态势。党的十八大以来，我们党始终高悬反腐利剑，不因位高权重而止步，不因特殊节点而放松，坚持除恶务尽，做到不搞例外、没有特殊，既不"养虎为患"，也不"纵蝇作恶"，用实际行动证明了过去的"功劳簿"做不了现在的"挡箭牌"，党内没有"丹书铁券""铁帽子王"，在动真碰硬的高压态势中彰显了反腐治腐的决心和恒心，不断消除党内的政治隐患。其二，系统发力遏制腐败势头。腐败治理在党的领导下全面发力，实现领域、地域全覆盖。一方面，在政治安全、经济发展、文化传播等各领域开展反腐行动，实现党的干部无论从事何种工作都要接受党纪国法的约束；另一方面，统筹国内"一盘棋"与国外"一张网"，大力推进国内外追逃追赃工作，开展"天网""猎狐"专项行动，以此挤压腐败存在的空间，实现腐败治理成效的延伸与拓展。其三，锻造过硬的纪检监察队伍。强化纪检监察工作是腐败治理的重要抓手，党的十八大以来，纪检监察机关坚守初心使命，深学笃悟习近平新时代中国特色社会主义思想，不断锤炼惩治腐败的意志和本领、思想与素质，坚持以党性立身做事，用秉公执法、刚正不阿的零容忍态度推进党和国家腐败治理落细、落小、落实。

整治群众身边的腐败问题。党的十八大以来，我们党将整治群众身边的腐败问题作为腐败治理的一项重要任务，因地制宜、精准施策，沉到一线解决侵害群众切身利益的突出问题，把全面从严治党贯通到社会的"最后一公里"。其一，开展扶贫领域腐败专项整治。扶贫资金、扶贫项目是困难群众的"救命稻草"，容不得动手脚、玩猫腻。党的十八大以来，我们党高度关注扶贫领域，将从严管党治党贯穿于扶贫工作的全过程，精准施治扶贫过程中出现的截留挪用、贪污侵占、虚报冒领等违纪违法行为，深入推动扶贫领域的腐败治理，确保扶贫举措精准落地。其二，推进民生领域腐败治理。中国共产党能够聚焦群众反映集中的难点、痛点、焦点，着力解决教育医疗、食品安全、环境保护等方面存在的吃拿卡要、盘剥克扣、行贿受贿等腐败问题，不断压实责任、加大力度，深挖啃食人民群众利益的"微腐败"行为，做到打防并举、标本兼治，以此密切党同人民群众之间的联系，切实让人民群众感受到腐败治理的变化和成效。其三，彻查涉黑腐败与黑恶势力"保护伞"。党的十八大以来，各级纪检监察机关加大惩治涉黑腐败与黑恶势力"保护伞"的力度，严肃查处"村霸"、黄赌毒、宗族势力背后的腐败行为，对于涉黑涉腐案件，能够通过同步立案、同步调查，实现扫"黑"、打"伞"同频共振，从而带动政治生态持续好转，实现乾坤朗朗、海晏河清。

聚焦政治问题和经济问题交织的腐败案件，防止党内形成利益集团。相较于单一的政治腐败与经济腐败，二者相交织的腐败问题对我国经济社会发展具有更强的威胁性。党的十八大以来，中国共产党聚焦政治问题和经济问题交织的腐败案件，着力防止党内形成利益集团，做到惩治腐败决心不减、态度不变、尺度不松。其一，强化监督领导干部这一"关键少数"。若想进一步规范党员干部政治、经济活动，加快"阳光用权"机制建设，必然要聚焦于监督领导干部这一"关键少数"，着力推动腐败问题的预防、监督与惩治。党的十八大以来，通过对"关键少数"的严管重治，取得了腐败治理的显著成效，不断将全面从严治党推向纵深发展。其二，严防官商勾结腐败。政治问题和经济问题交织的腐败现象往往产生官商勾结、权钱交易等案件，成为党内重大政治隐患，为系统整治这一痼疾，以习近平同志为核心的党中央提出建立"亲""清"新型政商关系，以此深化了腐败治理要义，指引党员干部同企业、商人真诚、坦荡、纯洁交往，营造出风清气正的社会发展环境。其三，防止干部家属利用关系谋取私利。党的十八大以来，不断强化监督党员领导干部的子女、配偶及亲属，紧盯其朋友圈、工作圈、生活圈的政治、经济动态，防止干部家属利用关系谋取私利，持续整治"灯下黑"，阻断权力与利益的交换通道，以此减少腐败现象的发生。

党的十八大以来我国腐败治理取得的新发展。党的十八大以来，我们党惩治腐败的力度前所未有，以壮士断腕的决心、抓铁有痕的举措推进反腐败斗争，不断将腐败治理提升到更高水平，取得了全国人民所肯定的新发展、新成就。

反腐败斗争取得压倒性胜利并全面巩固。党的十八大以来，新时代的腐败治理坚持以习近平总书记关于反腐败和全面从严治党的重要论述为指导，狠刹"四风"，曝光惩处力度不减，全面从严治党取得了新的战略性成果。其一，从数量上看。面对腐败治理的复杂性、严峻性、长期性特征，党的十八大以来，我们党强调"稳""进"并举，反腐力度空前，做到了强高压、重遏制、长震慑。2012年12月至2021年5月，纪检监察机关共立案审查调查省部级以上干部392人、厅局级干部2.2万人、县处级干部17余万人、乡科级干部61.6万人，查处有严重"四风"问题的案件62.65万起；同时，在政策感召和反腐高压下形成了"主动投案潮"，仅2020年就有1.6万人主动投案，6.6万人主动交代问题，反腐败斗争取得了压倒性胜利并全面巩固。其二，从格局上看。中国共产党握指成拳、惩治腐败，形成了党统一领导的多部门协同工作体制和格局，着力深化监察体制改革，组建了腐败治理的专门力量，不断落实全党反腐败的主体责任，凝聚腐败治理的绝对力量，实现反腐败斗争的压倒性胜利。其三，从方针上看。党的十八大以来，党领导下的腐败治理深刻洞察管党治党规律与反腐败斗争形势，坚持不敢腐、不能腐、不想腐一体推进；落实无禁区、全覆盖、零容忍深入开展，扎牢制度笼子、监督权力运行，形成了反腐败斗争压倒性态势，使广大党员领导干部做到明规矩、知敬畏、守底线，从而巩固了党治国理政的政治基础。

消除了党、国家、军队内部存在的严重隐患。党的十八大以来，党中央将全面从严治党纳入"四个全面"战略布局，以卓越的勇气和定力探索出腐败治理的成功路径，刹住了歪风邪气，解决了顽瘴痼疾，消除了党、国家、军队内部存在的严重隐患，党和政府公信力不断提升，党心、军心、民心再次提振，实现了各领域、各方面的新发展。其一，党的治理效能持续提升。党的十八大以来，党内压实腐败治理主体责任，推进反腐败工作统筹衔接，构建上下联动的腐败治理网络，同时，强化对"关键少数"的监督，做到既抓领导班子，又抓年轻干部，促使他们严负其责、严于律己、严管所辖，在"多管齐下"中提升党的治理效能，确保党和国家事业薪火相传、接续发展。其二，"三新一高"重大战略顺利开展。党风廉政建设与反腐败斗争的强力推进，为当前把握新发展阶段、贯彻新发展理念、构建新发展格局、推动高质量发展提供了政治保障，能够聚焦政治、经济、文化、科技、民生等重点领域，坚决纠治其中违背"三新一高"的腐败问题和隐患，确保中央的决策部署贯彻执行，实现中国特色社会主义现代化建设高效推进。其三，人民军队更加忠诚纯洁。党的十八大以来，党领导军队反腐彰显了自我革命的鲜明底色，不仅做到肃清腐败流毒影响，更做到稳住军心、重塑军魂，证明了中国共产党对军队绝对领导的可靠性，有利于在新时代锻造出一支听党指挥、能打胜仗、作风优良的精兵劲旅。

党风政风社会风气为之一新。党的十八大以来，党领导下的腐败治理探索形成了自我革命的合理路径，持续纠"四风"、树新风，努力减少腐败存量、遏制腐败增量，使各类纪律和规矩得到普遍遵守，党风政风社会风气为之一新。其一，营造出了风清气正的政治生态。政治生态是党风、政风、社会风气的综合体现，通过铲除腐败这一"污染源"，消除腐败分子的恶劣影响，实现政治生态的修复、政治文化的培育、政治生活的清朗，不断聚集清风正气，构建起良好发展环境，为做到干部清正、政府清廉、政治清明打下了坚实基础，同时也为经济社会持续健康发展提供了政治保障。其二，营造出了和谐公平的社会环境。党的十八大以来，中国共产党领导的腐败治理紧紧围绕人民群众深恶痛绝的腐败问题，做到坚决纠治公款"消费"、公款"补贴"，深入整治享乐之风、奢靡之风，大力惩治利益交换、利益勾兑等，着力在全社会伸张正义、涵养正气，营造出了和谐公平的社会环境。在此条件下，正能量的持续充沛有利于带动党和人民以更加昂扬的气概投身于实现"两个一百年"奋斗目标的伟大实践中。

洪向华

2022 年 9 月 1 日于北京

［洪向华，中共中央党校（国家行政学院）督学、教授］

前 言
QIANYAN

自党的十八届三中全会提出国家治理体系和治理能力现代化以来，"国家治理"成为学术理论界研究的热点和重大课题，并取得了大量研究成果。国家治理理论的研究进路突出表现在三个维度：建立科学范式，探索建立治理的范式；深化对"治理"范畴的认知，推进治理制度基础理论创新；建构历史唯物主义的治理逻辑，实现经济治理、政治治理、社会治理之间的逻辑自洽与他洽。

党的十九届四中全会专题研究坚持和完善中国特色社会主义制度、推进国家治理体系和治理能力现代化问题并作出重要决定，标志着以习近平同志为核心的党中央对国家治理制度层面的优化和改革逐步走向成熟。结合党的十八大以来我国国家治理取得的一系列成绩和经验，国家治理能力的现代化离不开各级领导干部执政行政思维方式的与时俱进，即服务发展大局的战略思维、坚定发展信心的历史思维、抓住治理关键的辩证思维、提升治理效能的法治思维及增强忧患意识的底线思维。这必将对推动各方面制度更加成熟、更加定型，让我国制度优势更好地转化为国家现代化治理效能产生重大而深远的影响，是各级领导干部应努力具备并长期坚持的重要管理科学思维。

国家治理基础理论研究为治理现代化提供了学理支撑，揭示了治理实践背后蕴含的道理，为创新治理制度作出了哲理分析。从2013年党的十八届三中全会首次提出"推进国家治理体系和治理能力现代化"这个重大命题以来，国家治理理论研究已取得大量研究成果。

自从接受了重大研究课题"从反腐败到廉政管理——国家治理研究的管理科学思维"以来，作者认真学习了习近平总书记一系列关于反腐败的指示精神。2017年10月，党的十九大明确提出新时代全面依法治国的新任务，描绘了到2035年基本建成法治国家、法治政府、法治社会的宏伟蓝图，摒弃了原有的思维模式和做法，聚焦反腐主业，增设纪检监察室，增强反腐办案力量，向全党同志发出了"将反腐败斗争进行到底"的号角。

这说明反腐工作创新要从源头上、根本上做起，从制度构建做起。这是反腐败工作中创新的关键。如果说经济体制改革的核心问题是要解决好政府与市场的关系，那么社会体制改革、反腐败工作创新的核心问题就是要处理好政府与社会的关系。政府在反腐败工作开展的过程中如果加减法做得好并且运用得当，就能够对社会肌体有良好的救治作用。起到"消肿治瘀"的疗效。

党的纪律检查体制的改革，纪委内设机构的调整，其根本目的是反腐倡廉，以肃清党内不正之风开始向外围、向各级各层领导机构挺进。党有信心，我们也要有信心。

贪腐问题自古有之。有了人，人又有了欲望，便很容易被欲望所驱使，成为其奴隶，难以自拔，于是贪腐现象就出现了。

这是一个社会问题，一个涉及社会纵深面的问题。要烧尽它，靠的不是口号和字面上的强调，要的是从根本上斩断腐源，向根源处"亮剑"。

"亮剑"要从"内部"亮起。内部是指的内因，反腐从内因处着手才是有效的做法。腐败的萌芽源于思想意识的松懈，要使反腐败事业从根本上取得胜利，就必须加强反腐倡廉教育，构建我国廉政文化体系，从党员自身开始切入，使国民整体素质得到提高，将腐败的萌芽扼杀在每一位国民的心中，使人类这种与生俱来的"欲望"向着正确的方向发展。这样才是根本之道，腐败将无以滋生。

期盼党纪检查体制建设、纪检内设机构调整能为反腐之风加劲，为反腐之火增势。风助火势，火借风威。如此，反腐熊火、反腐巨力势必燃尽社会丑恶、将腐败化为齑粉。

通过学习习近平总书记在中央政治局第四十次集体学习时的重要讲话精神，中央政治局专门就一体推进不敢腐、不能腐、不想腐进行集体学习，再次充分彰显了以习近平同志为核心的党中央永葆自我革命精神，把反腐败斗争进行到底的坚定信心和决心。习近平总书记的重要讲话，站在全局和战略高度，进一步阐明了伟大自我革命和反腐败斗争的重大意义和深刻内涵，全面总结了党的十八大以来反腐败斗争取得的显著成效和重要经验，深入分析了腐败的政治本质和政治危害，系统阐释了一体推进不敢腐、不能腐、不想腐的根本原则、目标路径、重点任务、制度机制、方法举措等重大问题，为坚持不懈把全面从严治党、党风廉政建设和反腐败斗争向纵深推进指明了方向。

习近平总书记关于党的自我革命战略思想贯通起来，深化对管党治党规律、反腐败斗争规律的认识，主动应对反腐败斗争新形势新挑战，全面打赢反腐败斗争攻坚战、持久战，大力推进清廉建设，以实际行动迎接党的二十大胜利召开。

正是由于上述原因，经过几年的刻苦钻研，特别是 2021 年 5 月 20 日担任国家与地方治理研究课题负责人以来，经过认真思考，参照课题架构，理顺了思路，终于写出了《从反腐败到廉政管理——国家治理研究的管理科学思维》一书。

全书总共十章：第一章研究廉政管理的目的和意义，第二章廉政管理体系研究，第三章对我国腐败问题的基本判断，第四章我国的反腐败状况，第五章我国腐败犯罪侦查机制的改革与创新，第六章反腐工作中的管理科学思维，第七章大数据让贪腐无处藏身，第八章国家治理研究的管理科学思维，第九章提高一体推进"三不腐"能力和水平，第十章研究结论与建议。

由于作者水平及能力有限，不足之处在所难免。希望广大读者朋友、各位专家学者、业界同仁提出宝贵的意见。

董英豪

2022 年 6 月 30 日于北京

目 录
MULU

第一章　研究廉政管理的目的和意义

当今世界是"法则"治理下的世界。任何人类活动都应遵循一定的法则，反腐败也不例外。腐败伴随公共权力的产生而产生，是当今国际社会共同面临的最大难题之一。无论是发达国家，还是发展中国家；无论是中央集权制国家，还是联邦制国家；无论是多党制国家，还是一党制国家，都不同程度地存在着腐败。腐败犹如瘟疫，是人类文明社会的公敌。腐败不仅破坏民主、法制，侵犯人权，还会引发洗钱、走私、有组织犯罪、恐怖主义等一系列行为，严重地腐蚀着人类社会的稳定与发展。随着全球化的进程，腐败越来越呈现跨国性的特点。

党的十八大报告中关于加强廉政管理的论述引人关注。增加办案机构，增加办案人员，增加办案力量，坚持突出主责、聚焦主业，精简副业，调整分工，实现议事协调机构全面"瘦身"。不断提高纪检监察干部的综合能力，以新的反腐方式狠抓工作落实。应对新的反腐形势，既坚决查处领导干部违纪违法案件，又切实解决发生在群众身边的不正之风和腐败问题。深入推进反腐倡廉建设的开展，在继承中发展，在创新中提高，在全党和全社会引起了强烈反响和共鸣，反腐败工作取得了一些新的突破和成效。为此，本书从反腐败到廉政管理的角度，拟对国家治理研究的管理科学思维进行深入研究，以期为从理论思路走向实际操作铺平道路。

第一节　廉政管理的提出

当今世界的反腐问题既是世界性的课题，又是世界性难题，更是世界各国面临的共同问题。无论是在发达国家，还是在发展中国家；无论是在大国，还是在小国；无论是在市场经济国家，还是在市场经济转型国家，腐败都已经成为各国政府最大的敌人。历史早已经证明，在太平盛世，国泰民安，若领导者不能居安思危，兴起奢华腐败之风，必然会导致政权不稳，甚至带来灾难性的后果。腐败的危害及其造成的严重恶果，必须引起我们的高度警觉。

亚洲作为现代反腐败专门机构的摇篮，早在 1952 年新加坡就率先建立了贪污腐败调查局，马来西亚（1959 年）和中国香港（1974 年）也相继成立专门机构打击贪污贿赂犯罪。自 20 世纪 90 年代以来，随着反腐败问题日益成为国家政治生活的重要议题，反腐败专门机构从东方走向西方，从发展中国家扩展到发达国家。2003 年 10 月 31 日第 58 届联合国大会审议通过了《联合国反腐败公约》，这将提高政府间在打击腐败领域的合作，有助于打击全球的腐败行为，从而改善全球亿万人民的生活。《联合国反腐败公约》的制定标志着国际社会进入联手打击腐败的新阶段。当前，建立专门机构开展反腐败工作已成为《联合国反腐败公约》、欧洲《反腐败刑法公约》等国际条约的刚性要求。

在亚洲 48 个国家中，仅有日本、土耳其、土库曼斯坦等极少数国家没有专门的反腐败机构，但是日本设有行政监察机构——行政评价局，土耳其拥有金融犯罪调查委员会、总理检查委员会、监察专员办公室。韩国、泰国、印度尼西亚等 30 个国家有反腐败委员会或类似委员会，占亚洲国家总数的 62.5%；哈萨克斯坦、文莱、新加坡等 19 个国家有独立的腐败案件调查机构；阿联酋、以色列和阿曼主要由审计机关承担反腐败职能。其中，孟加拉国、格鲁吉亚、约旦等 9 个国家既有反腐败委员会，又有专门的反腐败局。

2008 年世界经济危机爆发以来，世界各国一面应对危机保增长，一面加大力度反腐败，但是腐败问题仍触目惊心。在经济方面，一是金融系统暴露出严重的腐败，如华尔街五大证券公司乱发奖金；麦道夫金融诈骗被判 150 年、庞氏骗局、国际对冲基金出现的经济问题等；二是一些著名企业的腐败引人注目，美国的 AIG 集团、高盛集团经济上的违纪违法；乌克兰国家石油天然气总部高层腐败，英国石油公司（BP 集团）向政治人物献金，西方一些企业向中国企业"洋贿赂"等。在政治方面，一是腐败导致一些执政党下台，国家和政府领导人更迭。从 2009 年韩国总统卢武铉自杀，英国下议院院长迈克尔·马丁辞职，到 2010 年吉尔斯坦总统巴基耶夫被推翻，其兄弟被抓。说明在腐败面前，任何国家和政党都没有天然的免疫力。二是世界各地经常有一些官员因腐败而被曝光。如美国州长卖官，俄罗斯联邦和地方高官的腐化，欧洲议会议员的"骗补"，澳大利亚多位部长"高消费"，巴西"京城大案"中被曝上百名议员受贿等。三是一些国家的执法机构被曝腐败，如司法不公，警方贪赃等。

面对腐败，积极开展反腐败斗争已成为世界各国政府面临的一个共同的重大课题。在国际反腐败斗争中，有四个方面的努力值得欣喜。第一，对腐败的严重危害形成了世界共识，普遍认为腐败已经与恐怖主义、气候变暖、金融危机等一起成为"全球性威胁"。第二，绝大多数国家采取多种手段，坚决惩治和有效预防腐败。如领导人带头反腐败；普遍把制度防腐作为反腐的重点；关注商业腐败，引导商业组织在反腐败斗争中发挥作用；采用先进技术，提高反腐败成效。第三，动员更多的民众参与反腐败，对腐败采取"零容忍"，让腐败成为过街老鼠，人人喊打。第四，努力发展经济，为反腐败提供良好的物质基础，是世界各国反腐败斗争的共同追求。

新中国成立以来，党和国家一直非常重视反腐倡廉工作，坚定不移地开展党风廉政建设和反腐败斗争，在反腐倡廉的道路上进行着坚持不懈的、卓有成效的探索，取得了瞩目的成就。党的十八大以来，新一届中央领导已经就反腐败问题多次表态，且措辞严厉。中国是法治国家，不论是谁，不论职位高低，法律面前人人平等，只要触犯了党纪国法，就要依法依纪严肃查处、惩治。全党同志要深刻认识反腐败斗争的长期性、复杂性、艰巨性，以猛药去疴、重典治乱的决心，以刮骨疗毒、壮士断腕的勇气，坚决把党风廉政建设和反腐败斗争进行到底。

为了按照反腐倡廉标本兼治、重在治本的原则和教育在先、预防为主的方针，努力完善教育、监督等内部管理制度，堵塞腐败现象和不正之风的漏洞，逐步构筑符合我国实际的财政运行监督制约防线和财政管理源头治本防线，从源头上遏制腐败行为的发生，本书以"从反腐败到廉政管理——国家治理研究的管理科学思维"为题，根据我国反腐倡廉工作过程中遇到的实际情况，借鉴国际上部分国家政府在反腐防腐方面的成功经验，在严格执行各项廉政制度的基础上，提出了由外到内、由表及里的反腐工作的加减法则，试图从根本上理顺不同组织的部门职责，健全岗位责任，明确工作标准，查找现有制度的空缺点，努力做好反腐败工作的加减法，采取"走出去，请进来"的方式加强互动联系，多措并举，切实整治工作中存在的涣散不良作风，扎实推动反腐倡廉建设各项工作。同时，将廉政建设的要求嵌入税收管理制度及工作方案的制定中，从源头上预防和遏制腐败问题，从而为我国反腐倡廉工作的深入开展提供参考和借鉴。

为此，我们深信，在中国共产党的领导下，一定会彻底破解世界性的反腐败难题，一定能达成"干部清廉、政府清正、政治清明"的目标，推进中国全社会文明进一步提高，国强民富全国人民安居乐业。中国一定会成为世界反腐败的表率，为全世界文明进步作出贡献。

第二节 研究廉政管理的目的和意义

保持共产党员和领导干部的纯洁性和先进性，发挥共产党员和领导干部的先锋模范作用，是反腐倡廉的基础、前提和保障。自党的十八大以来，从中央到地方处处重拳整治干部作风，大力开展反腐倡廉，倡导厉行节约、反对铺张浪费。我们欣喜地发现，身边的会风变了，文风变了，干部的思想也在悄悄转变。但是要把作风建设真正落到实处，关键是要以实际行动加强反腐工作系统思维。这就要求我们必须从以下几个方面入手。

一、在反腐工作中，必须加强理论学习，减少主观臆断

党风廉政建设和反腐败斗争正以改革开放以来前所未有的力度和广度向前推进，特别是周永康、徐才厚等人的立案审查，让全国人民深受鼓舞。当下中国共产党之所以令世人瞩目、受人民爱戴，就是因为许多适应反腐败工作发展进步趋势的新思想是在这个时期产生的，具有开创性意义的新体制和新机制是在这个时期奠定的，反腐败斗争，特别是以习近平同志为核心的党中央力挽狂澜、敢于担当、除恶务尽的反腐败气魄，其政治影响和社会意义，都在反腐倡廉建设史上写下了浓墨重彩的一笔。但是我们要清醒地看到，在新的形势下，各种有利和不利的思想观点也在竞相迸发，交锋碰撞，暗流涌动。一些似是而非、耸人听闻的"悖论"，吸引眼球，成为舆论热点。这些观点虽然大多出于对反腐局势的关注和关心，透露给人们的却是对反腐败形势的误导，对反腐倡廉前景的不当担忧、对从严治党和从严治吏性质的误读和曲解，关乎要不要坚持党的领导、人民当家作主和依法治国的重大原则，要不要坚持中国特色反腐败斗争的道路自信、理论自信和制度自信等重大理论和实践问题。因而必须统一思想，明辨是非，学习和掌握科学理论，坚持用中国特色社会主义理论体系武装自己，尤其要坚持中国特色社会主义道路自信、理论自信、制度自信和文化自信。提高看待问题、分析问题、解决问题的能力和水平，不能凭借自己的主观臆断，必须用科学的理论作指导，必须以提高理论水平和政策水平为前提，依据中国特色社会主义理论体系提升我们认识世界和改造世界的能力，凝聚起强大的精神力量，确保反腐败斗争和全面深化改革的顺利进行。

二、在反腐工作中，必须加强党风廉政建设的修养，减少自以为是

对花里胡哨的形式主义和官僚主义，我们要做好"减法"；对走基层、进社区、访农户，以及扑下身子为企业项目和群众多做好事、办实事、解难事，我们要做好"加法"。这是改作风的题中之意，也是群众的所期所盼。正如早在20世纪50年代，曾任国家主席的刘少奇同志在《论共产党员的修养》中指出："不要把自己看作是不变的、完美的、神圣的，不需要改造的、不可能改造的。"

事实上，我们时刻需要不断地改造自己，加强修养，不仅要在艰苦的、困难的环境中锻炼自己，加强自己的修养，还要在顺利的、成功的实践中锻炼自己，加强自己的修养。尤其在实际工作、学习和生活中不沾沾自喜、不好大喜功、不盲目自大，始终保持纯洁的品质。

党的十八大以来，在以习近平同志为核心的党中央的正确领导下，经过各级党委、政府和纪检监察机关共同努力，党风廉政建设和反腐败斗争取得了新进展、新成效，呈现以下列三个鲜明的特点：

从中央做起，率先垂范，以上带下。中央出台改进工作作风、密切联系群众的八项规定后，中央政治局从自身做起、从身边事抓起，带头改进工作作风，带动全党抓好落实，在改进调查研究、精简会议活动、精简文件简报、规范出访活动、改进警卫工作、改进新闻报道、严格文稿发表、厉行勤俭节约等方面取得积极成效。在党的群众路线教育实践活动中，领导干部特别是高级干部带头把自己摆进去，直接联系和服务群众，认真查摆问题，加强整改落实，发挥了表率作用。

以作风建设为切入口，刹歪风，扬正气。全党从改进作风入手，立行立改，积小胜为大胜，提振了正气，震慑了歪风。中央出台了《党政机关厉行节约反对浪费条例》和相关具体制度。各级纪检监察机关扭住贯彻落实八项规定不放，着力整治"四风"，抓住每一个时间节点，严禁用公款购买并赠送月饼、贺卡、烟花爆竹等节礼，制定出台一系列制度规定并逐条落实，严肃查处、曝光各种违规行为。

强化党内监督和群众监督，促进权力规范运行。进一步加强对领导干部特别是主要领导干部行使权力的监督，发挥纪检监察派驻机构的监督作用，加强和改进巡视工作，建立领导干部谈话制度，探索开展领导干部个人有关事项报告材料抽查核实工作，强化对各级领导班子及其成员的监督。改进信访工作，畅通人民群众举报和监督渠道，认真受理和解决人民群众反映的突出问题。充分发挥舆论监督包括互联网监督作用，积极推动党政机关作风转变。通过强化监督，各级领导干部勤政廉政意识和权为民所用的自觉性进一步增强，权力运行进一步规范。

当前关键是要抓好工作规划的贯彻落实，把各项要求体现到工作中去。各级党委要在惩治和预防腐败方面切实担负起领导责任，把这项重大政治任务贯穿改革发展稳定各项工作之中，依靠群众的支持和参与，调动各方面的积极性，综合运用各项措施，努力增强整体合力。各级纪委要在党委统一领导下，把惩治腐败作为重要职责，更好地协助党委加强党风建设和组织协调反腐败工作。各地区各部门要结合实际、针对问题制定贯彻落实工作规划的实施办法，把惩治和预防腐败各项任务落到实处。

三、在反腐工作中，必须加强调查研究，减少浅尝辄止

"减"的是形式，"加"的是内容。调查研究是成事之道、谋事之基。没有调查就没有发言权，就容易犯主观主义、官僚主义错误，"就容易导致夸夸其谈地乱说一顿和一二三四的现象罗列"。为此，在做好工作作风"加减法"的过程中，至关重要的一点就是要大兴调查研究之风。要通过减少会议、文件、讲话，增加调研、检查、落实，进而提升作风建设的正能量。如果不搞调查研究，决策"拍脑门儿"、执行"拍胸脯儿"，到头来就会失误"拍屁股"。算好"加减法"，领导干部就要多深入基层，多接触群众，了解实情、研究实策、实地检查、现场办公，只有这样，才能使工作更有针对性和实效性，才能叫真抓实干。既敢于对形式主义、官僚主义做减法，又善于在联系群众、服务群众方面做加法，把握好了这个"加减辩证法"，以更大决心、更大勇气向深处改，向实处改，我们就能最大限度地释放改作风的红利，就能以高昂的精气神和高效的执行力投身改革实践。

四、在反腐工作中，必须加强改革创新，减少因循守旧

党的十八届三中全会对加强反腐败体制机制创新和制度保障进行了重大部署。在十八届中央纪委三次全会上，习近平总书记又对改革党的纪律检查体制，强化反腐败体制机制创新和制度保障作了深刻阐述，提出了明确要求。这对于加强党风廉政建设和反腐败斗争，对于建设廉洁政治，实现干部清正、政府清廉、政治清明的目标，对于推进国家治理体系和治理能力现代化，都具有十分重要的意义。体制障碍是最大的障碍，机制缺陷是根本的缺陷。

这些年来，我们党坚定不移地反对腐败，坚持不懈地开展党风廉政建设，但是腐败现象依然多发，滋生腐败的土壤依然存在，反腐败斗争形势依然严峻复杂，不正之风和腐败问题一直是党内外高度关注、群众反映强烈的问题。总结起来，影响反腐败成效的问题主要是反腐败机构职能分散，形不成监督合力，有些案件受到各种因素的影响难以得到坚决查办，有的地方腐败案件频发却追究责任不力。归根到底，这都是体制机制方面的问题。要突破这个困境，就应该在总结实践经验的基础上，对反腐败体制机制进行必要的改革和创新。

党的各级纪律检查机关是党内监督的专门机关，是党风廉政建设的重要组织者、协调者、参与者，是一把永远出鞘的斩腐利剑。纪律检查体制是否科学有效关系重大。自1978年恢复和重建党的纪律检查机关以来，纪律检查体制经历了从一开始的由同级党委领导，到由同级党委和上级纪委双重领导、同级党委为主，再到党的十二大党章确定的由同级党委和上级纪委双重领导的过程。现行党章还明确规定"党的中央纪律检查委员会在党的中央委员会领导下进行工作"。

从总体上讲，纪律检查工作双重领导体制是基本符合党情和国情的，在党风廉政建设和反腐败斗争中发挥了积极作用。但是面对新的形势和任务，这种领导体制还存在一些不适应、不协调的地方。特别在查办腐败案件方面，受到牵制的因素比较多，有的地方主要负责同志担心查办案件会损害形象、影响发展，有时就存在压案不办、瞒案不报的情况。在一口锅里吃饭，监督别人就比较难。对于地方纪委来说，对同级党委的监督忌讳也不少，以致在开展执纪监督、查办腐败案件时往往缩手缩脚、瞻前顾后。因此，必须继续改革党的纪律检查体制，推动双重领导体制具体化、程序化、制度化，强化上级纪委对下级纪委的领导，保证纪委监督权的相对独立性和权威性。

推进党的纪律检查体制改革创新，必须落实"两个为主"。一是查办腐败案件以上级纪委领导为主，线索处置和案件查办在向同级党委报告的同时必须向上级纪委报告。掌握案件线索和查办腐败案件是反腐败工作的重点内容，是反腐败威慑力的关键所在。在原来的习惯性程序中，不少地方纪委如果发现本地重大案件线索或者查办重大腐败案件，都必须先向同级党委报告，在得到主要领导同意后才能进行初核或查处。如果案件线索处置和查办必须同时向上级纪委报告，上级纪委同时知情，那么就会对地方党委形成制约，就不能轻易放弃对案件的查办，这有利于推动查处腐败案件，打击腐败犯罪。二是各级纪委书记、副书记的提名和考察以上级纪委会同组织部门为主。纪委书记、副书记是一级纪委的主要领导，他们的提名和考察以上级纪委会同组织部门为主，有利于强化他们同上级纪委的沟通和联系，有利于他们更加大胆地履行监督职责。需要指出的是，这"两个为主"是在现行双重领导体制内从工作机制上解决问题的创新做法，既坚持了党对反腐败工作的领导，坚持了党管干部的原则，又保证了纪委监督权的行使，有利于加大反腐败工作力度。

推进党的纪律检查体制改革创新，必须落实"两个全覆盖"。一是全面落实中央纪委向中央一级党和国家机关派驻纪检机构，实行统一名称、统一管理；二是改进中央和省区市巡视制度，做到对地方、部门、企事业单位全覆盖。从这些年的反腐败实践看，一些所谓的"清水衙门"也发生了腐败案件。这说明权力不论大小，只要失去制约和监督，就可能被滥用。按照所有权力都要受到制约和监督的原则，必须进一步强化纪委的派驻监督和巡视监督。各派驻机构是由上级纪委派出的，必须把"屁股"坐到纪委位置上来，代表上级纪委行使监督权。各巡视机构都要聚焦党风廉政建设和反腐败斗争这个中心，着力发现领导干部，包括中央政治局委员兼任地方党委书记的同志在内，是否存在违反政治纪律、贪污腐败、违反中央八项规定精神、违反组织人事纪律等问题，真正做到早发现、早报告，促进问题解决，遏制腐败发生。同时，还要合理分解、科学配置权力，不同性质的权力由不同部门、单位、个人行使，形成科学的权力结构和运行机制。要推行地方各级政府及其工作部门权力清单制度，依法公开权力运行流程，让权力在阳光下运行，让广大干部群众在公开中监督，保证权力正确规范行使。

完善和落实党风廉政建设责任制是强化反腐败体制机制创新和制度保障的重要举措。反腐败体制机制改革创新，一个很重要的方面就是理清责任、落实责任。不讲责任，不追究责任，再好的决策也落不到实处，再好的制度也会成为纸老虎、稻草人。党风廉政建设责任制是党风廉政建设的一项重要基础性制度，抓好了党风廉政建设责任制，也就抓住了党风廉政建设的牛鼻子，就能形成全党动手、全社会参与反腐败的强大合力。

完善和落实党风廉政建设责任制，首先是各级党组织要切实担负起党风廉政建设的主体责任。党委的主体责任，主要体现在选好用好干部、纠正损害群众利益行为、从源头上防治腐败、支持执纪执法机关工作、党委主要负责同志当好廉洁从政表率等五个方面。各级党委必须牢固树立不抓党风廉政建设就是失职的意识，坚持党要管党、从严治党，在惩治和预防腐败方面更多地承担领导责任，把预防腐败的要求体现和落实到本地区本部门本单位各项改革和制度建设中去，领导和支持执纪执法机关查处违纪违法问题，加强领导班子自身建设，当好廉洁从政的表率。

完善和落实党风廉政建设责任制，各级纪委要担负起监督责任。当然，纪委履行监督责任，决不是"隔岸观火光吆喝、卷起袖子不干活"。各级纪委必须协助党委加强党风建设和组织协调反腐败工作，督促检查相关部门落实惩治和预防腐败工作任务，更多地担负起惩治腐败方面的责任，组织协调有关力量，加大办案工作力度，坚决遏制腐败蔓延势头。

有权就有责，权责要对等。无论是党委，还是纪委，或者其他相关职能部门，都要对承担的党风廉政建设责任进行签字背书，做到守土有责、守土尽责。出了问题，就要严格追究责任。一些被揭露查处的大案要案，实际上已经存在好多年了，却迟迟未能发现，结果愈演愈烈、触目惊心；有的地方长期存在团伙性的腐败活动，涉案人数很多，活动范围很大，也迟迟未能查处；有的干部刚刚提拔上来，或者刚刚经过考核考察，就发现有重大问题，给我们党的公信力造成了极大伤害。责任追究既是压力，又是动力。要制定切实可行的责任追究办法，对发生重大腐败案件和严重违纪行为的地方、部门和单位，实行"一案双查"。既要追究当事人责任，又要倒查追究相关领导责任，包括党委和纪委的责任。当然，要实事求是，区别对待，分清责任，对于出现的违纪问题，要弄清楚是领导干部主动发现并坚决查处的或积极支持配合有关部门查处的，还是有失职渎职情节甚至故意掩盖、袒护违纪问题的。前者不承担领导责任，后者必须承担领导责任。总之，要进一步健全责任分解、检查监督、倒查追究的完整链条，有错必究，有责必问，真正维护和发挥责任制的权威性、实效性。

五、在反腐工作中，必须加强自我慎独，减少心存侥幸

要勇于、乐于、善于进行自我慎独，多反思、反省自身不足之处，坚决抵御各种不良诱惑，秉承堂堂正正做人、干干净净做事的人生信条，不断坚定理想信念，不断锤炼道德品质，不断练就过硬本领，矢志艰苦奋斗，拒绝骄奢淫逸，努力做到自尊、自警、自省、自控、自立、自强。

随着改革的不断深化和经济的高速发展，党风廉政建设和反腐败斗争出现了许多新情况、新问题。有的党员干部思想准备不足、自身素质不高，猝不及防；有的疏于学习，放松世界观改造，理想信念滑坡，法纪观念淡薄。党的十八大报告明确指出，一定要充分认识反腐败斗争的长期性、复杂性、艰巨性，把反腐倡廉建设放在更加突出的位置，旗帜鲜明地反对腐败。当前的一些社会现象和问题表明，在现实生活中遇到的各种各样的诱惑很多，诸如权惑、利惑、色惑、"灯红酒绿"之惑等。它们犹如污浊的暗流时刻冲击、腐蚀着人的心灵，很容易滋生消极腐败现象。面对这些诱惑，有的人气定神安，不为所动；有的人却心旌摇荡，不能自持，以致被种种诱惑所俘虏。《孟子·告子上》说："食、色，性也"。实际上，每个人都有欲望。欲望本身，有时还是激励人们为实现一定目标而奋斗的精神动力。凡事都有一个"度"，超过了这个"度"，欲望过度膨胀，就会被其所累、所害。我认为，一名共产党员，要抵制住形形色色的诱惑，必须严格自律，做到慎独、慎微、慎权、慎利、慎始、慎终等，而其中最为重要的就是要做好两件事，那就是"慎独"与"慎微"。

何谓"慎独"？根据《中庸》记载："莫见乎隐，莫显乎微，故君子慎其独也。"郑玄有注释："慎独者，慎其闲居之所为。"慎独是中国古人提倡的一种修养方法，意思是在没有监督的情况下，严格自律，谨慎不苟。也就是说，人们在众目睽睽之下，大都比较注意自己的言行，但是在没人监督的情况下，则容易放松要求。一名领导干部要把握住自己，很重要的就是要善于慎独自处，在无人监督的情况下不断进行自我反省、自我解剖。要经常问自己：是不是很好地履行了职责？一言一行是不是无愧于共产党员的光荣称号？这样，才能在"省"中正确认识、把握自己，自觉战胜形形色色的物欲诱惑，使自己的思想境界、道德水准不断提高，成为一名让党放心、群众拥护的合格的领导干部。而要达到慎独的境界，必须有非常高的道德觉悟。因为邪恶的念头，只存在于人的心中，别人看不见，也无法监督和评价，只有当事人自己才知道。慎独是在没有任何人的监督下，完全自觉地履行道德义务，是一种完全的自律。事实上，很多领导干部出问题往往是在八小时以外，因为"别人看不见"而不能自持，忘记自己是一个什么人，乃至最终陷入玫瑰陷阱、黄金深渊而不能自拔。在广东省交通系统特大受贿案中，原广东省交通厅副厅长李某雷就是因为在饭桌上、在麻将桌上禁不住包工头"进贡"钱财的诱惑而被拉下水的；原广东省公路建设公司董事长林某旺因为贪恋女色，禁不住肉弹的轰击而掉进了玫瑰陷阱。这说明这些人慎独的功夫还不到家，自身的道德修养和觉悟还不够高，禁不住诱惑。曾国藩生前在留给子孙的遗嘱中写道："慎独而心安。自修之道，莫难于养心；养心之难，又在慎独。能慎独，则内省不疚，可以对天地质鬼神。"可见，有时候一个人自身修养水平的高低，往往取决于他能不能做到慎独。作为领导干部，要牢记八小时以内是共产党员，八小时以外也是共产党员，在各种诱惑面前要保持清醒的头脑。一个"慎独"的人，一个真正懂得"慎独"意义的人，恐怕任凭金山银海再怎么诱人，也不会靠近它半步。

何谓"慎微"呢？所谓"慎微"，就是说对小事、小节都十分在意。刘备曾说道："勿以善小而不为，勿以恶小而为之。"时下，官场内腐败案越来越多，一个重要的原因就是有些领导干部不能"谨小"，不屑"慎微"。于是，在不知不觉中，实现了自我从小节"量变"到腐败"质变"的飞跃。领导干部由于自身的地位和作用不同于一般群众，其言行举止、生活作风必然会产生一种导向作用，成为群众关注的焦点。有些干部工作中有功劳、有苦劳，但是生活不够检点，心存"小节无妨"的侥幸心理和"左顾右盼"的攀比意识，把低级趣味、奢侈浪费当成生活小事而放纵自己，结果自毁前程。有的领导干部尽管口中念念有词，"我只收烟酒茶，从不收贵重物品，更不收钱"，但是既然手已经伸出去了，别有用心之人自然会由此打开缺口。殊不知，"祸福常积于忽微"。从揭露出来的一些腐败案件看，许多贪官都是在收受这些小东西后，一发不可收拾的。广东省交通厅原总工程师文某明，最开始就是因为一个包工头要请他吃一顿饭，他本来不想去，几番推却之后还是去了，从此之后就一发不可收拾，从口腹之欲开始，到声色犬马，再到徇私枉法，最终与犯罪分子同流合污。实践证明，小节不保，大节难守；过好"政治关"，必须过好"生活关""人情关"等。要自觉从点滴做起，从日常工作和生活小事做起。不能"谨小"，不屑"慎微"者，说到底是"贪心"作祟。而制止贪欲膨胀，关键在于，一事当前，能明是非、知善恶，即使是小节问题，也能够"慎微"，决不做任何有损人格、有污官德的事。"天地之间，物各有主，苟非吾之所有，虽一毫而莫取"。领导干部的修养一旦达到这种境界，做到"慎微"如始，那才能"仰不愧天，俯不愧地"。

为此，在反腐败斗争中，严刑峻法和监督机制固然重要，但是更为重要的是要加强领导干部自身的道德修养水平。从"德"的方面多下功夫，加强自我约束，树立牢固的自律意识，才能真正做到"慎独"和"慎微"。也就是说，只有将反腐倡廉提升到道德建设的高度，以高尚的道德理想对人的行为进行心理激励和教化，同时确保道德舆论监督权威的存在和道德舆论约束途径的通畅，切实提高领导干部的道德意识和道德水平，培养高尚的道德人格，使道德违规的成本大大提高，才能从源头上根治腐败。

总之，梦在前方，路在脚下。在实现伟大的中国梦的征程中，一定要敢于打破常规的勇气和创新精神，并大胆地运用加减法，才能使反腐倡廉工作达到"多样化、科学化、常态化"和"实际、实效、实用"的目的。由此可见，采用怎样的反腐方式对于反腐效果起着至关重要的作用。为此，本书借鉴国际上部分国家政府在反腐防腐方面的成功经验，专门针对目前我国反腐工作中存在的诸多难题，在严格执行各项廉政制度的基础上，提出了由外到内、由表及里的反腐工作系统思维，试图从根本上理顺不同组织的部门职责，健全岗位责任，明确工作标准，查找现有制度的空缺点，努力做好反腐败工作的加减法，采取"走出去，请进来"的方式加强互动联系，多措并举，切实整治工作中存在的涣散不良作风，扎实推动反腐倡廉建设各项工作的推进，以建立健全惩治和预防腐败体系各项制度为重点，逐步建成内容科学、程序严密、配套完备、有效管用的反腐工作制度。围绕重点领域、重点部位和关键环节，建立健全各项制度，切实堵塞制度上的漏洞，让腐败分子无可乘之机。认真清查现行制度中存在的问题，及时修改和完善，提高操作性，增强针对性和时效性。加强督促检查和查处力度，对执行制度不力的坚决追究责任。把廉政建设的要求嵌入税收管理制度及工作方案的制定中，从源头上预防和遏制腐败问题，为我国反腐倡廉工作的深入开展提供参考和借鉴，从而揭示政府深入改革开放和进行反腐败的逻辑脉络。因此，只有全面了解和深刻认识反腐工作中的加减法则内容，才能不断改进反腐工作。我们相信，有了党中央的坚强领导，有了广大人民群众的支持和参与，我们一定能够有效遏制腐败现象滋生蔓延，为早日实现中国梦创造更加良好的社会环境。

第三节 国内外腐败与反腐败的研究现状

腐败与反腐败是一个全世界都普遍关注的课题。对这个课题的研究，国外有比较丰富的研究成果，可以说已经形成了比较成熟的体系。相对西方而言，中国对腐败问题的学术研究起步较晚，但是自20世纪80年代后期以来，迅速发展。中国在反腐败方面的实践在不断进步，迈开了建立新治理体系的步伐。

一、国内腐败与反腐败斗争的研究现状

国内对于腐败以及预防的研究先是以规范研究为主，进而产生了转型说、体制说等理论。随着西方国家的腐败理论的传入，也慢慢开始了一部分实证研究。纵观古今中外，政权的没落无不与统治者的腐败有关；执政地位的丧失，无不与腐败有关。

（一）新中国成立以前腐败现象与反腐败的回顾

中国是一个具有5000年以上历史的文明古国，腐败与反腐败的历史也十分悠久。

1. 封建社会时期腐败现象回顾

中国封建社会2000年，贪污腐败种类繁多，手段多样，可称得上是五花八门，贪污规模也大小不一，程度各异。归纳起来，大致可分为五类。

（1）官宦贿赂。在中国封建社会，受贿几乎成了众多官员收入的重要来源。贿赂成为官吏相互交往、沟通权力渠道的手段。官宦贿赂的目的是为升迁、逃避惩罚、巴结权贵或陷害无辜等。有受贿者，就有行贿者，而行贿者又常常是受贿者。历朝历代由盛转衰后朝廷上下往往贿赂成风，如明代的严嵩父子。

（2）权臣贪赃。我国封建社会在薪俸、管理等制度方面存在严重的弊端。官员的薪俸并不固定且彼此悬殊，一般不能满足官员个人及其家庭庞大开支的需要，加之支付管理制度的混乱及其他原因，许多官员常以贪赃作为补充其薪俸不足的一种渠道，其中尤以权臣贪赃为甚。如清朝乾隆时期的和珅，在长达 20 年里，其积累的家财折合白银多达 8 亿两之巨，相当于朝廷 10 年的总收入。

（3）苛政搜刮。贪污、贿赂成风，势必误国殃民。贪风愈甚，朝廷愈腐败，财政状况便愈差。如果要保证或增大财政收入，那么就只能鱼肉百姓，加重盘剥。因此，贪风之下必然肆行贪政。苛政搜刮民脂民膏，是封建王朝腐朽没落的突出特征，而当它成为各地官吏游离于朝廷管辖之外个人的生财之道时，它便转为一种国家法律所禁止的腐败犯罪行为。

（4）卖官鬻爵。在封建社会，卖官鬻爵主要有两种情况：一种是在合法的形式下进行，另一种是对合法形式的非法扩张。卖官鬻爵作为封建社会腐败犯罪的重要形式是后一种情况。但二者之间有重要的内在联系。同时，在公开卖官、明码标价的合法形式下暗藏着一种腐败犯罪，把持朝廷大权的宠臣、重臣或地方长官将卖官鬻爵的选举制度作为个人敛财的一种重要手段。如清朝乾隆时期云贵总督李侍尧。

（5）巧取豪夺。翻开中国古代历史，大凡贪官横行、弄权作恶、肆无忌惮之时，皇帝多为昏庸无道、荒淫无度。而朝廷大权多由奸臣把持，这些人深得皇宠，欺上凌下，结党营私，官官相护。在大大小小的保护伞下，巧取豪夺成为各类贪官聚敛财富的一种重要手段。如东汉时期被称为头号贪官的梁冀，贪财如命，其巧取豪夺手段的残暴令人发指。他擅自把全国各地著名的富户及其资产的数额登记成册，然后设定莫须有的罪名陷害他们，将他们逐一关进牢中，严刑拷打，恣意凌辱，使之屈从，舍财赎命。而不遂意者，有的竟然被活活打死。后来，梁冀的全部财产被朝廷查封，经清点竟达 30 多亿两白银，相当于全国半年租税之和。

2. 民国时期腐败现象回顾

为时短暂、政局动荡多变的民国时代，都以"民主共和""主权在民"相标榜。官员是公仆，人民是主人，成了民国时髦语言。然而事实并非如此。民国时期的腐败，吴相湘在《孙逸仙先生传》一书中评论道："南京时代官僚腐化比较北洋时代有过之无不及。"民国时期虽短，但与封建社会相比，也称得上是种类繁多，另有特色。大体可分为以下几种。

（1）官劣（土豪劣绅）勾结。民国无处不在的土豪劣绅为贪污腐败提供了发酵剂。1937 年 8 月 24 日，李钟汉在给李宗仁的信中谈到了广西乡镇长与土豪劣绅勾结的情况。广西的一些乡镇长到任不久就与当地的土豪劣绅同流合污。土豪劣绅要拉拢乡镇长，乡镇长要利用土豪劣绅。李思祯在《铲除贪污问题》中指出：尚有一最大之潜力，以促成贪污之出现者，盖即土豪劣绅是也。土豪劣绅，熟悉乡情，豪霸一方，养成权势，往往可以左右政府官吏的设施与行动。官吏被派，正绅乡老，自当倚贡，但往往与土劣勾结，而致贪污。二者一旦相遇，即必互为勾结，互为利用。

（2）国民党内山头林立。国民党内大大小小的宗派为扩充势力，就必须化公为私，不仅把党内关系变成宗派的，还把国家机构的上下关系变成宗派的。1946 年，殷海光在一本供国民党内部参考的图书《中国国民党的危机》中指出，中国国民党犹如一个旧式大家庭。其中的派系犹如大家庭里的各房。各房的中心人物是姑嫂妯娌。姑嫂妯娌乃妇人之流，往往喜欢将大家庭的财物拿去"扎私房"。日复一日，为时既久，结果私房固然殷实，而大家庭却空无一物了。

（3）四大家族统治。以蒋介石为首的四大家族在政治上继续使用封建制度的遗产关系政治，重用从黄埔军校出来的人，导致在用人和奖罚方面都不讲公正。李思祯在《铲除贪污问题》中指出：由关系政治而致贪污……关系政治是说以一个飞黄腾达、有了地位的人为中心，把一切有关系的人以中心的力量在政治上联系起来，组成一个关系网。这个网形成了一个力量。在这个只言利害、不问是非的政潮中，发展出来，便成了取人不问才的关系政治。贪污之成（风），怎么能避免呢？

3. 封建社会时期反腐败历史回顾

早在 4000 年前的父系氏族社会，中国先民就认识到腐败往往发生在具有公权力的部落首领身上，因而创造了纳言民主监督制度，用以监督经部落联盟议事会选举产生的部落首领，监督权属于全体氏族成员，监督形式则以纳谏纳言的舆论为主。到了夏、商、周时代，地方机构中便有了方伯，他们"受命于王，以监察一方，谓之伯"。西周时还设有调查民意的询问官小司寇、乡大夫等职。春秋战国时期各诸侯国有的设御史，有的设郎官，实施对地方官吏的经常性监督。秦始皇统一中国后，有了中国第一部廉政法规《秦律》，建立了严密而独立的监察系统，设立了"言谏监督制度"。唐朝建立了庞大的廉政监察体系，把全国分为 10 道（后改 15 道）监察区，设置三院（台院、殿院、察院）分察制。宋朝时期则改武治为文治，颁布了一系列法律、法令和法规，明文规定贪污受贿与十恶大罪一样，必须处死，不得赦免。元朝则建立御史台，与中书省和枢密院三权分制。明朝是中国历史上惩治贪官最严厉的时期，有了完备的监察机构和地方三重监察网；有《严治官吏嫖娼制度》，有廉政法《宪纲事类》，有《明代巡按御史制度及其回避制度与自身廉洁制度》和《言谏监督制度》等。清朝建立了多元多轨制，出台了《台规》和《巡按制度》、高官子弟回避制度、"养廉银"制度、《太平刑律》等。

4. 新中国成立前反腐败斗争历程

我们党自成立之日起就不断探求真理，修正错误，反对腐败，通过查处腐败来纯洁党的肌体，确保党的纯洁性和先进性。中央认为不坚决惩治腐败，就会亡党亡国。

黄克功是一个勇冠三军、年仅 26 岁的红军将领。当红军长征到陕北时，黄克功已是一位身经百战的旅长。罗瑞卿非常喜欢这个在战场上以一当十、以一当百的年轻人。1937 年 10 月 5 日黄克功因逼婚未遂在延河畔枪杀了女学员刘茜，案发后他曾亲自给毛泽东写信求情。1937 年 10 月 11 日审判黄克功时，公诉人是胡耀邦，审判长是雷经天。审判长一字一顿地宣布判处黄克功死刑。就在这时，工作人员骑马给雷经天送来了一封信，要求当着黄克功本人的面当众宣读，内容如下：

雷经天同志:

你及黄克功的信均收阅。黄克功过去的斗争历史是光荣的,今天处以极刑,我及党中央的同志都是为之惋惜的。但他犯了不容赦免的大罪,如赦免他,便无以教育党,无以教育红军,根据党与红军的纪律,处他以极刑。正因为黄克功不同于一个普通人,正因为他是一个多年的共产党员,正因为他是一个多年的红军,所以不能不这样办。对于自己的党员与红军成员不能不执行比一般平民更加严格的纪律。他之处死,是他自己的行为决定的。一切共产党员,一切红军指战员,一切革命分子,都要以黄克功为前车之鉴。请你在公审会上,当着黄克功及到会群众,宣布我这封信。

毛泽东

1937 年 10 月 10 日

可以说,毛主席的这封信,对我们现在的反腐败工作也有极为重要的指导意义:党员干部必须严格要求自己,违法犯罪,必须受到严惩!黄克功走上了断头台,是他平时骄横跋扈,是罪有应得。他平时爱挂在嘴边的口头禅就是"老子当年"之类的,居功自傲,冲昏了头脑。通过黄克功案件,教育了全党,警示了一些居功自傲的干部,也安定了民心。

稍晚一点的肖玉璧案件也很有教育意义。在延安时期,陕甘宁边区贸易局副局长肖玉璧同样是个劳苦功高、身上有 80 多处伤疤的老红军。1940 年秋季的一天,毛主席到中央医院看望老战士们。肖玉璧此时病得皮包骨头。毛主席难过地流下了泪,当场把自己的牛奶特供证给他,让他每天多喝半斤牛奶。肖玉璧很快恢复了健康。肖玉璧出院后,上级安排他到某税务所当主任,但他认为是"大材小用",拒不服从,跑到毛主席的面前解开衣扣让毛主席数数他身上有多少伤疤。毛主席声色俱厉地说道:"我不识数!"肖玉璧只好走马上任。但是在他上任后,肖玉璧利用职权公然贪污大洋 3000 多块,开始贪图享受。案发后,毛主席毅然决然地同意枪决他。肖玉璧一死,陕甘宁边区的政风明显好转。在电视剧《解放》中有个情节:毛泽东和林伯渠、罗荣桓谈话时,就引用肖玉璧的故事告诫新中国不能重蹈李自成的覆辙,要警惕糖衣炮弹的进攻,不能贪图享受,腐化堕落。

这两个案例对我们的启示是:一个高级将领、一个普通战士,他们被判极刑也经过了毛主席直接批准。两个案例说明了我们党、我们的伟大领袖毛主席对腐败问题保持了高度警觉,决不搞功过相抵,这样才保证了我党、我军的凝聚力和战斗力。当初延安被称为革命圣地,吸引了全国各地有志青年突破重重包围,跋山涉水到了延安,为我党取得最终胜利增添了大量新鲜血液,提供了人才保障。1945 年 4 月,陈毅在出席党的七大时作了一首颂诗,说道:"试问九州谁作主?万众瞩目清凉山"。黄炎培曾到延安访问。到重庆后,也曾说未来属于共产党。1949 年 3 月,毛主席在西柏坡召开的党的七届二中全会上提出的"两个务必"有着深远的意义。要善始善终,就需要我们不断提高思想认识,终身加强思想道德修养。

(二)新中国成立以来腐败现象的滋生蔓延及反腐败斗争的历程

反腐斗争是关系党和国家生死存亡的大事,也是一项长期、艰巨、复杂的创新工程。新中国成立以来,党中央各代领导集体都非常注重加强党风建设,坚决而持久地开展反腐斗争。

1. 新中国成立初期的腐败现象及反腐败斗争

经过 28 年的艰苦奋斗，流血牺牲，中国共产党领导全国各族人民取得了革命的伟大胜利，1949 年 10 月 1 日建立了中华人民共和国。新中国的成立并不意味着革命的结束与完成。恰恰相反，真正的考验才刚刚开始。以美国为首的西方资本主义国家对社会主义国家实行了一种新的和平演变战略。面对资产阶级"糖衣炮弹"的侵蚀，一些意志薄弱者在糖弹面前打了败仗。

新中国成立后腐败现象主要表现为：享乐主义抬头；贪污现象大量出现；浪费现象严重。其危害是：大量浪费国家的宝贵资金，影响经济建设；使党员干部逐渐被腐蚀，脱离群众，直到脱离革命，影响人民政权的巩固，最终关系党的性质和生命。为了反击资产阶级势力和思想的进攻，在新中国成立初期首先在党和国家机关内部开展了反贪污、反浪费、反官僚主义的"三反"运动。在此运动中抓住的典型就是当时华北天津地委前书记刘青山及后任书记张子善。随后，又开展了新中国成立后第一次大规模的惩治经济犯罪行为的"五反"运动。在此运动中，不法资本家和党政机关一些贪污腐败分子受到了惩处。如上海私营大康药店经理王康年，腐蚀国家干部，盗窃国家资材，用假冒伪劣药品欺骗志愿军部队，造成了恶劣的后果，最后被依法判处了死刑。在"三反"和"五反"运动中，根据实际需要，还制定了《中华人民共和国惩治贪污条例》，这是新中国成立后颁布的第一部反贪污的条例。直到 1980 年 1 月 1 日《中华人民共和国刑法》生效，该条例才终止其效力。该条例在其有效的 28 年中对惩治贪污贿赂等腐败犯罪行为、促进国家机关及其工作人员的清正廉洁、保证国民经济的恢复和发展起了很重要的作用。

这个时期最著名的反腐案例就是刘青山、张子善案件。这个案件之所以典型，有三个方面的原因：一是恰逢其时。1951 年 10 月，中共中央开展了精兵简政、增产节约运动和"反贪污、反浪费、反官僚主义"运动。1951 年 11 月，有人揭发了原天津地委书记、后任石家庄市委副书记刘青山，原天津专区专员、后任天津地委书记张子善的巨大贪污案。二是级别高，都是地厅级干部，这个纪录一直保持到胡长清、成克杰案件。三是影响大，官司打到了毛主席那里，也是毛主席直接批准的。这个案件大家都知道一些，我们再回顾一下其特点。

一是这两人居功自傲、贪图享受、飞扬跋扈惹祸端。刘青山，判死刑时 36 岁，河北省安国县人，曾参加过 1932 年的高阳、蠡县农民暴动，被国民党逮捕过，在敌人的严刑逼供下，坚贞不屈（《红旗谱》中有详细描写）；张子善，判死刑时 38 岁，河北省深县人，1933 年加入中国共产党，翌年被国民党反动政府逮捕入狱，也经受住了严峻考验。1949 年 1 月 31 日，平津战役胜利结束。他们是天津地区解放后第一任书记和专员。刘青山曾大大咧咧地说道："老子们拼命打了天下，享受些又怎么样？"他们在天津还喊出了"刘青山思想"和"英明领袖张专员"的口号。两人凭借职权，先后盗窃国家救灾粮、治河专款、干部家属救济粮、民工粮款、机场建筑款、国家银行贷款等，总计相当于人民币 171 万元。这个数字创造了新中国成立后腐败案件涉案金额最大的纪录。而刘青山、张子善以地委书记、地区专员的身份也创造了当时贪腐分子职务最高的纪录。

二是查处时经历特殊。对刘青山、张子善的腐败行为，引起了许多干部和群众的不满和举报。天津地委组织部副部长卢铁，由于多次反对刘青山、张子善挪用公款进行所谓的"机关生产"，在工作中屡受排挤。类似遭遇的还有天津地区行署教育科长李玉田、水利建设科科长刘立等。一批坚持原则的党员干部或被调离，或受排挤。最终是副专员李克才在1951年11月21日举行的中共河北省委第三次代表大会上，当场向与会的800多名代表揭发了刘青山和张子善的问题，引起全场轰动。作为天津地区代表团团长的张子善在会上被捕。而这时，刘青山不在国内。他随着"中国青年友好代表团"在奥地利首都维也纳参加世界和平友好理事会。河北省委成立处理刘、张案件委员会，并以省委的名义将刘青山调回后拘捕。

三是为执政党清除自身毒瘤提供了镜鉴。两个有功之臣、党政高级领导干部，在中国共产党走上执政地位不久就蜕变成了腐化堕落分子。如何处理他们，考验着刚刚取得执政地位的中国共产党。1951年12月14日，中共河北省委根据调查和侦讯结果，向中共中央华北局提出了处理意见：一致意见是处以死刑。华北局随即向党中央作了报告，原则上同意河北省委的处理意见，但是在"死刑"之后加了一个括号"或缓期二年执行"。在中央作出正式处理决定前，曾委托华北局征求了天津地委及所属部门对刘青山、张子善二犯量刑的意见。地委8名委员的一致意见是处以死刑。地区参加讨论的552名党员干部，同意判处死刑的占到了97%。毛泽东看到上述材料后，决定同意河北省委的建议，对刘青山、张子善处以死刑，立即执行。这是我党执政后判决刑事案件的一个特殊案例。现在我们讲党政领导不得干预司法独立判案。事实上，刘青山、张子善案发时，我国还没有形成完善的法律体系。对刘青山、张子善二犯的处理既无明确法律依据和量刑标准，又无现成的案例可以参照。最终是党组织作出了严惩的决定。

四是针对说情，毛主席和党中央明确说"不准"。曾在冀中担任过区党委书记，在革命时期当过刘青山、张子善的老领导，看着张子善成长的黄敬同志，坚持请时任华北局第一书记的薄一波同志向毛主席转报他的请求：考虑给刘青山、张子善一个改造的机会。毛泽东说道："是要他们俩，还是要中国？正因为他们两人的地位高，功劳大，影响大，所以才要下决心处决他们。只有处决他们，才可能挽救20个、200个、2000个、2万个犯有各种不同程度错误的干部。黄敬同志应该懂得这个道理。"还说，"建议你们重读一下《资治通鉴》。治国就是治吏！"礼义廉耻，国之四维；四维不张，国乃灭亡。所以人们说，刘青山、张子善的人头换来了中国官场上至少20年的廉政。

五是后果严重。天津地区党组织的党风被严重败坏。在不少党员干部中弥漫着比阔气、比享受的不良风气，贪污、腐败、挥霍等现象严重。在查处刘青山、张子善案件过程中，天津地区14个县镇中有10个县镇的主要领导干部受到处分。与此对比，此时陈毅同志在上海就做得很好。野战军进城后他头脑非常清醒，明确提出"野战军进城后不许撒野"。在城市建设中做到了严于律己，使我们党在上海这个中国第一大都市站稳了脚跟。

执政党的党风问题关系国家的生死存亡，党要管党、从严治党才能确保国家长治久安。大家知道，在毛主席时期，他老人家对腐败是真正的零容忍，更主要的是他头脑冷静（绝不做李自成），善于抓苗头性问题，而且措施过硬，罪大恶极的杀无赦，谁讲情都不行，既有威慑力，教育效果也好，实现了政治清明、政府清廉、干部清正。

2. "文化大革命"时期的腐败现象及反腐败斗争

"文化大革命"使我国错过了发展经济非常宝贵的 10 年,全国党、政、军、民机构陷入了瘫痪、半瘫痪的状态,整个国家蒙受了难以估量的损失,中华民族经历了一次浩劫,以阶级斗争为纲的党的工作重心影响着国家的方方面面。即使在那样一个充满群众运动的时代里,也依然存在着腐败。

据史料记载,在"文化大革命"期间,康生先后 30 多次到北京文物管理处拿走大量被查抄的珍贵文献、善本古籍。1970 年 5 月,他伙同陈伯达、叶群、黄永胜等人再次到北京市文物管理处库房翻箱倒柜,各揽一摊,又当场互相赠送,然后用汽车拉回,据为己有。库存的珍贵文物几乎被洗劫一空。1970 年 11 月,康生陪江青到北京市文物管理处窃取名贵印章和砚台。在这段时期,被林彪、康生、江青一伙掠夺的图书达 3.4 万多册,文物 5500 多件。康生把他掠夺来的大量图书都加盖了自己的私章,有些窃取来的名贵印章被他改刻成康生图章。他还把许多珍稀的图书、文物分送给自己的亲友。

当然以上只是一个方面。我认为当时更重要的是在政治上的腐败。其表现形式为以权整人。通过手中的权力打击、压制别人,满足自己政治上的需要,犹如通过手中的权力通过寻租来满足经济上的需要,何尝不是一种腐败呢?

在"文化大革命"中,林彪、"四人帮"两个反革命集团利用手中的权力,煽动红卫兵、造反派闹革命、夺权,使国家机器陷入瘫痪。通过诬陷和迫害一大批革命领袖和同志,来拥有更大的权力,进行更大的破坏活动。以致派性代替了理性,造反派组织代替了党组织,革命无罪、造反有理、反潮流有功代替了党的纪律,不正之风和腐败现象由此滋长蔓延。

与此同时,老一辈的无产阶级革命家们冒着被批斗的危险挺身而出,同林彪、"四人帮"集团展开了激烈的斗争。陈毅、叶剑英、谭震林等人针对当时混乱的局势发表了反对造反运动的强硬谈话,结果被江青诬陷为"二月逆流"。周恩来总理尽自己所能最大限度地保护了一大批同志,力图将损失降到最小。他还努力使国民经济免于崩溃。虽然这场浩劫已经过去了很多年,但是它遗留给我们民族的仍然是一个无法轻易摆脱的噩梦。

3. 改革开放以后的腐败现象及反腐败斗争

党的十一届三中全会的召开使党的指导思想重新回到了正确的路线上,党的工作重心也开始由以阶级斗争为纲转变为以经济建设为中心,国家经济从面临崩溃的边缘走向一个崭新的时代。但是在我国的改革开放事业获得了巨大成功、经济建设取得了很大成绩的同时,这个时期也出现了一些腐败现象,其特点如下。

(1) 利用职权、以权谋私、权钱交易。为了更好地为人民服务,党和人民赋予了各级党员领导干部和国家机关工作人员一定的权力。但是由于环境、地位的变化,使他们中的少数人员增加了脱离群众、腐败变质的危险,少数党员干部和国家工作人员经不起执政、改革开放和发展社会主义市场经济的考验,把党和人民赋予的权力当作谋取私利的资本,走上了违法犯纪的道路。从纪检监察机关查处的大量腐败案件中可以看到,滥用职权、以权谋私、权钱交易已经成为新形势下最具代表性的腐败现象。它主要表现在:第一,政治上谋求特殊地位。有些单位和部门的领导干部把自己凌驾于组织之上,独断专行、压制民主、官僚主义、脱离群众。对一些重大问题越权盲目决策,给党和国家在政治上、经济上造成巨大损失，有的在组织、人事工作中搞任人唯亲，拉帮结派。有的基层干部和执法人员对群众要特权、施淫威、侵犯群众的民主权利和合法权益。第二，生活上谋求特殊待遇。有些官员和国家机关干部以及工作人员，忘记了全心全意为人民服务的宗旨，把个人利益置于国家和集体利益之上，以各种手段为个人捞取好处。诸如有的以权谋房、违法犯纪建私房，用公款超标准装修住房；违反规定购买、更换进口小汽车，用公款旅游、接送子女上下学、大吃大喝，挥霍浪费；在农转非、招工、招生、评职称中弄虚作假、优亲厚友；婚丧嫁娶大操大办，借机敛财，甚至还有极少数党员和国家干部道德沦丧，腐化堕落等。第三，经济上谋求非法利益。在新的历史条件下，有些党员和国家机关人员受拜金主义思想的影响，利用其手中的权力不择手段地捞取钱物。有的大搞贪污受贿，参与走私贩私，投机倒把，偷税、漏税，有的乱摊派、乱罚款，有的以货谋私，以车谋私、以票谋私等。

（2）具有很大的迷惑性和隐蔽性。自党的十一届三中全会以来，我国的改革事业取得了巨大的成功，受到了广大人民群众的热烈拥护。但是社会上的各种以权谋私的人，正是利用人民群众拥护改革的心情，变换各种手法，借改革之名，为个人或小团体谋取特殊利益。他们或者打着"转变政府职能"的旗号，或者以发展第三产业的名义，或者打着"改善干部福利待遇"的幌子，干着损人利己和损公肥私的勾当。到最后，损害的是党的事业，肥了极少数人，吃亏的则是国家、集体和老百姓。可见，千方百计以改革之名行腐败之实，这是改革时期我国在一定范围内腐败活动的一个重要特点和规律。

（3）在其活动领域和活动方式上，腐败现象具有转移迅速、变化多端的特点。众所周知，任何腐败活动都离不开权力这个载体。腐败活动通常是沿着社会权力的流向不断变化的，随权力承担者的变化而变化，随权力结构的变化而变化。目前，在查处的大案要案中，很大一部分发生在某些经济管理人员及其主管人员身上。当在某个方面或环节强化反腐败力度时，腐败活动会暂时收敛，同时将其重心迅速向其他相对薄弱的方面或环节转移；而当某个方面或环节的反腐败力度出现衰弱，一度收敛的腐败活动又会反弹过来，肆虐成风。我们还必须注意到，经营方式、生活方式的变化和技术手段的变化，也会影响腐败活动的方式和手段的变化。

为了确保现代化建设事业的顺利进行，党和政府不断强调与腐败现象进行坚决的斗争，相继采取了一些重大行动，制定了廉政建设方面的法律法规，以扼制和减少腐败现象。改革开放40多年来，我国通过制定一系列反腐倡廉的法律法规，依法严厉惩处了腐化堕落分子。

首先，国家立法机关制定的廉政立法。在改革开放之初，《中华人民共和国宪法》（以下简称《宪法》）就对国家机关工作人员的廉洁问题作出了原则性的规定。1979年制定的《中华人民共和国刑法》（以下简称《刑法》）对国家工作人员贪污、挪用、贿赂等犯罪行为的定性量刑问题作出了具体的规定。1982年全国人大常委会通过的《关于严惩严重破坏经济的罪犯的决定》，对《刑法》中的有关条款作出了进一步的修改和补充，加大了对国家工作人员索贿、受贿的处罚力度。1988年年初，全国人大常委会通过了《关于惩治贪污罪、贿赂罪的补充规定》，进一步完善了对这些犯罪行为的处罚规定。1993年2月，中共中央、国务院批转了中央纪委、监察部《关于中央纪委监察部机关合署办公和机构设置有关问题的请示》，明确中央纪委、监察部合署，实行一套工作机构、两个机关名称的体制。2005年9月9日，中央纪委、监察部下发《关于中共中央纪委监察部单派驻纪检、监察机构实行统一管理的实施意见》。1997年3月，全国人大对《中华人民共和国刑法》进行了修订，对"贪污贿赂罪"设专章加以规定。这些重要法律的制定和施行为依法惩处贪污贿赂等犯罪行为提供了重要依据，成为廉政法制建设标志性的规范。2007年9月13日，国家预防腐败局揭牌成立。2018年3月20日通过的《中华人民共和国监察法》第三条规定，各级监察委员会是行使国家监察职能的专责机关，依照本法对所有行使公权力的公职人员进行监察，调查职务违法和职务犯罪，开展廉政建设和反腐败工作，维护宪法和法律的尊严。经过几十年的努力，我国的反腐倡廉制度和法规建设全面推进，主要表现在以下几方面：一是规范国家工作人员、党员干部特别是领导干部从政行为的制度体系逐步形成；二是以制衡权力为重点的全方位、多层次、立体化的监督制约体系初步建立；三是对党员干部和国家工作人员违纪违法行为的惩处制度不断充实和完善；四是围绕纠正损害群众利益的不正之风制定的一系列法规制度得以有效实施；五是从源头上防治腐败的干部人事、行政审批和财政、金融、投资等领域的制度改革不断深化；六是反腐败领导体制、工作机制和纪检机关的机构、体制建设逐步纳入科学化、规范化、法制化轨道。

其次，中共中央、国务院及有关部门的规范性文件。这些文件主要有：《中共中央、国务院关于打击经济领域中严重犯罪活动的决定》（1982年），中央纪委《关于共产党员在经济领域中违法犯罪的党纪处理暂行办法》（1983年），中共中央、国务院《关于严禁党政机关和党政干部经商办企业的决定》（1984年），中央纪委《关于坚决查处共产党员索贿问题的决定》（1987年）、中央纪委《关于党和国家机关必须保持廉洁的通知》（1988年），国务院《国家行政机关工作人员贪污贿赂行政处分暂行规定》（1988年），中央纪委《关于共产党员在经济方面违法违纪党纪处分的若干规定（试行）》（1990年），《国务院关于在对外公务活动中赠送和接受礼品的规定》（1993年）等。最后，部分省（自治区、直辖市）及一些中央国家机关的廉政规定、措施。这是一些地区和部门根据中央有关文件精神，结合各地各部门的实际情况，针对一些突出问题而制定的廉政措施。其内容主要有：严禁党政干部利用职权或工作上的便利谋取私利；严禁党政机关、党政干部经商办企业；严禁党政机关及其干部用公款大吃大喝；严禁党政机关、党政干部用公款旅游；严禁用公款送礼和收受礼品；严禁挥霍浪费等。这些有关廉政立法、规范性文件、规定的出台大大遏制了腐败行为的蔓延趋势，规范了党政机关及其工作人员的自身行为，净化了社会空气，为我国的现代化建设奠定了很好的基础。

学者郑利平认为，一个有腐败机会的人是否选择腐败取决于其腐败的成本和收入是否成正比，而腐败的收益和成本又取决于反腐败制度建设的投入量即制度成本。反腐败制度建设通过影响社会上存在的租金进而影响腐败的收益，与此同时，通过提高惩罚力度和被发现的概率而影响腐败的成本。

著名经济学家吴敬琏先生认为，计划经济比重大、市场经济发展缓慢的地区腐败现象发生的概率就大。腐败现象先是由商品流通领域向生产资料流通过程发展，继而又在生产要素的流动中丛生。而在这个进程中，腐败与改革"赛跑"，每每总是腐败抢在前面。因此，要抑制腐败就要加快改革的步伐，让改革紧紧跟上，减少腐败发生的机会和可能性。

特别是党的十八大以来，中共中央下发了《中央党内法规制定工作五年规划纲要（2013—2017年）》，明确提出到建党100周年时全面建成内容科学、程序严密、配套完备、运行有效的党内法规制度体系。《关于改进地方党政领导班子和领导干部政绩考核工作的通知》《完善竞争性选拔干部方式的指导意见》《关于加强新形势下发展党员和党员管理工作的意见》等，在总结实践经验的基础上对相关问题作了进一步规范。《党政机关厉行节约反对浪费条例》《关于党政机关停止新建楼堂馆所和清理办公用房的通知》《党政机关国内公务接待管理规定》的颁布，对群众普遍关注的问题作出了积极回应，这一系列的举措标志着我国的反腐倡廉事业翻开了崭新的篇章，由过去的被动防御转向现在的主动进攻，由过去的事后惩治转向现在的惩防并举、注重预防。由此可以看出，中国在反腐败的道路上不断探索、不断尝试，试图找到一条最适合中国国情的反腐败道路。为此，本书以"从反腐败到廉政管理——国家治理研究的管理科学思维"为题，探讨我国预防腐败体系研究问题就显现出了一定的现实意义。

二、国外腐败与反腐败斗争的现状研究

国际上，在反腐败的理论研究方面比较有代表性的机构有透明国际、世界银行和联合国开发计划署等国际组织和国际非政府组织。值得一提的是透明国际。作为一个民间的、学术性的国际非政府组织，自20世纪80年代以来透明国际每年定期公布世界各国清廉指数，定期发表反腐败研究报告，同时还积极参与或协同组织各种国际性反腐败研讨会，在国际反腐败领域享有很高的声望。这些国际组织研究的重点是测量各国腐败程度以提供投资风险参考，同时为各国提供反腐败的政策工具，因而具有很强的实用性。由清华大学廉政研究室翻译的透明国际2000年版研究报告《制约腐败——建构国家廉政体系》，提供了一个反腐败的政策工具箱，对于实际工作部门具有较高的参考价值。同时在联合国、世界银行和透明国际的倡导下，每两年一次的国际反贪污大会为各国政府反腐败官员、专家学者、公民社会组织、新闻媒体记者、企业家等关心反腐败工作人士提供了一个定期交流思想、分享经验的平台。透明国际、世界银行和联合国开发计划署开办的有关网站也提供了反腐败的信息交流平台。在国际反腐败理论研究中，颇具影响力的观点主要有下列几个。

（1）就腐败的危害而言，有三种观点很有影响。第一种观点认为，腐败的猖獗意味着国家失去了自主性，而被经济寡头所俘获，即"国家捕获"理论。国家被捕获意味着国家不再能够以公共利益代表者的身份出现且公正地履行公共管理的职能，国家的权威受到人们的质疑；第二种观点认为，腐败的盛行使国家变得缺乏有效制约，它肆无忌惮地攫取社会财富，成为一种"掠夺型国家"。国家沦为劫掠者，将和强盗无异，人们对国家的反抗也就是正当的了；第三种观点认为，腐败的猖獗意味着国家成为一种"软政权"，法律和秩序受到普遍的违犯，国家无法行使有效的管理职能。

（2）就腐败流行的原因而论，有八种观点比较有影响。它们是：①政府对市场的行政干预和管制导致寻租活动高涨和腐败的猖獗；②缺乏制约和监督的权力易于导致腐败；③现代化过程加剧了腐败；④伦理价值扭曲助长了腐败；⑤公民社会和国家力量对比失衡造成腐败；⑥低薪诱发腐败；⑦文化差异导致腐败程度差异；⑧体制转换时期现行制度结构和制度安排在激励机制、社会结构和约束机制上存在的缺陷导致腐败。这八种观点从不同理论视角、不同侧面揭示了腐败的成因。

（3）就控制腐败的政策选择来看，民主化、市场化、现代化代表着各种政策倡议的主要方向。提倡民主治理是控制腐败方面一种影响很大的观点。民主治理同时也是善治，它强调参与性、透明性、回应性、责任性、效率、包容性等原则，提倡参与式民主和决策过程与结果的透明性，成为呼吁依靠民主治理反腐败的学者强调的重点。在国外许多学者看来，市场化是减少因政府过多介入经济活动而产生的各种寻租机会的根本途径。因此，他们倡导通过市场化导向的经济改革和企业化导向的行政改革，在国家和市场之间建立一种适宜的关系。发展行政学则强调实现政党制度的现代化，建立现代公务员制度，建立现代公共财政制度，采用现代高科技的管理技术和管理手段等，以尽量减少产生腐败的机会。

世界各国反腐败也都有各自独特的做法：第一，设立专门的反腐败机构。一是司法检察机构，属于大陆法系的法国、德国设有独立的行政法院；二是立法机关，如美国自立宪至今共有14人被议会弹劾；三是监察机关，包括议会监察机关和行政监察机关；四是专门的反腐败组织，如新加坡贪污调查局；五是反腐败协调组织，如印度防止腐败委员会、法国预防腐败委员会和反腐败斗争中央局等。第二，廉政和反腐败立法。廉政立法包括两种形式：一种是在公务员法则中规定廉洁自律的条款；另一种是制定专门的廉政准则。反腐败立法可以分为综合型反腐败法、实体型反腐败法、程序型反腐败法等。第三，财务审计监督制度。国外审计机构主要分为国家审计、内部审计、社会审计三类。第四，"透明"制度和"阳光"法案。第五，对"金钱政治"的限制措施。限制金钱政治，防止官商一体，严禁军商勾结。第六，严格对官员的选任和管理。包括公开考试制度、培训教育制度、回避制度、岗位轮换制度、生活保障制度等。第七，充分发挥新闻监督的作用。当代社会的信息传播体系被称为与立法、行政、司法三权并驾齐驱的"第四种权力"。第八，开展声势浩大的反腐败运动。1992年意大利开展"清廉运动"，牵涉了4名前总理、10多名前政府部长和近1/3的参众两院议员，导致3名部长辞职、5个执政党和1个在野党的总书记下台。1993年春，韩国掀起反腐败运动。上至总理，下至一般官员，有1800多人或被解职或被判刑。第九，开展国际反腐败协作。2005年12月14日，《联合国反腐败公约》生效。民间反腐败机构中影响力较大、组织较严密、工作常态化的当属透明国际。它是一个非政府、非营利、国际性的民间组织。透明国际以清廉指数和行贿指数构成的腐败指数来评估衡量世界各国和地区的腐败状况，它的研究结果经常被其他权威国际机构反复引用。

从反腐败路径分析，世界各国的做法基本可以归结为三种类型：第一种类型是运动反腐。即开展群众性的反腐败运动或清廉运动。运动反腐是在腐败现象异常猖獗的情况下，对腐败分子的集中打击行动。集中打击行动在短时期内能取得明显效果，如新中国成立初期开展的"三反""五反"运动，1992年意大利的"清廉运动"，1993年韩国的反腐败运动等；第二种类型是权力反腐，即设置反腐败的专门机关来监督权力部门及其公职人员，实现以权制权，如中国的中央纪委、监察委员会、香港特别行政区廉政公署，新加坡贪污调查局，美国联邦调查局等。世界各国因社会制度不同、反腐败环境各异，因而在反腐败机构设置上也各有千秋；第三种类型是制度反腐。即通过制度的完善来抑制和惩治腐败，如西方"权力制衡"的政治体制、中国的惩治和预防腐败体系等。

国内外有关反腐败的理论主要有三种，具体如下。

第一种是高薪养廉。这是一种主张对国家公职人员实行高薪制来保证其廉洁奉公行为的理论。这种理论的倡导者认为，人有一种趋乐避苦的本性，使他可能产生一种不择手段满足个人欲望的内在行为趋向。为保证国家公职人员廉洁，必须提高他们的薪金，使腐败行为成本不划算。一批被誉为"廉洁之国"的国家，如奥地利、瑞典、瑞士、新加坡、智利等，都推行了以政府官员高薪制度为特征的反腐败措施。

第二种是清廉为政。又称"廉洁政府"，是一种主张以低薪制度和良好的道德准则规范公职人员的行为，倡导清明廉政之风的理论。

第三种是权力制约。实际上，权力制约理论并不是专门的反腐败理论，而是一种研究权力制衡的理论。这种理论在反腐败研究中得到广泛应用。比较完善的权力制约理论是法国的孟德斯鸠的"三权分立"模式，即权力模式。此后学者们又相继提出以权利制约权力，即权利模式；以制度制约权力，即制度模式；以反抗制约权力，即反抗模式；以法律、权利和权力三者统一制约权力，即混合模式。

上述三种理论是世界上三种主要的反腐败模式，分别适用不同的社会制度和国情。而随着经济全球化和反腐败国际化趋势日益形成，建立普遍适应的反腐败基础理论显得十分迫切。

第四节　有关概念的阐释

腐败好像人体内的毒瘤。如果放任毒瘤扩散，那么生命就难以维持；如果放任腐败蔓延，那么党的健康肌体就会被侵蚀，党就有丧失执政地位的危险。与此同时，腐败是个古今中外的世界性问题。腐败，不仅现在有，古代也有；不仅中国有，外国也有。只不过在不同的时期，不同的国度，腐败的表现形式和程度不同而已。实质上都是掌握公共权力资源的公职人员为了谋取私利而滥用公共权力。世界各国的腐败在本质上有其相同性，在新的历史时期，根据我国的国情，适当借鉴国外反腐败实践的成功经验，研究国内外反腐败的创新做法，对预防、惩治、监督腐败很有必要。这就要求我们必须弄清下面几个概念。

一、关于反腐败学的理论边界

近年来，反腐败研究者试图从经济学视角打开缺口，探讨反腐败理论。所谓"反腐败经济学"就是这种研究的一个结果。

作为现代经济学的研究成果，寻租理论把政府作为市场经济的参与者，把政府干预市场化，把政府创租、企业寻租作为研究内容，同时也为研究"权钱交易"等经济腐败问题提供了新的思路。中国社会科学院政治学研究所研究员张云鹏认为，在以往与"寻租"有关的"权钱交易"中，掌权者凭借手中的权力中饱私囊，对寻租者而言，在交易中"送上1元钱，可能会得到10元，乃至100元的回报"。

这种简单的成本核算及其收益驱使更多的寻租者"积极"参与"寻租活动"。无论是合法、半合法的，还是非法的"寻租活动"，其实都是在利用自己的权力侵占公共财富，或将公共财富据为己有的腐败行为。从本质上看，都属于违法违纪行为。人们对腐败、反腐败的认识依然只是停留在政治或思想意识形态层面。在多数情况下，将腐败与反腐败视为政治行为、政府行为、政治集团组织性行为，或多或少地忽视了腐败、反腐败与经济、经济学之间的内在关系。张云鹏教授认为，可以建立一门反腐败经济学，为从更深层次上认识并遏制腐败提供另一种可能性。

建立反腐败经济学是对经济学的一种误读。反腐败经济学在逻辑上是个悖体，因为从建立学科的角度看，经济学的逻辑出发点与反腐败理论的逻辑出发点恰恰是相反的。我们知道，经济学的逻辑前提是经济人假设，经济人的目标是通过资源的优化配置实现经济利益的最大化。而反腐败，则要求公职人员在公权力配置资源中不能追求不正当利益。

不过，将腐败问题与经济学研究相结合，是非常正确的选择。因为腐败问题的关键同样在于经济学中的一个重要问题——合理配置资源。我们知道，资源配置主要有两种方式：一种是市场配置，另一种是政府调控，即公权力配置。为了便于直观地表述，我们用下面的公式表示：

$$资源配置＝市场配置＋公权力配置$$

经济学是研究"合理配置资源"的理论。怎样配置资源才是在经济学意义上合理的呢？这就是经济学的鼻祖亚当·斯密给出的答案——"经济人"假设。亚当·斯密认为：人的行为动机根源于经济诱因，人都要争取最大的经济利益。按照这个假设，问题来了：市场配置的主体作为"经济人"无疑应以追求利益最大化为目标，但是公权力配置的主体如果也是"经济人"，那么去追求不正当利益最大化，岂不是腐败？作为理性经济人的公职人员实施犯罪时，在追求个人利益或效用（权力、财富等）最大化动机的驱使下，经过成本减收益的计算权衡，最终也会作出自己认为合理的选择：实施腐败的行动。

所以说，腐败与经济学结合确实可以建立一门学科，但不是"反腐败经济学"，而是"腐败经济学"。从经济学的角度看，腐败的基本形式是政治权力与经济财富之间的交换，实质是"权钱交易"。在特定经济条件下，商品交换被"权利交换"所取代，而权力已经成为一种特殊商品，"权力上市"促成了权钱交易的实现，进而确立了权利交换关系。在与其他商品，包括货币这种特殊物品交换时，权力具有连续的交换价值。作为通过权力上市而产生的对社会经济资源和公共财富非理性侵吞和占有的反经济行为，腐败这种病态经济现象，不是基于对社会经济资源的有效、合理配置，而只会造成对经济秩序的震荡与破坏。从以上讨论不难看出，"腐败经济学"实际上是一种反经济学理论。

"腐败经济学"与"反腐败经济学"虽一字之差，实质却大相径庭。因为"腐败"从利益考虑来看与"经济人"具有逻辑一致性，建立"腐败经济学"没有任何逻辑障碍，它还确实揭示了腐败的本质，"腐败"是通过公权力配置资源来实现不正当利益。但"腐败经济学"从学科性质上讲显然不是反腐败理论，反而是一种腐败理论；它也不是经济学，而是一种反经济学。腐败经济学成立的前提是抛弃以往的道德理论，彻底引入经济学理论，按市场化的经济规律来分析腐败的机理。也就是说，腐败不应被视为一种道德问题，而应被看作一种经济行为；腐败的主体——人被视为经济人，而非道德人。

公权力配置资源并不是不追求利益，只是不能追求不正当利益，而正当利益的最大化则是公权力配置资源所要追求的。事实上，公职人员用公权力配置资源时，其身份应是公共利益的代表，而不应是私人利益的代表。因此，在设计公权力配置资源制度时，一方面要实现正当利益的最大化，另一方面要杜绝公职人员追求不正当利益。

有的经济学家为了避开这个矛盾，索性只研究"市场配置"问题，美其名曰"市场理论"。但是我们知道，经济学历来都不能回避公权力配置资源问题，只是不愿正视这个问题而已。宏观经济学研究的宏观经济政策就包括经济政策目标、经济政策工具、经济政策机制（即经济政策工具如何达到既定的目标）、经济政策效应与运用等，都离不开政府的调控，即公权力对资源的配置作用。为了正本清源，我们不妨把只研究"市场配置"问题的经济学称为狭义经济学，而把研究"公权力配置"问题的经济学叫作广义经济学。很显然，在广义经济学中，公权力配置资源的公职人员的身份是公共利益的代表。

根据上面的讨论，同样用公式直观地表示为：

狭义经济学＝经济人假设×市场配置资源

广义经济学＝经济人假设×公权力配置资源（公共利益代表）

经济学＝狭义经济学＋广义经济学

＝经济人假设×市场配置资源＋经济人假设

×公权力配置资源（公共利益代表）

从经济学的完整意义上来说，由于市场配置和政府调控在经济运行中的作用都不可抹杀，所以所谓完全市场化的经济理论其实是狭隘的。广义经济学概念弥补了狭义经济学的不足，也能更好地解释政府调控和市场配置并行的新经济体的发展。中国在这方面能够提供一些经验：采用一种渐进、双轨的方式。不过这种经验有一个解不开的结，那就是腐败。政府主导型经济增长方式确实在推动中国经济增长，尤其是在推动国内生产总值增长和基础设施的发展上起到了重要的作用，但是这种增长不是一种高效率的增长，其成本和代价也是很高的。

自改革开放以来，腐败经历了三个阶段：第一个阶段是1978年至1984年，由于票证的实行和价格差的存在，腐败主要发生在消费品领域；第二个阶段是1984年至1992年，由于实行价格"双轨制"，腐败主要发生在流通领域；第三个阶段是1992年以来，由于市场发育不成熟，腐败主要发生在生产要素领域。尽管伴随着这些腐败，中国经济仍然以不可阻挡之势向前发展。这使许多经济学家直呼对中国经济看不懂。其原因恐怕就是他们没有研究"广义经济学"。因为中国在发展中一直致力于反腐败，将腐败遏制在可控范围内，使腐败现象不至于从根本上破坏经济和社会的"肌体"。

到此，我们是否就解决了合理配置资源问题呢？并不是这样。因为只要存在公权力配置资源，腐败就不可避免。这就是权力作用的双刃剑。在无制约的公共权力面前，权力的侵略性、扩张性和腐败劣根性是无法避免的。有腐败，就不能说资源配置是合理的。因为腐败的实质就是资源的不合理配置。从这个意义上说，广义经济学研究的公权力配置资源确实存在与合理配置资源不一致的问题。

在经济学的范畴里，由于存在市场配置和公权力配置两种不同性质的配置方式，以及公职人员存在公共利益代表和私人利益代表的"双重身份"，在"经济人"假设这个经济学前提下，"合理配置资源"本身就是个悖论。因而在经济学内部是不可能解决"合理配置资源"问题的。想要解决这个问题，就要依靠另一门理论：反腐败学。

反腐败要求公职人员在公权力配置资源中不能追求不正当利益。我们姑且称之为"反经济人"。也就是说，反腐败学的行为主体——公职人员的私人利益代表身份不能是"经济人"，而应是"反经济人"。但是公职人员的公共利益代表身份又是"经济人"，需要其在公权力配置资源中实现正当利益的最大化，否则就会构成渎职。这样，我们得到公职人员在经济学意义上互相矛盾的追求，即公职人员具有公共利益代表和私人利益代表的双重身份，因而扮演着"经济人"和"反经济人"的双重角色。

"反经济人"假设：公职人员在公权力配置资源中不能追求任何不正当利益。

公职人员作为公共利益的代表，以"经济人"的角色追求正当利益的最大化，作为私人利益的代表以"反经济人"的角色不追求不正当利益，这都是资源的"合理配置"。与经济学公式类似，用以下反腐败学公式来直观表达：

$$反腐败学＝反经济人假设×公权力配置资源（私人利益代表）$$

现在，我们可以完整地描述合理配置资源问题了。合理配置资源除了从狭义经济学视角来搞好市场配置，从广义经济学视角搞好公权力配置，还应从反腐败学视角来规范公权力配置。从这个意义上说，反腐败学是破解经济学中"合理配置资源"悖论唯一的逻辑选择。于是我们得到以下公式：

$$合理配置资源＝市场配置资源（狭义经济学意义）＋公权力配置资源（广义经济学意义）$$
$$＋公权力配置资源（反腐败学意义）$$

经济学和反腐败学虽然是两种不同的学科，但是却具有相同的追求，那就是"合理配置资源"。换言之，经济学和反腐败学都是研究合理配置资源的理论，其中经济学研究市场为追求利益的最大化和公权力为追求公共利益的最大化而合理配置资源，而反腐败学研究公权力不追求不正当利益而合理配置资源。

在这里，经济学和反腐败学虽然都研究合理配置资源问题，但是却有着明确的理论边界。两者的理论预设，一个是"经济人"假设，一个是"反经济人"假设，也是完全相反的。

综上所述，反腐败学完全可以成为一门独立的社会科学基础理论。这个理论有着自己的逻辑结构和研究领域，其理论边界也十分清晰，其理论价值更毋庸置疑。

二、权力

权力是一种特殊的社会力量，它具有强大的控制力、支配力和强制力，能对社会生活的诸方面产生巨大而深远的影响和作用。因为权力本身具有双重性，权力可以用来为人民谋利益，也可以用来为个人谋私利；权力可以造就人，也可以腐蚀人；权力可以消极地不作为、有权不用，尸位素餐，更可以加以滥用，用来攫取物质或精神私利。关于权力的概念，国内外学者们众说纷纭、莫衷一是。

权力一词在我国汉语词汇和法律规定中一般指国家权力或公共权力。它是社会的一种带有强制性的支配力量，是保证社会秩序有效运转的必要手段。在我国，权力来源于人民的授权，这决定了权力的行使必须以服务于人民为宗旨。在我国，学者莫吉武认为人类进入文明社会，人与人之间的支配行为出现以来，权力就成为一种普遍的社会现象。权力这个概念源于拉丁语的 autoris，它通常是指个人或集团以维护其利益为目的，凭借某种物质或精神的力量，在有序结构的组织中对人的一种强制性的力量。孙利军认为权力大体可分为两类：一类是对社会、国家管理的权力，也可称为统治权、领导权、政治权，是一种公共权力；另一类是个人享有的权利，如财产权、肖像权、隐私权等，是人类的生存权利。在这里，我们探讨的是第一类权力，即我国宪法明确规定的国家公职人员代表人民管理公共事务的公共权力。中国宪法明确规定："国家的一切权力属于人民"，国体是人民民主专政，国家制度层面上体现了人民主权论。邓小平同志曾反复告诫全体领导干部，要把"人民赞成不赞成，人民满意不满意，人民高兴不高兴"作为要求自己的标准，这就具体强调了权力的人民性。公共性是其固有属性，对权力行使主体提出了要求：一方面，在法制的轨道上，以国家和社会全体成员的名义行使权力，服从和服务于社会整体性发展的需要，为人民所认同；另一方面，充分发挥权力对社会公共生活组织、调节和治理的功能，在整个社会范围内执行社会管理的职能，这样权力才能符合人民意志。反之则成为掌权者牟取私利的工具，产生腐败。

在国外，韦伯认为权力意味着在一种社会关系里哪怕是遇到反对也能贯彻自己意志的任何机会。也就是说，权力是权力使用者与他人处于一种可以强制性贯彻自己意志的地位上的一种人和人之间的关系。英国思想家罗素在他的名著《权力论》中说道："爱好权力，犹如好色，是一种强烈的动机，对于大多数人的行为所发生的影响往往超过他们自己的想象"。他指出，"只有认识到权力的嗜好是社会事务中重要活动的起因，历史，无论是古代的或现代的，才能得到正确的解释"。罗宾斯把权力定义为："权力是指一个人（A）用以影响另一个人（B）的能力，这种影响使B做在其他情况下不可能做的事。"他还指出，这个定义包含三层含义：①权力是潜在的，无须通过实际来证明它的有效性；②依赖关系；③假设B对自己的行为有一定的自主权。

罗宾斯还提出，关于权力最重要的一点在于它是依赖的函数，即B对A的依赖越强，则在他们的关系中，A的权力越大。

R. A. 达尔认为，权力是一种影响力，行动者之间的一种关系，通过这种关系，其中某个人带动别人采取行动，没有这种关系，他们就不会这样做。即：在一个只有A与B的系统中，掌权者A有影响和改变B的行为及倾向的能力，在本质上是一种特定的力量制约关系。恩格斯提到，权威是以服从为前提的，一方面是一定的权威，另一方面是一定的服从。孟德斯鸠说道：一切有权力的人都容易滥用权力，这是万古不易的一条经验。有权力的人们使用权力一直到遇有界限的地方才休止。汉密尔顿等联邦党人认为人民是权力的唯一泉源，首要的权力不管来自何处，只能归于人民。

总之，对权力的理解中外学者持两种主流观点：部分学者认为权力是一种特殊的影响力和支配力，体现在特定的社会关系中，权力行使主体凭某种资源优势对权力客体实行价值制约，影响其行为，以实现掌权者意志、目标或利益。因此，广义上说权力指政治上的强制力和职务范围内的支配力，不仅存在于政治领域，还存在于经济和社会生活领域。

三、对腐败概念的界定

构建反腐败学大厦，首要的问题就是弄清楚什么是腐败。腐败的概念由来已久。就语义而言，是谓腐烂。从语源学上讲，据《汉语大辞典》解释，腐败一词是指物质从原初的纯粹状态逐渐地腐烂和变质。而在《辞源》中，则将腐败解释为溃烂、陈旧、腐朽或败坏。《汉书·食货志》中有这样的表述：太仓之粟陈陈相因，充溢露积于外，腐败不可食。这可能是中国历史上第一次提到"腐败"这个词，这里所说的腐败是指腐烂。

国际货币基金组织将腐败定义为："腐败是滥用公共权力以谋取私人利益"。透明国际组织将腐败定义为："公共部门中官员的行为，不论是从事政治事务的官员，还是从事行政管理的公务员，他们通过错误地使用公众委托给他们的权力，使他们自己或亲近于他们的人不正当地和非法地富裕起来。"《牛津英语词典》对于腐败的定义是："腐败意味着不正当地使用权威以得到个人利惠，是为了个别利益而对公共利益的一种侵犯。"

德国著名社会学家马克斯·韦伯曾经指出我们不能从定义出发，而应该通过具体的实例归纳出定义。但是这个定义也决不是最终的定义，而是为眼前的需要而规定的。一个定义必须是从构成历史现实的各个部分的提炼中产生出来的。因此，最终性的概念不能出现在研究事物之初，而应在其末。换言之，我们必须在研究过程中归纳出最佳的概念形式，作为最重要的成果。同腐败的概念难以界定一样，腐败到底包括哪些现象和行为也同样有各种理解。

阿诺德·J.海登海默在《对腐败性质的分析》一文中，从主体角度出发，将为朋友利益而轻微偏离规则；公职人员接受礼品等10种为官行为列为腐败的范围。杰拉尔德·E.蔡登则在《建立官员腐败的一般理论》中也同样从主体角度出发提出了评判公认的官员腐败的20条标准。耶鲁大学苏珊·罗斯·阿克曼将腐败分为四类：偷窃式统治、双边垄断、黑手党统治和竞争性受贿。迈克尔·约翰逊则把腐败分为四类：利益集体竞争型腐败、精英统治型腐败、半施舍型腐败和施舍机器型腐败。文盛堂从我国现行法律制度中的刑法角度把腐败现象分为下述几种犯罪行为：贪污、贿赂、挪用、私分、渎职等。

其实，腐败原是生物学上的一个术语，用来形容生物发生变质而腐烂的现象，引申到政治领域，主要指思想、行为上的堕落，制度措施、组织机构等方面的黑暗和紊乱。

美国政治学家塞家缪尔·亨廷顿认为，腐败的基本形式就是政治权力与经济财富的交换。国际货币基金组织对腐败的定义是滥用公共职权非法谋取个人利益。资讯国际的定义为腐败是个人或政府官员违反规定的责任，利用其权力职位为个人目的服务和获取个人利益。《联合国反腐败全球计划》则将腐败界定为"为个人利益滥用权力"。从马克思主义国家观来看，腐败就是国家机关及其工作人员"为了追求自己的特殊利益，从社会的公仆变成为社会主人"。

由于对腐败的认识因各国的社会、政治、经济、文化、宗教、历史和法律存在明显差异而有所不同，因此，我们认为腐败的含义已远远超出了字面的含义，引申为一个社会像一个有机体那样腐烂、变质。对腐败含义的分析，其现实意义在于通过对腐败含义进行界定，建立一个准确的腐败概念，清楚地知道何为腐败行为，从而达到防止腐败行为的目的。也就是说，准确阐述腐败现象的内涵和外延是分析腐败现象、制定防治对策的出发点。而事实上，尽管近年来无论是学术界还是实际工作人员从不同的角度、依据不同的标准对腐败概念的界定进行了大量的分析和研究，取得了不少成果，但至今尚未求得一个能为大多数学者所接受的定义。

在我国，关于腐败的内涵杨春洗教授在其主编的《腐败治理论衡》中指出，执政党组织和国家机关及其工作人员，包括受其委托从事公务的组织和人员，为满足私欲、谋取私利或局部利益，利用现有国家制度、法律上的缺陷，而实施的严重违背纪律和法律，侵犯人民利益并造成恶劣政治影响的蜕变。田心铭认为，腐败是为谋取私利而侵犯公众利益，腐蚀、破坏某种现存社会关系的行为。赵立波认为，腐败的本质是以公共权力为资本，背离公共利益目标，为个人或集团谋取物质利益与非物质利益，简而言之，以公权谋私利。

詹复亮从狭义和广义的角度定义腐败，认为狭义的腐败是指运用公共权力来实现私人目的的行为；广义的腐败是指政府治理国家无方，这里不一定有人（政府公职人员）直接得到益处或好处，但是整个社会的利益却受到了损害。

在西方，"腐败"一词源于拉丁文中的"corruptus"，意指毁灭、破坏，它的希腊词根意味着丑陋地死去或者毁灭。罗马人从希腊文化中借来了这个词语的负面含义，用来指官员的违法行为。西方传统理论一般是从政治学的角度来探讨腐败问题。古希腊著名哲学家亚里士多德在《政治学》一书中较早地讨论了贪婪、依仗权势和吞噬公物等问题；英国哲学家洛克提出，统治者无论有怎样正当的理由，如果不以法律而以他的意志为准则，如果他的命令和行动不以保护他的人民的财产，而以满足他自己的野心、私愤、贪欲和任何其他不正当的情欲为目的，就是腐败；法国资产阶级启蒙思想家孟德斯鸠也在《论法的精神》一书中比较全面系统地论述了有关腐化、极权和腐败等问题。

尽管关于腐败问题的讨论在西方政治学中从未停止过，但是近些年来对腐败问题的论述却日益增多。西方社会大量腐败现象的存在成为现代西方学者迫切需要阐释的理论问题。按《牛津英语词典》的解释，腐败是指"物质性腐烂"，有广义和狭义之分。广义的腐败包括了自然物质和社会事务的腐败；狭义的腐败是指社会政治的腐败，即人们通常所指的在社会政治经济领域公共权力的腐败。与此，西方学者对腐败的理解也不尽相同。

美国学者约瑟夫·尼认为腐败是为了谋取私人方面、金钱或地位的利益而违背公共职责要求的行为，以及其他种种违反关于禁止私人条款的行为。这种行为包括贿赂、裙带关系和挪用公共资源。朱丽叶·孔认为特定的腐败行为可能千差万别，但是其本质却是始终不变的——即通过出卖公共职位上的权力以换取私人所得。在职者通过滥用权力和各种公共资源违背了法律和工作职责，他们钻营公私财产以及利用各种被请求的机会来索取私人所得。美国著名学者塞缪尔·P.亨廷顿也认为腐化（腐败）是指国家官员为了谋取个人私利而违反公认准则的行为。英国的博登海默在《法理学：法律哲学与法律方法》一书中，从官员职位利益的角度分析了腐败行为的界定，指出10种为官行为应列入腐败行为的范畴。诸如为朋友利益而轻微偏离规则，公职人员接受礼品，官员在任命和契约签订中的裙带之风，官员通过兼职获利，被保护人保证按保护人指示投票，被保护人需要保护人干预进入行政程序，官员以取得礼品为进入行政程序的前提，官员接受报酬容忍有组织的犯罪，党徒以正当理由突然改变对政党的效忠，官员和公民对腐败的证据视而不见。博登海默试图从严格的西方行为规范和公民行为规则的角度，用列举的方式来说明什么样的行为可以判定为腐败行为。此外，不少西方思想家从腐败行为与权力构成和实现形式的内在联系中探寻腐败现象的涵义。形成的概念形形色色，不一而足。其中影响较大的是古希腊亚里士多德提出的政体蜕化形态说、政治原则腐化说、受法律制裁行为说和社会公共职位异化说。

总之，腐败是社会综合因素的产物，是一种综合性的社会现象。腐败现象的本质特征体现在公共权力的错位与滥用。当然，并非所有腐败都是公共权力的滥用，虽然并不是所有的腐败现象直接或间接地与行为主体的权力有关，而正是这种与权力有关的腐败对社会、国家的危害最大、最严重。因此，本书作者认为的腐败是以权力为基础，是权力的非正常运用，即具有一定公共权力的人，以私利为目标，非正常地运用公共权力，危害社会的行为。

四、反腐工作中加法法则的概念

在日常生活中，一提到加法，人们自然会想到小学时数学运算公式中所讲的加法的概念，即"把两个数合并成一个数的运算方法"。反腐工作中的加法法则也具有这种叠加的效应。不过这里我们讲的反腐工作中的加法概念是想方设法借助社会力量参与，积极打造反腐平台，构建反腐网络、强化衔接、完善机制、强化司法社会化服务体系，以增强反腐力度，发布各项禁令，能动参与社会管理创新，以达到改变党员干部的工作作风和反腐的目的。为此，所谓反腐工作中的加法法则，意思就是告诫领导干部从政要如履薄冰，始终保持旺盛的精力、积极的态度，以饱满的激情投入工作和生活，为组织、社会、国家奉献自己的力量。

自 2013 年以来，反腐浪潮一直做的就是反腐加法工作。近日，国务院召开第二次廉政工作会议，中共中央政治局常委、国务院总理李克强发表讲话，要求各级政府和部门认真贯彻中央纪委三次全会重要讲话精神，落实中央纪委三次全会关于反腐倡廉的部署，坚定不移惩治腐败、促政风转变，以抓改革建机制推进廉政建设，努力取得人民群众满意的新成效。在新的历史时期，坚决反对腐败，就要善做加法。

第一，反腐态势要加强。党的十八大以来，党中央领导集体高度重视反腐倡廉建设，持续加大反腐败斗争的力度，对腐败分子真打、狠打、善打，既动真格，又较真劲，坚持"老虎"和"苍蝇"一起打，不论其职务多高，功劳多大，只要搞腐败，搞例外，就一查到底，决不手软，有力地保证了改革开放事业的顺利推进。但是我们也应清醒地看到，反腐败斗争依然面临着不少新情况新问题，腐败现象在一些领域仍然易发多发，少数领导干部违纪违法问题仍然比较严重。因此，必须始终对腐败保持高度警觉，旗帜鲜明地反对腐败，加大工作力度，努力把教育的说服力、制度的约束力、监督的制衡力、改革的推动力、纠风的矫正力、惩治的震慑力有机地结合起来，形成反腐倡廉建设的强大合力，让反腐之剑更加锋利。

第二，惩处力度要加大。古语云："严刑重典者成，弛法宽刑者败。"遏制腐败现象蔓延，必须保持惩处腐败的坚定决心和强硬态度，让任何人都不敢碰触这根"高压线"，谁碰谁就粉身碎骨、身败名裂。对腐败分子"露头即打"，决不允许形成气候，决不让党内有腐败分子的藏身之地。要严查关键岗位，严肃查办领导干部滥用权力、贪污贿赂、以权谋私的案件，为黑恶势力充当"保护伞"的案件等。要抓住重点领域和关键环节，加强监管力度，发现案件及时查处。要加大对商业贿赂的处罚力度，提高违法成本。只有这样，才能对腐败分子形成强大的威慑力，有力地打击腐败分子的嚣张气焰。

第三，制度建设要加快。制度问题带有全局性、根本性、稳定性和长期性。制度建设是反腐败斗争最有效、最持久的手段。遏制腐败，必须加大反腐倡廉制度建设的步伐，以建立健全惩治和预防腐败体系各项制度为重点，逐步建成内容科学、程序严密、配套完备、有效管用的反腐工作制度。要围绕重点领域、重点部位和关键环节，建立健全各项制度，切实堵塞制度上的漏洞，让腐败分子无可乘之机。要认真清查现行制度中存在的问题，及时修改和完善，提高操作性，增强针对性和时效性。要加强督促检查和查处力度，对执行制度不力的要坚决追究责任。只有这样，才能做到有令必行、有禁必止。

相信有了党中央的坚强领导，有了广大人民群众的支持和参与，我们一定能够有效遏制腐败现象滋生蔓延，为早日实现"中国梦"创造更加良好的社会环境。

五、反腐工作的廉政管理

反腐败就是要清除党政机关的贪腐领导干部，减少不必要的公务开支，以达到树正风正气和合理的公务开支。这就要求领导干部在从政期间不能思想懈怠，要时刻自律、自警、自励、自省，恪守廉洁从政准则，自觉抵制社会不良风气的侵袭，永葆领导干部的政治本色。在新的形势下，基层廉政建设工作要有新的突破，要采用减法法则，进一步推进反腐倡廉工作，构筑"反腐墙"，为经济建设保驾护航。

近年来，由于权力制约不力、监督乏力，一些企业和地方政府的主要领导干部习惯凌驾于班子集体之上、凌驾于组织之上，大搞"一言堂"，甚至一手遮天，成为腐败的"重灾区"。中央纪检监察网站公布的资料显示，前些年在党政机关县处级以上所有受纪律处分的干部中，"一把手"占总数的1/3以上。

由此可见，"一把手"腐败在党政机关是非常普遍的，出台新规则限制、有效分解"一把手"的权力，着力给党政主要领导行使权力套上一个"制度的笼子"，对于加强和改进对党政主要领导行使权力的制约和监督，健全"副职分管、正职监管、集体领导、民主决策"的权力运行机制，让权力运行过程公开透明，促进领导干部廉洁从政都起着有效作用，是反腐败的科学决策。这就需要在反腐工作中一定要善用减法法则的概念。

一是减误区。反腐倡廉是基层的一项重要工作，但是目前在基层工作中还存在一些误区，认为反腐倡廉只是党员干部的事；腐败现象积重难返，"越反越多"等。对此，必须给予纠正，反腐倡廉是全社会共同的任务与责任，任何人都有可能走上腐败犯罪的道路，同时也都有义务加入反腐败队伍。近些年暴露出来的腐败大案并不代表全部，腐败分子或严重违纪的党员只是极少数，共产党员干部队伍的主流是好的，必须坚定反腐败斗争的决心。

二是减包袱。反腐倡廉是一项长期而艰巨的工作，工作难度大，涉及的问题复杂，对于广大党员干部更是巨大的考验，但是这并不影响胜利成果的产生。所以党员干部一定要减少心理压力，放下包袱，轻装上阵，只要做到"位尊不泯公仆心，权重不移为民志"即可。

通过"加减法则"，待基层廉洁"反腐墙"建立后，便能够为我国社会主义列车驶向远方铺设更加坚实的轨道。

六、反腐工作中加减法并举法则概念

自党的十八大以来，中央纪委监察部提升纪检监察干部执纪、监督、问责的能力和水平，严肃查办了一批违纪违法案件，中央八项规定得到有效落实，加大问责力度强化行政监察职能，对内设机构大动"手术"。这就要求我们在反腐工作中，要采取加减法并举，多管齐下，不断创新，形成反腐合力。

自党的十八大以来，反腐工作从来没有像今天这样引起如此高的关注度，带来如此大的影响力。

首先是理念的创新。思维的惯性最难打破，改变一直被认为"约定俗成"的常规，唯有通过"新招"出奇制胜。很多人都认为党风廉政建设和反腐败工作只是纪委的事。2014

年，这种错位的观念得到了纠正。在党风廉政建设中，党委负主要责任、纪委负监督责任的意识正在被广泛传播和接受。通过出台制度、专项督查、约谈等多种方式，各地区各部门"一把手"不再对党风廉政建设工作袖手旁观，积极参与其中。通过牵住主体责任这个"牛鼻子"，反腐败多年来因为得不到"一把手"重视和支持而导致困难重重的局面得到了根本性的扭转。这一招可以称为"加法"。通过给党委和领导班子，特别是"一把手"加压，扩大了传统观念中反腐败工作的责任人范围，未增加一个编制，就让反腐力量呈几何级数增长，的确给力。

其次是工作方法的创新。如果说两个责任是"加法"，那么纪检监察队伍的"三转"则可以看作"减法"——将原来纪委参与的议事协调机构大大削减，在内设机构、行政编制、领导职数总量不变的情况下，通过内部的加减法进一步增强执纪监督部门数量和人员力量，从而达到聚焦反腐败主业的目的。表面上看，纪委管的事少了，但在监督和办案方面的力量实际上却增强了。因此，做"减法"带来的却是"加法"效应，反腐岂能没有活力？

制度的创新则是将好的工作方法固化下来。专项巡视就是典型。要实现巡视全覆盖的目标，单靠原有的常规巡视是不可能完成的。中央纪委通过创新，打造出"专项巡视"这个"反腐特遣奇兵"，把巡视从程序、时间、对象等固化模式制约中解放出来，不再受对象类别、巡视批次、条块级别等限制，并将在今后形成常态。从无到有，从少量试点到大面积推广，这样的创新可以称作"乘法"，使巡视发现问题的针对性、准确性大幅提升，有力地加快了巡视工作的节奏。

这一系列创新之举最终使 2014 年的反腐败工作取得了前所未有的成果，全年纪委办案的各项指标均达到了纪委恢复组建以来的最高值，就是最好的明证。创新，也使反腐突破藩篱，"退休官员不再追责""一个地区不会一下子抓一大片"等潜规则逐个被打破，一个个"新常态"让广大党员干部心中警钟长鸣。这不仅有力地惩处了贪腐分子，还大大提升了反腐的震慑力和警示性。

梦在前方，路在脚下。在实现伟大的中国梦的征程中，要认真做好勤政廉政的加减法并举工作。只要我们勇于创新、善于创新，反腐败工作就一定能与时俱进，有效遏制腐败，让党的肌体始终保持健康。正如阿克顿在其著作《自由与权力》中所说的那样，"权力有腐败的趋势，绝对的权力绝对地导致腐败。"因此，明确市场在资源配置中的决定性作用，弱化政府配置资源的权力，把简政放权作为消除腐败的釜底抽薪之策，把行政审批改革作为重中之重，通过制定和出台负面清单和权力清单，明确政府权力边界，有利于铲除腐败滋生的土壤，奠定源头防腐的坚实基础。

第五节　研究思路与研究方法

腐败是当今国际社会一个具有普遍性的问题。无论是哪一种社会性质的国家，无论是发达国家，还是发展中国家，都不同程度地存在腐败现象。反腐败已经成为当今国际社会的热门话题，引起各国政府和政治家、法学家、犯罪学家的普遍关注。近年来，我国在狠抓国家经济建设的同时，在抓法治建设方面还存在一些漏洞，表现出"一手硬一手软"的现象，在设权、授权、用权、督权等方面还存在失当、失误、失范、乏力等问题。虽然个别领导干部，甚至高级领导干部，因为严重的腐败犯罪行为受到国家法律的严厉惩处。腐败的产生，究其原因，有行为人自身思想意识和社会不良风气的影响，但是主要是权力制约机制不健全、相关法律制度不完备，使腐败者有机可乘。尤其在我国国家反腐败机构的建立和职能运行中还存在不少弊端，使腐败不能被有效地发现和惩处。

一、研究思路

近年来，特别是党的十八大以来，在以习近平同志为核心的党中央的正确领导下，在全党全社会的共同努力下，党风廉政建设和反腐败斗争各项工作都取得了新的明显成效。在这个过程中，各地各部门纪检监察领导和干部，按照中央纪委的统一部署，从各自的实际工作出发，坚持战略方针，推进体系建设，深化规律认识，积累了许多宝贵的经验；广大理论工作者也对反腐倡廉建设的一些重大理论和实践问题进行了深入的思考与研究，取得了丰硕的成果。把相关的实践经验和科研成果集中起来，对深入推进反腐倡廉建设，对加强纪检监察干部的教育培训，无疑有重要的启迪意义。

本书的研究思路是通过对我国反腐败工作面临的严峻形势和国内外反腐现状以及腐败与反腐败理论的阐述，借鉴国外反腐败工作的经验和方法，结合我国实际，在总结我们党反腐工作的经验教训时，对当前我国预防腐败体系的现状、存在的问题和引起腐败的原因等进行深入的探讨。以国外几个具有代表性的国家采取的反腐败措施为例，归结出适合我国的预防腐败工作应坚持的加减法则和应采取的具体措施，试图对目前的反腐倡廉工作提出对策建议。

二、研究方法

本书在研究方法上，试图在国内外政府防治腐败策略相关理论和实证研究的基础上，与我国现阶段的实际国情相结合，通过对我国的反腐败策略以及预防腐败体系进行调查研究，运用全面的资料，通过以下方法进行整合。

（1）文献分析法。这种方法是通过对报纸、期刊、书籍等文献资料进行搜集和整理，了解国内外在预防腐败体系方面已经取得的成果以及研究的现状。在进行周密分析的基础上，找到适合我国反腐败工作的加减法则，提出预防腐败体系的措施与对策。

（2）实证分析法。这种方法是针对我国腐败的现状以及存在的问题进行实证分析，继而提出解决的方法。此外，以国外在预防腐败方面做的较成功的国家为例，充分挖掘其中可供借鉴的经验，从而为完善我国预防腐败体系提供参考意见和建议。

（3）演绎分析法。这种方法是从特定的价值原则出发，或者从已经被接受的论点出发，经过逻辑推理，得出新的判断和结论。

（4）理论与实际相结合的方法。此方法注重理论研究指导实践的重要作用，提出切实可行的实践方法。

（5）动态分析法。此方法运用动态的观点和角度观察研究对象的发展，而不是只考察某个时间点上研究对象的状态，观察和提炼我国反腐工作中采取加减法取得的成果以及该方法在实施过程中存在的问题，力图揭示在中国的具体环境下其内在的机理。

总之，本书将综合运用上述五种方法提炼在中国具体环境下富有价值、有较普遍参考价值的政府反腐思路。

第六节　研 究 框 架 安 排

本书以目前腐败现象呈现的新变化为切入点，研究了腐败的一般概念和学术界对腐败涵义的概括。在分析全球腐败现象的基础上，系统地分析和总结了当前我国腐败现象出现的新变化及其表现形式。还结合我国的历史与现实国情，深入地剖析了新变化产生的根源。结合《建立健全教育、制度、监督并重的惩治和预防腐败体系实施纲要》以及党中央、国务院最新的反腐法律、法规、文件等，提出了新时期我国反腐工作的加减法则、反腐的基本思路和目标，还有强化腐败防治的教育、制度、监督三者并重的机制，希望最终能够达到腐败分子或者将要实施腐败的个人、团体等不愿腐败、不能腐败、不敢腐败的效果。

本书共分为十章：第一章研究廉政管理的目的和意义，从宏观背景入手，主要阐述了问题的提出、研究目的和研究意义、国内外腐败与反腐败的研究现状、有关概念的阐释、研究思路与研究方法、研究框架安排等。第二章廉政管理体系研究，阐述了腐败的一般概念和学术界对腐败含义、概况以及腐败的构成和产生原因分析，还分析了我国腐败现象的历史沿革、寻租理论的研究综述、关于权力制衡理论的新思考、关于强化理论的评述、政府规制理论的研究综述以及政府绩效评估理论的述评、探究及改进策略和国家廉政体系理论等。这些腐败与反腐败理论为本书的后续研究打下了坚实的理论基础。第三章对我国腐败问题的基本判断，主要阐述了我国腐败问题的由来和中国共产党的反腐历程、对目前我国反腐败形势的基本判断、当前我国腐败现象的新特点和对当前我国反腐败趋势的判断等。我国的腐败活动领域由商品市场向要素市场逐渐转移，腐败活动的规模、危害程度都呈上升之势。近年来，腐败活动又出现了集团化等新趋势。在经济转型时期，我国腐败活动呈周期性波动、逐步上升的趋势。这说明我国目前的腐败问题依然严峻，反腐败工作任重而道远。第四章我国的反腐败状况，主要论述了我国的反腐败状况、我国反腐败体系的职能特点、我国反腐败机构取得的积极成果、我国政府反腐败的实证案例分析等。第五章我国腐败犯罪侦查机制的改革与创新，主要阐述了腐败犯罪侦查概述、我国腐败犯罪侦查的特点、构建中国特色国家监察体制。第六章反腐工作中的管理科学思维，主要论述了目前我国反腐工作的基本思路、目前我国反腐工作中应坚持的重点、预防和治理腐败采取的具体十大措施等。第七章大数据让贪腐无处藏身，主要通过互联网及其引起的社会舆论效应，阐述大数据时代的来临对于反腐败的影响。第八章国家治理研究的管理科学思维，沿着科学的进路研究探索建立治理的范式，运用历史思维方式传承反腐败基本经验，运用系统思维方式强化反腐败整体效能，运用战略思维方式担当反腐败职责使命，运用辩证思维方式提升反腐败执法水平，运用创新思维方式实现反腐败与时俱进。第九章提高一体推进"三不腐"能力和水平，主要阐述从严治党永远在路上，一体推进不敢腐、不能腐、不想腐，用廉政管理思维前置廉洁文化教育环节。第十章研究结论与建议，主要论述了得出的研究结论，指出了研究本课题未来的发展方向。

根据目前我国腐败现象发生的新变化，国家治理研究中的管理科学思维课题对腐败引起的成因进行了深刻的分析，而如何建立一个较为科学、合理的反腐败系统是本书研究的重点。虽然我国已经在反腐败战场上取得了很大的阶段性成果，但是腐败现象依然此起彼伏，还出现了新的变化，这不得不让我们深刻反思，单纯地依靠制度、依靠监督、依靠教育很难有效治理腐败，对于如何建立一个综合性、科学性、动态性的治理系统，党和国家也正在就此不断地完善和探索。

第二章 廉政管理体系研究

党的十八大以来，党中央领导集体在反腐败工作上屡发新招、出重拳，一连串"虎贪""蝇贪"落网，民心为之一振、风气为之一新。透明反腐、责任反腐、节日反腐、治奢反腐、法治反腐、网络反腐、国际追逃等一系列举措诠释了党的十八大以来反腐新常态。这个新常态凸显了"把权力关进制度的笼子"不是一句空话，踏石留印、抓铁有痕不是一句口号。中央纪委的巡视工作深受群众关注。而深入研究和分析反腐工作的加减法则和推陈出新，必须要以下列内容为支撑。

第一节 腐败的概念、构成及产生的原因

腐败一直是存在于人类社会最古老的问题之一。无论是发达国家，还是发展中国家，无论在成熟的市场经济体制下，还是在经济体制转轨的过程中，都不同程度地存在着腐败。即使是国际社会公认的清廉国家，也不敢保证完全杜绝了腐败行为的产生和彻底消除了腐败滋生的土壤。在腐败问题上，几乎没有一个国家有足够的资格批评别的国家。

随着人类社会的进步和社会科学的发展，腐败问题越来越引起国际学术界的重视，各国的学者从政治学、经济学、行政学、历史学和法学等角度对腐败进行了不同的阐释和理解，使对腐败的研究成为令人瞩目的学术领域。长期以来，怎样定义腐败，什么是腐败，众说纷纭。美国科尔盖特大学教授约翰斯顿认为，"没有人给腐败下过简单明了又普遍适用的定义"。在为腐败寻求定义的过程中，方方面面的专家学者都参与了讨论，新见迭出。关于腐败的界定成为困扰各国学者的一个难题。

一、腐败的概念

研究腐败问题，必须界定腐败的内涵和外延，这是分析腐败问题的逻辑起点。然而对于什么是腐败，在实践和理论上都存在很多分歧。涉及中国与发展中国家的腐败问题的研究，在各个不同社会之间的见解差异就更加明显。对于什么是腐败的看法，受到文化、价值、传统、风俗、伦理等因素的制约。对于一种行为是否是腐败行为，不同社会的人们可能会作出相同的判定，也可能会作出不同的判定。因此，我们必须对腐败的定义作出明白的界定。许多学者从不同角度规定了腐败的定义，回顾他们的见解有利于加深对腐败概念的认识，有利于对腐败与反腐工作的加减法则问题的深入探讨。

"腐败"原意指物质的一种化学运动状态，即指事物由最初的纯粹状态而变质和腐烂，是一种纯粹的生物学概念。从历史上来看，腐败是一个相当古老的概念。在我国，腐败一词最早出现在《汉书·食货志上》。书上写道：太仓之粟陈陈相因，充溢露积于外，腐败不可食。腐败意指谷物等发霉腐烂。后来腐败一词被引申到社会领域，用于分析公共权力在行使过程中因不合规范的行为滋生而使社会有机体受到破坏的现象。比如，晚清时期，

小说《女娲石》中就有"腐败官场"的词汇，邹容的《革命军》中有"革命者，去腐败而存良善者也"的语句。腐败一词在《女娲石》中指权力滥用，在《革命军》中指社会不良现象。

在西方社会，对于腐败的理论探讨可以追溯到西方政治学的奠基人修昔底德、柏拉图和亚里士多德等人，他们都把腐败视为政体的疾病。亚里士多德认为，每一种正当的政体都会由于掌握最高权力的人的腐败而走向变态的政体，即蜕变为相应的僭主政体、寡头政体和平民政体三类，他认为"三者都不照顾城邦全体公民的利益"。在孟德斯鸠的眼里，腐败的政体主要是指专制政体。专制政体由君主一人或少数人按照自己的意志进行统治并且拥有无限的且不受制约的权力，法律成为统治的工具而不能约束统治者自己。

不能将所有社会不良现象都定义为腐败，例如把制假售假、偷盗赌博、卖淫嫖娼等许多不属于腐败范畴的社会不良现象当作腐败看待，夸大社会腐败的严重程度，这些都是腐败概念泛化的表现。虽然说腐败行为的发生与社会制度的不健全、不合理、不完善有关，甚至说与腐朽没落有密切的联系，但是我们不能把产生腐败的原因看作腐败本身，而趋向于把制度的腐朽当作腐败原因来探讨。如今不再把制度腐朽和腐败看作同一个概念，已在国内一些理论探讨中达成了共识。

随着政治和社会等相关学科的不断发展，腐败已经越来越远离了它的原始含义，而是产生了一个特定的指向，即我们通常所认为的公共权力的滥用。

美国政治学家亨廷顿认为：腐败是指国家官员为了谋取个人私利而违反公认准则的行为。耶鲁大学政治学教授苏珊认为，腐败是国家管理出现问题的一种症状。这种症状表现为那些原本用来管理公民与国家之间关系的机制被官员用来达到个人发财致富的目的。国际货币基金组织有关资料则将腐败定义为：滥用公共权力以谋取私人的利益。

近年来，我国许多学者对腐败概念的界定也有不同的观点，例如有人把腐败定义为公共权力的非公共运用，也有人认为腐败是为谋取私利而侵犯公众利益，腐蚀、破坏某种现存社会关系的行为。腐败是指执政党组织和国家机关及其工作人员，包括受其委托从事公务的组织和人员，为满足私欲、谋取私利或局部利益而实施的严重违背纪律和法律，侵犯人民利益并造成恶劣政治影响的蜕化变质行为等。

在当代，广大学者从不同的角度定义腐败。综合国内外学者的观点，有两方面的共识。一是认为腐败是利用公共权力谋取私利的行为；二是认为腐败是侵犯公共利益的行为。

值得一提的是，在英国使用频率最高的词是"欺诈"，其覆盖范围比单纯的"腐败"要广泛得多。英国政府设有"反欺诈局"。英国财政部将"欺诈"定义为，"利用欺骗手段，旨在获得某种好处、避免某种义务或对另外一方造成损失"。英国财政部每年发布年度"反欺诈报告"。

腐败是公共权力主体利用职权，违背社会政治规范，通过各种途径和手段谋取私利（包括个人或小团体利益）的行为和现象。无论从什么角度对腐败进行阐述，其核心内容基本相同，即腐败的主体是掌握公共权力的人，腐败的目的是获取个人的、家庭的或小集团的利益，腐败的手段是假公济私。从狭义上说，腐败行为指运用公共权力来实现私人目标，这里涉及权力、公职、职责、公众利益和私人利益。"从广义上说，腐败行为意味着政府治理一般意义的败坏，这里不一定有人直接得到利益或好处，但整个社会的利益受到损害"。也有专家对"腐败"的涵义给出这样一个概括性的结论：腐败是权力人通过使用异化了的公共权力谋取私利的行为。所谓公共权力的异化，是指公共权力的运行超越了既定的轨道，出现了公共权力的非公运用，损害了它本应维护的公共利益。最突出的表现就是公共权力中公共性与私人性的矛盾运动。在现实生活中，有的人把工作上不负责任、工作效率低下等问题看作腐败；也有的人把腐败等同于犯罪，看作犯罪的代名词。总之，腐败是社会综合因素的产物，是一种综合性的社会现象，存在于社会生活的各个方面，存在于行为人的主观意识和客观行为中。不论是"公共职位中心说""市场中心说"，还是"公共利益中心说"，都离不开权力问题。因此，腐败是权力的非正常运用，是具有一定公共权力的人非正常地运用公共权力、危害社会的行为。

二、腐败的分类

对待腐败的分类问题，依据对事物不同的看法又有不同的区分。依据腐败存在的方式不同，可以从主观意识和客观行为两个方面考虑。从主观意识来讲，主要是精神腐败；从客观行为来讲，主要是权力腐败。

（一）精神腐败

腐败不只是一种简单的思想活动，它是特定人的一种高级复杂的精神活动，包括信仰信念、道德情操、思想意识、人格品行、法律观念五个层面的问题。这五个层面涵盖了精神活动的全部内容，相互关联、相互作用、相互影响。精神腐败是在这五个层面的错综复杂的演化。精神腐败不同于一般的精神活动，它具有极强的可视性或可考察性，表现出物质性，在腐败分子身上表现为正气丧失、精神颓废、贪婪诡诈、行为不端、谎话连篇、权钱交易、生活糜烂等。

（二）权力腐败

腐败就是对公共权力的非正常运用。依据看待行使权力的角度不同，又可分为政治腐败、行政腐败和司法腐败等。政治腐败是公共权力人在政治思想上的衰败、腐朽、堕落，是政治上的蜕变；行政腐败是公共权力人在管理社会行政事务中对公共权力的歪曲行使和权力的私化；司法腐败是掌握司法公权的行为人，利用司法权力做出有悖于法律正确实施的行为和活动。权力腐败具有反正义性和反社会性，是社会进步和发展的主要障碍。

三、腐败的构成特征

从当前中国腐败的构成角度及表现形式来看，腐败的特征主要表现为下列六个方面。

（1）腐败的主体特征。构成腐败的主体是公共机关中享有权力并实施了腐败行为的人。即国家权力机关、行政机关、司法机关、军事机关等国家机关及各行各业中掌握一定公共权力、依法从事公务并以权谋私或玩忽职守、滥用职权的人。只有掌握公共权力的人，才有可能具备腐败的主体资格，非公共权力人虽然可能与腐败有关，甚至可能对腐败起到推波助澜的作用，但是不构成腐败的主体。

（2）腐败的客观表现。腐败的客观表现是具备腐败主体资格的人滥用权力、玩忽职守或以权谋私、索贿受贿，既包括享有公共权力的人玩忽职守、滥用职权，给公共利益造成重大损害的行为，又包括公共权力人将权力"商品化"，以权谋私、贪污受贿，进行权钱交易的行为。

（3）腐败的本质特征。腐败的实质是公共权力的异化，包括公共权力的私化。国家、社会、人民将公共权力赋予一些人，这些人非正常地使用、滥用这些权力，改变了公共权力的价值和本来意义，可以说，腐败是权力与私欲苟合的私生子。这就必然要求有足够的制度和方法来限制公权力私人性一面的恣意，使其运行的目标维持在公共利益范围之内，避免侵扰公民的正当合法权益。

（4）腐败是公权力在政治思想上的蜕败。从政治学的角度看，腐败是公共权力在政治、思想、行为上的衰败、腐朽、堕落，即公共权力人在政治、思想、行为上的追求与公共权力目标、公共道德和法律相悖，逆历史发展潮流而动，这也是腐败所共有的一个特征。

（5）腐败具有社会普遍性。从社会学的角度看，腐败是一种综合的社会现象，具有社会普遍性。从一个国家的国情看，腐败涉及国家制度、国家对社会的管理体制和机制、经济发展水平、公务员及公民的受教育程度和素质以及法律、道德、文化等诸多因素；从社会发展角度看，腐败属于历史的范畴，自人类进入文明社会以来，腐败便与文明相伴而生，任何国家、任何朝代都有腐败现象，现在有，今后一个相当长的历史时期也会不同程度地存在，当然，它也将随着社会历史的发展而逐步走向消亡。

（6）腐败具有违法性或犯罪性。从法学的角度看，腐败是违反法律的行为，对于严重的腐败行为则可能构成犯罪。由于腐败具有反社会、反正义性，各国都普遍用法律的形式规范关于腐败现象的禁止和惩罚性条款，甚至将一些严重的腐败行为规定为犯罪，以体现国家惩治腐败的意志、主张和决心。违反法律的腐败行为应当受到法律的制裁，构成犯罪的应当依法追究刑事责任。

四、腐败对社会的危害性

腐败的社会危害性已被国际社会、各国政府和越来越多的人们注意和重视。习近平同志曾指出："腐败现象是侵入党和国家机关健康肌体的病毒。"腐败的危害性包括政治上的危害性、经济上的危害性、社会上的危害性和文化思想上的危害性。腐败的社会危害性主要表现在以下几个方面。

（1）腐败影响社会稳定。历史上由于官吏滥用公共权力、以权谋私问题引起社会不稳定的例子很多。在当今社会，由于腐败而引起社会动荡的情况也在许多国家出现过。腐败有可能使民众对国家政权丧失信任，甚至产生对立情绪。当这种状况发展到一定程度或遇到合适的政治气候和土壤，就可能酿成局部或大规模的动乱。腐败还可能使人们对追求司法公正丧失信心，对市场公平竞争失去积极性，甚至采取不正当竞争手段。腐败分子采取不正当的、甚至非法的手段牟取暴利，过着挥金如土的奢靡生活，使广大群众在心理上产生不平衡，这也是不稳定因素。民心不稳则社会不稳。一切重视稳定的国家、重视稳定的政治家都把反腐败作为保障和维护稳定的重要手段。

（2）腐败败坏良好社会风气。腐败作为一种社会现象是社会不良风气的集中反映。尽管腐败分子与广大民众相比是少数，但是从其手中的权力、金钱及其能量看，对社会风气的影响却是不可低估的。当一种坏风气形成，腐败之风泛滥时，如果没有良好的"药方"、措施及时加以预防和遏制，坏风气就会像瘟疫一样在一定范围内快速传播。我国采取的"纠正行业不正之风"等反腐败措施已经被实践证明是预防和遏制腐败的有效措施。

（3）腐败败坏社会公德，使道德沦丧。道德是一种意识形态。道德依靠社会舆论、传统习惯，特别是人们的信念来维持。它虽然不是用国家的强制力来保证实施，但却是用舆论和社会监督来保障。当道德败坏与公共权力相结合并牟取私利、危害公共利益时，就产生了腐败。而当腐败一经存在，社会公德就必将受到破坏。腐败分子大肆进行贪污、受贿、挪用公款、走私贩私、徇私枉法，必然毒化民众，腐蚀民心，使道德沦丧、公德败坏的现象蔓延乃至泛滥，诱发卖淫、赌博、吸毒等社会丑恶现象发生，进而造成损人利己、背信弃义、尔虞我诈的不良风气盛行。腐败导致的道德沦丧、公德败坏给一个国家和民族带来的危害是更为严重、更为深远的危害。

（4）腐败危害社会经济发展，影响国际经济合作。腐败对经济的危害也是多层面的，涉及经济活动的方方面面。腐败可能造成经济秩序混乱、经济计划受阻、管理失衡，给国家和人民造成严重的经济损失；腐败破坏市场经济条件下的公平竞争，人为地造成资源紧缺、伪劣商品畅销、偷税漏税、逃汇套汇、走私贩私，甚至出现金融欺诈等破坏市场经济秩序的犯罪活动盛行；腐败影响经济体制改革，影响国际经济合作。腐败问题的严重存在使本来可以做得更好的经济工作出现严重的社会问题。一些人利用法制不完备钻法律的空子，中饱私囊，甚至以身试法，大肆侵吞国家或集体资产；一些人在国际经济合作中采取欺诈手段，损人利己，造成极坏影响，影响国家的对外开放和国际经济合作。

腐败、贿赂都可以使一些人得利，但那是非法的、不正当的，受到损害的是公共利益、国家利益、人民利益。

五、腐败成因论概述及简要评析

针对历史上绵延不绝的腐败现象，学者们提出了多种多样的理论加以解释，阐述其成因。这些理论既有相互补充的地方，又有相互对立之处；既有一般的概述，又有针对特殊情境作出的具体解释。针对当今世界的腐败问题，概括起来，主要有下面几种理论。

（一）道德堕落论

直到 20 世纪 60 年代中期，对当代世界的腐败问题的解释主要来源于道德论者。道德论者认为，腐败主要是由个人道德缺陷和价值观念冲突所致。同样，道德论者也认为，腐败是个人道德堕落的结果。据此，道德论者提出的反腐败建议主要包括三个方面：一是要求公职人员加强道德修养，提高自律能力；二是要求构建新的伦理价值体系，尽快确立其主导地位；三是呼吁净化社会风气，创造一种腐败可耻、廉洁光荣的文化氛围。总而言之，道德论者在描述公职人员的腐败原因时诉诸道德规范和价值观念，把腐败看作个人偏离公共伦理的一般准则。究其实质，道德论者只是在关注腐败现象和谴责腐败。因此，这种理论无法对腐败的不同原因和各种模式提供有价值的见解。而且把腐败归结于道德习俗问题，容易陷入"文化决定论"的观点。

（二）现代化的副产品化

把腐败看作现代化的副产品，是现代化论者的主张。现代化论者也被称为"修正论者"或者"结构功能主义论者"。与道德论者一味地谴责腐败不同，现代化论者没有把腐败看作十足的邪恶，而是看到了腐败在现代化过程中的某些有益的作用。与道德论者一味拷问个人的良知不同，现代化论者注意到腐败与社会发展的关系。现代化论者首先把腐败从道德的王国带到合法性的领域，进而认识到腐败在社会现代化过程中的有益功能。

现代化论者在某种程度上提高了探究腐败原因的理论水平，但是现代化论者的观点也有一些明显的不足之处。其一，现代化论者将腐败与社会发展联系起来，将腐败看作现代化的因变量。这种理论无法为反腐败提供可操作的建议。其二，即使处于现代化进程中的国家的案例也可以提出许多与其观点相左之处。其三，这种理论最容易招致批评的观点是其关于腐败某些有益效应的主张。

（三）理性选择论

从经济学的角度研究腐败，腐败被视为一种个人理性选择的模式。这种理论认为，腐败是基于理性的个人的理性计算和理性的个人在一个竞争性的"市场"上寻求实现其利益最大化的理性选择的结果。导致腐败发生的两个因素：一是官僚政治的垄断状态；二是存在一个"黑市"使官僚的投机行为可以获得利益。公共选择论的寻租理论用于解释发展中国家的腐败现象获得了很大的成功，因为这些国家普遍存在着市场发育不完善和政府干预经济生活的现实。用寻租理论解释腐败现象产生的根源是西方经济学的一项重要进展。现代经济学对寻租问题的分析对我国现实生活有很强的解释能力。简而言之，经济学的理论认为，个人从事违法的经济活动是经过仔细的成本收益分析的结果。但是寻租理论也受到批评。其一，经济学的人性假设基础是理性经济人，这种假设被认为把人性过分简单化了；其二，其研究强调方法论上的个人主义特征，理论上存在简单化倾向；其三，在经验研究中，也可以找到不符合寻租理论的案例，比如我国在改革开放以前，行政权力严格控制社会经济，并没有发生严重的腐败现象。寻租理论的研究遵循经济的逻辑，无法对文化背景和制度背景等因素进行深入的思考。

（四）资本主义弊端论

马克思主义者认为，腐败是资本主义的弊端造成的。长期以来，这种观点对产生腐败现象的认识概括起来主要有：一是认为腐败现象是剥削阶级特有的现象；二是社会主义时期的腐败现象是剥削阶级或剥削思想的残余。

除了上述四个方面的腐败归因论以外，我国学者金维新对腐败引起的原因进行了比较全面的论述。他在《毛泽东邓小平理论研究》中将当前腐败现象滋生蔓延的原因归为如下几类：第一类是"不可避免代价"说。认为腐败高发是世界性的普遍现象，也是推进现代化要付出的一个代价；腐败活动在具有负效应的同时也有正效应。第二类是思想文化因素论。侧重于对腐败行为的思想文化成因进行分析，认为思想教育失误是"最主要原因"，党的建设被削弱是"一个很重要的原因"，而改革不到位、体制未完善、法制不健全等都不是最主要的原因。第三类是公共权力派生说。认为腐败是运用公共权力来谋求私利，是公共权力的变质变异，腐败直接由"公共权力派生"。第四类是经济寻租论。认为从经济学看腐败的性质是一种寻租活动，这种活动就是"用较低的贿赂成本谋取较高的收益或超额利润"。第五类是与改革赛跑论。认为在改革过程中，新旧两种体制同时在起作用，具体制度的制定往往滞后于改革的步伐，形成时间差，由此出现了一些缝隙或漏洞，为腐败现象滋生提供了条件。腐败好像在与改革赛跑，改革在哪个领域、哪个方面跑慢了，腐败就在哪个领域、哪个方面滋长。

童星从社会环境、体制上探讨了我国腐败滋长蔓延的主要根源。在他看来，计划经济向市场经济转型期的特殊社会环境为权钱交易提供了肥沃的土壤；就政治系统本身的运作来说，决策主体增多，公共权力控制机制不能及时建立并得到完善，腐败由此滋生蔓延。

王飞南、王浩斌提出腐败与公共权力没有必然的联系，腐败是公共权力主体的介入和私欲的驱使而形成的公共权力的非公共运用而导致官员腐败。

张爱平从经济学角度分析了腐败的成因。在他看来，由于公权具有"商品"的属性，公职人员具有"经济人"属性，公权也是有用物，在现实生活中能办很多事，比如调拨物资、调整人事、承揽工程、消除灾害、扶贫济困等。因此，以公权换私利就成为了可能。加之腐败成本低、反腐制度不完善、信息不完全和不对称，这些都可能诱使腐败发生。

罗敏从公共权力论、道德败坏论、成本-收益论成为国内有代表性的观点，分析了腐败的逻辑成因和现实成因。他认为，腐败的发生需同时具备公共权力、超过基本生活需要的私人利益和利益交换空间、公共权力与私人利益的连接通道、寻租成本小于收益、官员自利的经济理性等五个条件。其中，成本-收益论是在所有关于腐败原因的分析中最具实证化、综合性较强的解释范式。从总体上看，腐败现象的蔓延是渐进式体制转型期各种条件综合形成并共同起作用的结果：一是公共权力或政府功能的畸变；二是组织伦理的错位导致"官德"蜕变和社会道德底线下移。二者的交互作用逐步形成了许多官员"经济人"的需求偏好和腐败收益大于成本的情势或环境。

师荣耀提出，公共部门的工作人员滥用事务性权力谋取个人利益的行为即隐性腐败的成因，在于个别公共部门工作人员"经济人"属性的膨胀、政治人属性的弱化以及道德人属性的扭曲。

马文保、雷玉翠从哲学的视角探析了"腐败"的成因。在他们看来，固定的社会分工是足以、至少是最能说明腐败形成的可能性原因。而权力的界限及活动范围的模糊和权力的失控是腐败成为现实的客体方面的原因，人的私欲的无限扩张和为满足私欲而实施的活动是腐败成为现实的主体方面的原因。

邹波从管理学的角度对腐败的成因进行了探讨。第一，从"成本-收益"的角度分析腐败，他认为当腐败者从事腐败活动的收益比其成本或风险大得多时，公务员（含国家公务员和参照国家公务员管理的人员）就具有从事腐败的动机或激励；当潜在的收益足够大时，公务人员就可能"铤而走险"，这是产生腐败的微观机制。第二，从寻租的角度分析腐败成因，有三种情况：一是政府的"无意创租"，即政府为弥补市场的不足而干预经济生活时产生的租金；二是政府"被动创租"，即政府受利益集团的左右，成了某些利益集团谋私利的工具，为其所利用，通过并实施一些能给特殊利益集团带来巨额租金的法案，客观上为这些利益集团服务；三是政府"主动创租"，即政府官员利用行政干预的办法来增加某些行业或企业的利润，人为地制造租金，诱使企业、个人向他们进贡（准赞助）作为获取这种垄断租金的条件。第三，从委托代理角度分析腐败，它是现代社会通行的一种合作关系。简言之，在现实生活中，由于不对称的信息存在，腐败是民众与国家以及官员之间的公共权力委托-代理运作失灵的结果；加之监督的缺位，代理人敢于肆意妄为，腐败行为因而大量滋生。

徐苏林从社会学的角度分析了社会变革与转型时期小团体腐败的成因。在他看来，小团体腐败是社会系统运行中一种病态的反映，有着深厚的环境条件、体制因素、社会心理基础。第一，社会变革与转型过程中的社会子系统非均衡发展是小团体腐败得以发展的环境条件。第二，公众利益决策的普遍性与决策部门小团体利益的狭隘性两者之间的矛盾是小团体腐败存在的客观基础。第三，随着社会的转型变革，已经形成了以利益导向为中心的社会动力系统，各个企事业单位、各级国家机关、社会组织和个人都不能脱离物质利益的作用。受社会大环境的影响，国家公职人员的收入经常比其服务对象的收入低，由此可能产生心理不平衡，偏离职责，寻求经济利益，成为驱动权力单位腐败的重要原因。第四，社会调控系统的质量不高，能量不大，决策主体增多，助长了腐败现象。第五，从政治系统本身的运作来说，只要存在公共权力，就有公共权力被非公共使用即腐败产生的可能性，国家公职人员容易造成角色混乱，用公共权力谋取私利。第六，法律制度不健全，特别是缺乏治众机制。面对群体越轨行为制约乏力，法不责众的事实降低了受贿、滥用职权的风险成本，从而助长了小团体腐败。

闫伟丽从制度层面分析了政治腐败的成因，提出混合型政治体制的存在是腐败滋生的重要原因。具体讲，政治腐败滋生的重要原因就是现行的制度机制缺少对权力、权力所有者及规则的有效制约。

杨丞娟从微观的权力角度审视了权力腐败的成因。她认为权力腐败实质上是一种体制上的腐败，是改革不彻底的产物；权力腐败是监督约束机制不健全和民主政治不健全、公众民主意识淡薄的结果；权力腐败与权力行使者的个人素质有关，即：腐败的产生是行为功利主义和实用主义操作极端化的结果。腐败者摒弃了人文主义的价值观和各种非功利的事物及观念，否定了职权的代表意义，而将它蜕变为自我身价和权势的表征，他们将权威者、权威、权威的对象视为可利用并产生利益的工具，随之将自身也转变成一种生利工具。

罗显华从人性、政治体制、监督机制等方面入手，分析了公职人员腐败蔓延、滋生的成因及机理。他认为人性的弱点是政府公职人员可能腐败的先天因素；体制缺陷导致政府组织整合失灵，是腐败行为得以滋生的土壤；权力制约和监督机制不健全，势必导致公职人员腐败的产生和蔓延。

张德强分析了群体腐败案件频频发生的原因：第一，本位主义泛滥、思想颓废，招致行动的荒唐。第二，行政权力进入市场"寻租"，造成权力的商品化。第三，领导班子的日常管理、考核不到位。第四，领导班子内部缺乏民主气氛，同级监督形同虚设，党内生活极不正常。第五，对党员领导干部群体腐败现象的处理失之于软、失之于宽，领导干部集体"免疫力"下降。由此，这些因素均不同程度地助长了群体腐败现象的发生。

通过以上分析可以看出，关于引起腐败的原因真可谓仁者见仁，智者见智。既有腐败者自身思想意识和社会不良风气影响方面的原因，又有对权力制约机制不健全、法律制度不完善的原因。所有内因、外因综合作用，在一定的条件下便产生了腐败。为此，可将我国腐败产生的原因归纳为下列几个方面。

(1) 权力观念不纯洁导致腐败。我国是社会主义国家，人民是国家的主人，一切权力来自人民。党的干部不论从事什么工作、担任什么职务，都是代表人民行使权力的。一些人对此认识不清，认为权力不是组织和人民赋予的，而是个人"奋斗"得来的，从而把组织的关心和培养置之脑后。持有这种心态，工作的出发点自然就不是从广大人民群众的利益出发，不是为社会尽义务、尽责任，而是把权力当作个人奋斗的回报，当作个人地位和权威的象征，进而私欲膨胀，滥用职权，徇私舞弊，以捞取个人资本。也有的人认为权力是领导给予的，是某个领导提拔的结果，把对组织负责变成了对个别领导负责，把为人民服务变成了为个别领导服务，不怕群众不满意，就怕领导不乐意，干工作过多地考虑自己的得失和领导的好恶，热衷于哗众取宠、沽名钓誉的形式主义，腐败在其言行中悄然滋长。

（2）资产阶级腐朽思想导致腐败。主要是指思想意识领域的一种逐步蜕变，是一种资产阶级思想意识，是个人主义、拜金主义和享乐主义的集中体现，是一种绝对化了的精神腐败。精神腐败有狭义和广义两种解读。广义的精神腐败主要是主流社会对腐败现象的精神态势表现为漠然和冷淡，甚至把腐败方式视为社会默认的行为规则，造成精神上对腐败的麻痹；对严重腐败行为和结果认为与己无关，以致习以为常，甚至效仿，造成精神上与腐败者同流合污；对反腐败从思想上丧失信心，造成精神上对腐败无可奈何。腐败现象的泛滥是社会正义理念的溃退，社会正义原则的丧失，社会正义精神的颓废及社会主流认知和公众斗争意识的倒退。狭义的精神腐败主要是腐败者对原有信仰、信念、理想的嬗变和背叛；原恪守的道德情操准则的丢弃和背离；原有主流政治思想意识和法律观念的淡化。这种思想意识领域的逐步蜕变，在个体作用时可成为促使腐败者实施腐败行为的思想动因，也可成为腐败行为由量变到质变的精神变化过程，更可成为腐败者走向反面，达到彻底质变的一个标志。

（3）用人机制不规范导致腐败。用人腐败是影响最坏、危害最烈、群众意见最大的腐败。在进行社会主义改革的进程中，用什么样的人的问题是关键，要防止授权失误，把权力授予本不该授予的对象。某些人入党和为官动机本来就不纯，正如胡长清所说，"无非是捞取政治资本、升官发财"。一旦他们窃取实权，便肆意放纵、损公肥私、为所欲为。考察干部中的腐败问题也不容忽视。用错一个人，就会挫伤一大片人的积极性，甚至会败坏整个用人机制，陷入恶性循环的用人"怪圈"。"上有所好，下必甚矣"，进而败坏党风，造成腐败之风盛行。

（4）权力制约机制不健全导致腐败。这主要是由于设权、用权、督权失当、失范、失力所致。设权失当，主要表现为党政不分、职责不清、因人设职、权力分配过于集中等问题；用权失范，主观上是少数党员干部淡忘了为人民服务的初衷，人生观、价值观、世界观发生扭曲，客观上是体制和机制上的漏洞使腐败者有空子可钻；督权乏力，主要是对权力的制约机制不健全、领导干部廉政制度不落实，从而导致腐败。想要解决腐败问题，首先得从制度入手。因为造成腐败的原因是多方面的，其中最为重要的一点就是权力过于集中，得不到有效的制约和监督。政府部门掌握了大量行政资源和审批权力，容易滋生权钱交易、以权谋私、官商勾结的腐败现象。英国哲学家培根说道："制度不执行，比没有制度危害还要大。"可见，加强制度建设是反腐败的核心环节。

（5）惩治腐败不力导致腐败依然存在。一些纪检监察部门、行政执法部门和司法部门在惩治腐败的工作中存在不足，没有起到很好的震慑作用。如果腐败分子没有得到应得的下场，那么自然对其他"想腐败"或"正在腐败"的人警示不够。

"零容忍"就是视腐如仇，凡腐必反。说到底就是一种对民众的极端负责，就是对有损于国家利益的行为毫不迁就、绝不宽恕，就是全力维护一个社会的纯净廉洁，就是倡导和营造诚信为本、守信为荣的社会氛围。其实党和政府早已认识到，腐败不是独立地存在于哪一个部门，而是一个公权力间相互联系、盘根错节的社会现象。

六、国内外学者对腐败如何治理的剖析

反腐败是一项勇敢者的事业，也是一场严肃的政治斗争，因此正确的战略策略尤为重要。

（一）国内学者对腐败如何治理的剖析

孙敏燕认为，防治权力腐败可以有效地依靠媒体机制，建立完善的媒体系统，将媒体"无处不在"的优势纳入权力腐败监督系统中，同时将媒体监督合法化、制度化、公开化，将监督、惩治与控制结合起来，循环往复，达到逐步改善，将权力腐败的发生降低到最低限度的目的，在腐败的各阶段进行强有力的循环防治，在媒体领域给权力腐败以有力的遏制与打击。

蔡茂认为，要积极推行党内民主建设，改变领导干部选拔任用上的"一言堂"现象；要完善官员监督和制约机制，发挥人大、纪检、监察和检察部门四套监督体系的作用；还要规范相关领导的代言权。

苗杰从行政伦理的视角提出，加强行政伦理责任建设是预防和防治腐败的重要手段，实践行政伦理责任才是防治行政腐败痼疾的良药；还要依靠法律建立一套勤政廉政的行政伦理和公务员道德制度，政府机关及行政人员合法、合理、合德地使用公共权力，使公共行政的行为自觉地接受"良知"和"道德"的追问。这才能从根本上遏制腐败问题。

雍继敏探讨了 WTO 后权力腐败的防治问题。他认为需要做好以下几方面工作：第一，加快改革行政审批制度。第二，建立政务公开制度。第三，把好用人关。第四，依法防治权力腐败。第五，建立权力监督机制，实行异体监督、垂直监督、社区监督及媒体监督。

熊小伟浅析了行政文化革新与行政腐败防治问题。在他看来，行政腐败实质上是行政人员思想文化消极颓废的外在表现，革新行政文化具有防治行政腐败的独特功能，有助于增强行政人员拒腐防变的心理屏障，是有效防治行政腐败的理性选择。革新行政文化，防治行政腐败的路径选择首先在于革新行政观念，铲除"官本位"思想，强化"民本位"的执政理念，确立"公仆"意识；创新行政制度文化的约束机制，创新行政法治文化，加快廉政立法的进程；吸收借鉴中外行政文化的优秀成果，正确处理现代行政文化与传统行政文化的关系、外来行政文化与本土行政文化的关系。

郑飞、解添明从传统文化视野角度分析了腐败防治的制度创新路径。认为传统文化是腐败防治制度创新中的重要阻碍因素。为了更好地预防和治理腐败，在改造传统文化的同时应进行正式制度的创新，法律应该起到更加重要的作用。在现行法制框架下，还应设立以下法律制度：建立举报人法律保护制度、政务信息公开制度、公益私诉制度、官员弹劾制度以及财产申报制度。这不仅可以有效预防腐败，还能有效推动现代廉政文化建设。

综上所述，腐败是一个世界性的难题，它带有普遍性，也具有中国的特殊性。我国学者通过文献和著作较多地、定性地描述和探析了官员腐败的成因。他们还在建立腐败防治机制、措施等方面进行了深入的探讨。不过迄今为止我国学者仍然没有形成完整的理论数理分析框架和官员腐败变量定量分析模型，对官员腐败的研究还有很多工作可做。

（二）国外学者对腐败现象防治的研究

在当今这个全球化和信息化时代，腐败已经跨越国界，不再是一个国家的事情，而是一个全球性问题和一种世界性公害，是各种政治制度国家所面临的共同的社会政治问题，日益引起人们的广泛关注。在国外，关于腐败问题的研究观点不一，主要集中在以下几个方面。

1. 国外反腐组织机构

腐败对各国经济、政治、文化发展的影响是多方面的，一些非政府组织和金融机构致力于在世界范围内与各种腐败现象作斗争。随着反腐败理论研究日趋深入，比较有代表性的机构有联合国开发计划署、世界银行和透明国际等国际组织和国际非政府组织。它们都设有专门的腐败研究机构，拥有一批具有国际知名度的研究者。

2. 国外反腐措施

匡自明分析了新加坡在反腐败方面采取的措施：第一，制定了一整套防治权力腐败的法规制度，比如新加坡《公务员指导手册》中第 205 条至第 209 条是有关专门惩治权力腐败的条款；严格的公务员考试录用制度、品德考核制度、奖惩制度、财产申报及行为跟踪制度。第二，执法严、监督严、高层领导自律很严，绝大多数官员素质高。新加坡反腐倡廉制度实行的是标本兼治方针，既从制度、法律、规范等根本性、长远性方面来预防权力腐败行为，又坚决对每个腐败行为严惩不贷，毫不手软，保证了新加坡政府清正廉洁。郑维川在《新加坡治国之道》（中国社会科学出版社出版，第 288 页）中引述李光耀在 1989 年提出的"新加坡没有出现金钱政治，已经避免了并将继续避开它"。

乔恩·奎赫在其主编的《政治腐败手册》中研究了新加坡反腐败战略。他指出，新加坡反腐败最重要的经验是政治领导人必须要有清除腐败的诚意和决心；采取一种全方位的而不是零碎的或渐进的方法解决问题尤为重要；反腐败机构自身必须是廉洁的，这是反腐败战略成功的先决条件；必须减少腐败的机会；使文官和政治领导人的工资与私营企业主的工资大体持平，以减少腐败的动机。总之，新加坡之所以能够取得成功是因为它的反腐败战略的确立。

3. 国外反腐制度

杨泽娟分析了一些发达国家和地区在反腐制度及廉政建设方面的做法，主要归纳如下：第一，实行透明政治，透明行政。如瑞典、美国、新加坡等国都实行政治运作公开化；第二，实行财产申报制度和金融实名制度。如瑞典、新加坡等国都规定了严格而又详细的财产申报制度；第三，实行现代公务员制度，在录用、言行举止、奖惩、津贴、休假、保密、退休等方面都有规定；第四，建立独立的反腐机构，进行反腐败立法。如新加坡的反贪污调查局、美国的联邦调查局、罗马尼亚全国反腐败检察院等；美国的《从政道德法》、英国的《荣誉法典》、新加坡的《公务准则》、美国的《1977 年涉外贿赂法》、德国的《利益法》和《回扣法》等；第五，实行多渠道的监督。如司法监督、议会监督、新闻舆论监督、公众监督、内部监督等。此外，国外被实践证明行之有效的反腐机制主要有三点：其一，美国学者乔治·艾米克提出"让阳光照亮体制""阳光是最理想的消毒剂"，实行"透明行政"，有助于国家减少和预防腐败的发生；其二，西方发达国家在实践中逐步建立了一整套较完备的监督和约束权力的权力网络，强化对政府机关及公务员行政行为的监督；其三，西方国家实行议会监察制度，专门弹劾高官不法，建立独立、有权威、体系完备的反腐败机构。

周鹏飞总结了国外对离职公职人员的限制与规定。主要有以下观点：一是对离职后就业的限制，如《韩国公职人员伦理法》《尼泊尔王国公务员行为规范》《南澳大利亚部长行为规则》《联邦人员公务员法》《加拿大公务员利益冲突与离职后行为法》等；二是不得提供相关内部信息的服务；三是与政府进行交涉的限制。

翟文胜提出了制度反腐的必然性。他认为，1925年美国国会通过的预防公职人员腐败犯罪的《联邦贪污对策法》及1970年美国颁布的《有组织的勒索、贿赂和贪污法》都加大了对贪污受贿官员的处罚力度；法国成立的跨部门的"预防贪污腐败中心"，其基本任务是分析腐败案件类型，总结反腐经验，研究利用新科技手段犯罪的各种可能性；新加坡除了制定了《防止贪污法》《公务员法》《没收非法所得法》三个重要的法律文件外，还成立了直属总理办公室的治贪机构——贪污调查局，局长由总统任命并向总统负责，无论被调查人的职位有多高，调查局都无所顾忌，一查到底；号称"亚洲四小龙"之一的韩国成立了直属总统的反腐败委员会，建立起了国家综合反腐败中心框架，颁布了中长期反腐败基本计划，取得了令世人瞩目的反腐败成果；日本制定了《国家公务员伦理法》，对公务员的道德要求提出了更高要求，同时实行了公务员轮岗制度，避免公职人员职务腐败。

4. 国外反腐策略

艾克曼"减少腐败动机和提高腐败成本"的控制腐败策略如下：一是体制改革；二是使用刑法加大惩处，利用威慑手段提高腐败行为的成本；三是采购改革。

杰瑞米·波普提出使腐败成为"高风险、低收益"事情的总体策略：一是预防。采取一系列源头治理措施，简化政府计划项目和办事程序，尽量缩小自行决定的领域，对有争议的决议应该有快速有效审查的可行机制并予以监督，政府工作人员应当得到与合理的生活需求和收入预期相一致的工资，创建公开的、真正竞争的、透明的公共采购制度，实施适当的利益冲突法则，建立支持反腐败的利益联盟；二是贯彻实行独立的执行机制，以提高腐败被查处的可能性；三是民众意识，使公众"四知"，为传媒提供"响应"反腐败的法律和行政环境；四是建立相应的反腐败工作机构，例如审计机构、巡视组织、政府采购合同管理局，独立监督政府签约行为，公开报告政府合同活动。

坦桑尼亚的国际透明协会主席提出了"八支柱"反腐败策，一般包括政治意志、行政改革、监督机构、议会、司法体系、公众意识与参与意识、新闻媒体和私人问题。这八根支柱是适当经济改革的基础，它们相互依赖，共同支持作为上层建筑的、为持续发展奠定基础的国家廉政制度，就像柱子支撑屋顶一样。因此，保持这些支柱的一般均衡非常重要。经济改革、八根支柱、国家廉政建设、可持续发展应成为一种依次推进、前后依存的程序。

目前国际学术界关于如何更加有效地遏制官员腐败并定量地描述腐败的形成机理或趋势的研究，仍然是一个充满争议和疑惑的问题。基于权力指数视角探究官员腐败的形成机理及治理对策正是本书所要做的一项工作。

第二节　关于权力制衡理论的新思考

权力具有极强的扩张性。一旦公共权力不受约束，必然会导致腐败。一旦失衡，便会祸国殃民。因此，权力制衡是世界各国宪政的最基本要求。自新中国成立以来，我国不断健全和完善国家权力制衡机制，谋求建立科学、民主、高效、和谐的权力监督体系。不断探索和实践具有中国特色的权力制衡理论模式依然是我国政治体制改革的重要内容之一。

一、西方的权力制衡思想

西方的权力制衡思想始于古希腊时期，在柏拉图和他的学生亚里士多德的著作中就包含了权力制衡的思想。柏拉图肯定了法律的作用，他在《法律篇》中指出，法律就是经深思熟虑得出的主要纽带，金质的和神质的纽带，而称为国家的大法；其他纽带都是坚硬的和铁制的。不要让西西里或任何其他城市服从人类的主子，而要服从法律。没有法律，人类就和野蛮的动物没有任何区别。此外，分工合作的思想也体现在柏拉图的著作中。他比较早地提出了这个思想，对后来国家权力的制衡产生了重要影响。柏拉图根据人的本性把人划分为三个等级，即统治者、军人和劳动者。他们分别体现了三种天赋，承担了三种职能。他认为，把三种人都安排在他们应得的并且能够胜任的岗位上，使他们各就其位、各得其所，从而社会井然有序。亚里士多德强调法制，但是不否认自由，认为良好的法律既有权威，又不专断。他又提出了权力分立思想，为西方的权力制衡思想奠定了基础。他指出：一切政体都要有三个要素，其一为有关城邦一般公务的议事机能；其二为行政机能；其三为审判机能。他强调指出，一个优良的立法家在创制时必须考虑到每个因素。倘若三个要素都有良好的组织，整个政体将是一个健全的机构。亚里士多德开创了人类权力制衡思想的先河。在法制的基础上，权力分开、互相协调、相互制衡、相互监督，防止权力的滥用。

古希腊在权力制衡实践方面也有初步的探索。古希腊在国家权力结构上的特征如下：一是公民大会是最高的国家权力结构；二是全体公民皆可以参与的法院与公民大会具有同等的政治地位。只有年满 20 岁的公民才能参加公民大会，大会一年定期举行 40 次会议。会议讨论的内容由议事会决定，主要是负责决定国家的重大方针和政策。公民大会的常设机构是议事会，它是古希腊的真正统治机构，但是其权力必须受到公民大会的同意和支持。这样的权力结构保证了城邦公民集体对权力的监督和制约。同时，古希腊实行严格的法制。法院对官吏和法律进行严格的控制，官吏的权力得到了有效的监督和制约。

现代意义上的权力制衡思想成熟于资产阶级启蒙时期。这个时期的著名思想家洛克和孟德斯鸠都分别提出了以权力制约权力的思想。洛克的权力制衡理论主要体现在他的著作《政府论》中。他阐述了立法权、执行权和对外权三者的关系，认为立法权是国家的最高权力，立法的依据就是保障人民的生命、自由和财产；执行权和对外权是辅助并隶属于立法权的。立法权、执行权和对外权不仅是相互分立的，还是相互制约的，尤其对立法权要严加限制。

孟德斯鸠在汲取亚里士多德等人制衡思想的基础上，借鉴和继承了英国的君主立宪制以及洛克的权力制衡理论，将权力制衡思想发展到一个比较成熟的阶段。他在《论法的精神》中指出每一个国家都有三种权力，即立法权力、有关国际法事项的行政权力和有关民政法规事项的行政权力。国家的这三种权力不仅要分立，隶属于不同的国家职能机关，这三种权力还要彼此牵制、协调前进。立法机关和行政机关的理想关系就是议会两院都受行政机关的约束。如果行政权没有制止立法机关越权行为的权力，立法机关就要变为专制；因为它会把它所想要的一切权力都授予自己，而把其余两个权力毁灭。但是立法权不应该对等地有牵制行政权的权力。因为行政权在本质上是有范围的，所以不用再对它加以限制。孟德斯鸠还第一次规定了司法权在国家权力系统中的地位。他认为如果司法权不同立法权和行政权分立，自由也便不存在了。因为如果司法权与立法权合为一体，那么执法者又成了立法者，立法者也是执法者，这会形成一种权力专断现象。同时，如果司法权与行政权合为一体，执法者便掌握了压迫者的力量。

托克维尔发展了孟德斯鸠的思想，特别是伯克的思想。托克维尔提出，一个由各种独立的、自由的社团组成的多元社会可以对权力构成一种社会的制衡。托克维尔认识到一个独立于政治国家而存在的市民社会是民主化，也即民主制度建设的一个必要条件。市民社会中分散的、相对独立的社团与组织有助于限制国家权力。托克维尔不愿意看到一个缺乏独立组织而高度集权的国家。他认为在没有社会组织的纽带下的个人无法以组织力量与国家的权力相抗衡，无法牵制国家权力。这样，国家就可能会导致集权、越权、滥用权力，甚至独裁、暴政。托克维尔是第一个认识到民主的体制与一种多元的社会与政体具有亲和性的人之一。20世纪初的哈罗瓦·约瑟夫·拉斯基进一步发展了多元主义民主理论。他指出，国家是由一系列其目的可能极其不同的合作团体组成。在国家中，权力不能集中在社会结构的某个点上，而应分配给各种职能团体及社会中的自治区域。

二、马克思列宁的权力制衡思想

行政、立法、司法三权分立是资产阶级在反对封建专制的斗争中发展和完善起来的政治体制。它的监督与制衡功能起到了防止个人专制的作用，但是相互牵制的负面效应也比较突出。其做出的决议肯定是以资产阶级的总体利益和根本利益为出发点和归宿。因此，马克思在《法兰西内战》中认为巴黎公社终于发现了代替旧的国家机器的新政权形式，希望建立一个不仅取代阶级统治的君主制形式，还能取代阶级统治本身的共和国的模糊意向。公社不应当是议会式的，而应当是同时兼管行政和立法的机关。通过分析巴黎公社的实践，马克思否定了行政权与立法权的分立。

早在十月革命前，列宁就从有条件的立行合一制的角度考虑未来社会的国家制度和政体形式。一是主张更彻底、更完全的民主，废除常备军，一切公职人员完全由选举产生并完全可以撤换。把国家的官吏变成选民委托的简单执行者，变成对选民负责的、可以撤换的、领取微薄薪金的监工和会计。二是取消议会制，但是不是取消代表机构和选举制，代表机构要兼管行政和立法，议员要亲自工作，亲自执行法律，亲自检查实际执行的结果，亲自对选民直接负责。兼管行政和立法、取消议会制等，这些想法同马克思的立行合一的思想是完全一致的。

十月革命胜利后工农政府的政体形式也是按立行合一的原则来实施的。人民委员会是国家的行政机关，全俄工兵农代表苏维埃代表大会及其常设机构中央执行委员会对人民委员会有监督和撤换权。中央执行委员会具有立法权，人民委员会是国家的行政机关，也担负着大部分立法工作。这样，十月革命初期实际上存在双重立法机构和双重行政机构，而且权力的重心在人民委员会。以下材料可以印证这个判断。《苏维埃政权法令汇编》第1卷（1917年10月25日—1918年3月12日）共载正式法令389份。其中人民委员会发布301份（占73％），苏维埃代表大会及其中央执行委员会发布71份（占18％），全俄中央执委会与人民委员会联合发布12份（占3％），革命军事委员会发布5份（占1％）。于是引发了立法权归属的争论。相当一部分人认为人民委员会无视全俄中央执委会的存在，无监督地发布各种最重要的法令，国家的根本大法应当属于全俄中央执委会。列宁反驳了这些观点，他强调形势紧迫，因此新政权不能拘泥于严格遵守一切程序，因而使自己的工作受到障碍。1918年通过的俄罗斯联邦宪法对这场辩论作了总结：人民委员会有权发布法令、命令、指令并采取为保证国家生活正常快速运转所必需的任何措施。人民委员会发布的具有全局性政治意义的重大法令，应得到全俄中央执行委员会的批准。但是如果问题紧急，如军事、外交问题，人民委员会也可以直接作出决定，执行委员会对这些决定保留实行检查和废除的权力。这样宪法正式在俄罗斯确立了立行合一的政体形式。

但是俄罗斯的立行合一体制与马克思设想的立行合一体制并不完全一致。重要的区别在于马克思设想的体制以普选制为基础，人民可以随时监督和撤换不称职的官员。而俄罗斯普选制并未实现，人民的自治和劳动者的直接监督日益被管理和监督代替。这一方面是战争造成的。俄罗斯用任命制代替了选举制，凡政府系统各级干部、法律监察系统干部、军事系统干部，无不采取任命制。立行合一保证了人民委员会的政令畅通，对苏维埃政权取得国内战争胜利起了很大作用。但是由于这个体制离开了人民直接选举、直接监督这个原则，也存在一些问题：一是立法权分散，行政职责不明。二是各行政机构之间缺乏相互监督和制约，人民委员会权力过大。三是助长了官僚主义。

三、权力制衡在中国的应用

党的十八大以来，以习近平同志为核心的党中央从关系党和国家生死存亡的高度，作出打铁还需自身硬的庄严承诺，以猛药去疴、重典治乱的决心勇气，推动全面从严治党向纵深发展，"打虎""拍蝇"雷霆万钧，形成了反腐败斗争压倒性态势，党心民心为之一振，党风政风为之一新。为把我国建设成为一个现代化的民主强国，我们必须吸收时代文明成果，同时实行理论创新，这也是党的十八大的精神。

（1）权力制衡理论制度本身是对国家权力的分工，是形式上的，与企业财务制度一样不存在阶级性。过去由于我们受阶级性斗争理论的影响，把资产阶级学者通过研究得出的某些科学合理的政治经济制度都打上了阶级的烙印，因此没有很好地应用权力制衡制度。现代财务制度实质上是三权分立思想在经济制度上的一种体现。会计记账、出纳管钱、领导审批，同时根据《会计法》，会计有权力、有义务拒绝不合理、不合法开支。企业实行一定范围内的财务公开，实践证明凡能严格执行财务制度的地方和单位，都能有效地防止贪污现象的发生。正因为人性对金钱贪婪的本性，人们才需要将金钱记账、出纳、审批等权力分离开来，达到实际上的制约。这是一种保障企业资金合法运营的制度。

权力制衡制度实质上是一种保障社会公共权力运行受到约束、制衡、违法可究的制度。如果说其有阶级性，只能说在权力运行过程中，有时有一定的阶级性，而决不能说这个制度本身具有阶级性。这是权力和制度两个内涵和外延都不同的概念。把权力中的阶级性引申为制度也有阶级性，这是我们在制度认识上的理论误区，必须澄清。设立财务制度的目的是为了对付人性中对钱财的贪婪，设立权力制衡制度是防止人性中对权力欲望的无限膨胀。因此，这项制度不仅资产阶级可以用，我们无产阶级也可以用。我们应根据党政分离的原则，在党的指导下，实行中国特色的权力制衡机制。

（2）权力制衡制度反映了公共权力运行过程的客观规律，因此有极强的生命力。孟德斯鸠认为，自由只存在于权力不被滥用的国家，拥有权力的人容易滥用权力是一条亘古不变的经验。有权力的人使用权力，一直到遇到有界限的地方才会休止。那么怎样制约权力呢？孟德斯鸠认为从事物的性质来说，如果想防止滥用权力，那么就必须做到以权力来约束权力。由此可见，任何权力都是一把双刃剑，掌权者都希望自己的权力得到无限的延伸。因此，权力一旦失去制约时，权力运行者人性中的原恶，例如任性、贪婪、懒惰等就往往会发作。我们要用人民的权力来约束政府的权力。只有依法受到限制和制约，公共权力才能良好地运行，从而造福于人民。这是客观规律。据廉政建设的大量实证研究，在进入 21 世纪的 20 多年来，中国比较严重的腐败案件主要有三种类型：一是采购与承包类；二是人事任免类；三是土地腐败类。

1. 采购与承包类

采购与承包类腐败案件近年来一直在腐败案件中占据龙头位置。这种案件的比例居高不下，与政府的职能不断转变、各种公共服务的社会化有相当大的关系。在新公共管理运动的影响下，作为提高行政效率的一种方式，大量本来由政府直接提供的服务已经逐渐转为由社会组织或市场部门来承担。不同的国际统计口径显示，政府采购的总量已高达全球 GDP 的 1/5 左右，其中牵涉的金额相当庞大。如果纯粹从公共经济学的理论上看，政府以采购与承包的方式提供公共服务有两个好处：一是提高公共资源的使用效益；二是加强了财政系统对公共资源流向的监控。

然而这种外向型政府服务如果不辅以高效的监督机制，腐败风险非常高。谷雪与巴博曾指出，在一些"一把手"完全掌握人事、财政及决策权的单位，原本分散在不同部门的分散腐败，在出现工程承包或项目外包等情况下，很容易演变为集中腐败。公婷与吴木銮针对 21 世纪初前 10 年腐败案件数据的研究发现，政府采购与工程承包类案件在总体腐败案件中大约占两到三成。

2. 人事任免类

人事任免类的腐败案出现的比例虽然总体上呈下降趋势，但是仍然排第二位，仅次于采购与承包类。尽管近些年以来政府不断加强干部考核，注意听取群体意见并进行内部问责，但是孙雁认为，这些制约措施的成效并不显著。朱江南指出，卖官鬻爵往往都是以恶性循环的方式复制下去的，例如从一开始的行贿到后来的受贿，然后再行贿、再受贿，官员一旦踏进了这个圈子，便无法抽身，而且将拖进更多的同僚，加深腐败的程度。对于牵涉人事任免类腐败的官员而言，卖官鬻爵是一门生意，可以简单地分为投资以及获益两个阶段。如果公职是靠贿赂而得来的，那么戴上官帽后要做的事便是要把投资收回来，利用一切机会获取各种利益、获得回报。于是各种索贿、贪污行为必然衍生，防不胜防。

3. 土地腐败类

有一段时期，媒体里最让人揪心的一个词恐怕就是拆迁。很多拆迁涉及公共利益，公共部门有较为充分的理由，但是公众对各种罔顾民意进行的强拆背后利益链的各种猜忌，却并非完全没有事实根据。根据公婷与吴木銮的研究，土地腐败案件占整体腐败案件的比例排在第三位，2000—2009 年，从 6.43％增至 22.6％，上升了 3.5 倍。红极一时的电视剧《蜗居》便通过宋思明这个角色把腐败官员如何引导某些地产商投标竞价，然后改变土地用途获利的几种方式"介绍"得非常清楚。翻看土地腐败类案件不难发现，尽管中央早已明文规定了"招拍挂"的土地出让方式，但是不同形式的官商勾结依旧出现在挂牌出让的过程中。例如，主事官员通过设定某些条件来排除其他竞争者，又或者通过挂牌的时间差让其他竞争者无法准备足够的保证金等。土地腐败案牵涉的利益往往是天文数字，一些罔顾法律程序和合理补偿的强拆便显得毫不奇怪了。

从上述对三种主要腐败案件类型的分析可见，反腐反贪的各种规章制度并非没有，在某些方面甚至已经设计得相当完善，然而有些政策措施并未得到有效的执行。核心正是权力不受制衡。我们认为，这种监督不力是制度内生的问题，在某种程度上看它们比腐败案件本身更值得重视。正因如此，要有效地把权力关进笼子里去，必须让权力有所敬畏，当这个笼子足够牢固，其威力足以与权力相互制衡时，腐败的成本自然就会高得让人不寒而栗，廉政制度才能正式确立。

第三节　关于强化理论的评述

强化理论是美国的心理学家和行为科学家斯金纳、赫西、布兰查德等人提出的一种理论。斯金纳生于 1904 年，他于 1931 年获得哈佛大学的心理学博士学位，于 1943 年回到哈佛大学任教，直到 1975 年退休。1968 年曾获得美国全国科学奖章，是第二个获得这种奖章的心理学家。他在心理学的学术观点上属于极端的行为主义者，其目标在于预测和控制人的行为，而不去推测人的内部心理过程和状态。

一、强化理论的概念

强化理论也叫行为修正理论，它是美国新行为主义心理学家 B. F. 斯金纳在《语言行为》一书中提出的一种言语学习理论。他认为，人的行为具有有意识条件反射的特点，即可以对环境起作用，促使其产生变化；环境的变化（行为结果）又反过来对行为发生影响。因此，当有意识地对某种行为进行肯定强化时，可以促进这种行为重复出现；对某种行为进行否定强化时，可以修正或阻止这种行为的重复出现。因此，人们可以用这种正强化或负强化的办法影响行为的后果，从而修正其行为，根据这项原理，采用不同的强化方式和手段，可以达到有效激励职工积极行为的目的。斯金纳所倡导的强化理论是以学习的强化原则为基础的关于理解和修正人的行为的一种学说。所谓强化，从其最基本的形式来讲，指的是对一种行为的肯定或否定的后果，它至少在一定程度上会决定这种行为在今后是否会重复发生。根据强化的性质和目的可以把强化分为正强化和负强化。在管理上，正强化就是奖励那些组织上需要的行为，从而加强这种行为；负强化就是惩罚那些与组织不兼容的行为，从而削弱这种行为。正强化的方法包括奖金、对成绩的认可、表扬、改善工作条件和人际关系、提升、安排担任挑战性的工作、给予学习和成长的机会等。负强化的方法包括批评、处分、降级等，有时不给予奖励或少给奖励也是一种负强化。开始时斯金纳也只是将强化理论用于训练动物，如训练军犬和马戏团的动物。后来斯金纳又将强化理论进一步发展，用于人的学习上，发明了程序教学法和教学机。他强调在学习中应遵循小步子和及时反馈的原则，将大问题分成许多小问题，循序渐进；他还将编好的教学程序放在机器里对人进行教学，取得了很好的效果。

二、强化理论的分类

根据不同的标准，强化理论可以分成下列几种不同的类型。

（1）根据强化对行为的结果可分为正强化和负强化。斯金纳认为，人或动物作用于环境的行为取得了好的、积极的结果，使目标实现。需要满足，就会自发重复。如果及时给予肯定、认可或奖励，这些行为就会保持、巩固，叫正强化；如果是不好的、消极的、无益的，甚至会带来不良后果的行为，给予批评、制止，事先预防性解释规劝、否定或惩罚，就会减弱、消退终止，叫负强化。在日常生活中，无论是儿童，还是成人，都遭受过各种性质的刺激或是产生各种需求，这些刺激有些为人们所厌恶。如果一种刺激是人们所喜好的，能够满足人们的需求，那么它就可以增加行为的出现率。这种刺激称作正强化物。负强化是针对正在受惩罚的个体，激发他改过向善的动机，或鼓励他去从事良好行为。一旦发现这个个体表现出预期中的良好行为，就立刻把正在进行的厌恶刺激撤走。负强化就是惩罚那些与组织不相容的行为，从而削弱这种行为。其方法包括批评、劝阻、说服、制止、处分等，有时不给予奖励或少给奖励也是一种负强化。

（2）根据人类行为受强化影响的程度可以分为一级强化和二级强化。一级强化是指满足人和动物生存、繁衍等基本生理需要的强化，一级强化物如食物、水、安全、温暖、性等。二级强化是指任何一个中性刺激如果与一级强化物反复联合，它就能获得自身强化性质。二级强化物如金钱、学历、关注、赞同等，这些二级强化物初用时并不具有强化的作用，而是由于它们同诸如食物、性欲之类的一级强化物匹配而具有了强化的作用。

（3）根据时间间隔，可分为连续式强化和间隔式强化。连续式强化是指需要的行为一旦发生，就给予强化，就是说当个体做出一次或一段时间的正确反应后，强化物即时到来或撤去。但是当按照连续式强化程序安排建立起了某种行为并将此行为保持下来之后，倘若不再给予强化时，这种行为就会逐渐消退。间接强化是一种偶然的，而不是每一次都对所发生的行为进行强化的方法。

（4）根据强化物的性质，可分为积极强化和消极强化。积极强化通过呈现刺激增强反应概率，消极强化通过中止不愉快条件来增强反应概率。从中可以看出，不论积极强化，还是消极强化，其结果都是一样的，即可以增强该反应再次出现的可能性，使该行为得到增强。在强化时，可以使用这样一个原则，那就是普雷马克原理，即用高频率的活动作为低频率活动的强化物，或者用学生喜爱的活动强化学生参与不喜爱的活动。

（5）根据强化的来源，可分为外部强化和内部强化。外部强化是主动施加在被强化者身上的强化手段；而内部强化则是被强化者的自我强化，可使其获得某种满足感。

（6）根据强化物的存在形式，可分为物化形式的强化和心理形式的强化。物化形式的强化指依赖物质化的形式传递信息的强化；心理形式的强化指依赖心理形式进行信息传递的强化。

三、强化理论应坚持的原则

斯金纳的强化理论和弗鲁姆的期望理论都强调行为同其后果之间关系的重要性，但是弗隆的期望理论较多地涉及主观判断等内部心理过程，而强化理论只讨论刺激和行为的关系。强化理论具体应用的一些行为原则如下。

（1）经过强化的行为趋向于重复发生。所谓强化因素就是会使某种行为在将来重复发生的可能性增加的任何一种后果。例如，当某种行为的后果是受人称赞时，就增加了这种行为重复发生的可能性。

（2）要依照强化对象的不同采用不同的强化措施。人们的年龄、性别、职业、学历、经历不同，需要就不同，强化方式也应不一样。如有的人更重视物质奖励，有的人更重视精神奖励，应区分情况，采用不同的强化措施。

（3）小步前进，分阶段设立目标，对目标予以明确规定和表述。对于激励，首先要设立一个明确的、鼓舞人心而又切实可行的目标。只有目标明确而具体时，才能进行衡量和采取适当的强化措施。同时，还要将目标进行分解，分成许多小目标。完成每个小目标，都及时给予强化。这样不仅有利于目标的实现，还可以增强信心。如果目标一次定得太高，那么就会使人感到不易达，很难充分调动人们为达到目标而做出努力的积极性。

（4）及时反馈。及时反馈是通过某种形式和途径及时将工作结果告诉行动者。如果想取得最好的激励效果，那么就应该在行为发生以后尽快采取适当的强化方法。一个人在实施了某种行为后，即使是领导者表示已注意到这种行为这样简单的反馈，也能起到正强化的作用。如果领导者对这种行为不予注意，那么这种行为重复发生的可能性就会减小以至消失。因此，必须利用及时反馈作为一种强化手段。强化理论并不是对职工进行操纵，而是使职工有一个最好的机会在各种明确规定的备选方案中进行选择。因而，强化理论已被广泛地应用在激励和人的行为的改造上。

（5）正强化比负强化更有效。因此，在强化手段的运用上应以正强化为主；同时，必要时也要对坏的行为给以惩罚，做到奖惩结合。

四、强化理论应用中应注意的几个问题

强化理论只讨论外部因素或环境刺激对行为的影响，忽略了人的内在因素和主观能动性对环境的反作用，具有机械论的色彩。但是许多行为科学家认为，强化理论有助于对人们行为的理解和引导。因为一种行为必然会有后果，而这些后果在一定程度上会决定这种行为在将来是否重复发生。与其对这种行为和后果的关系采取一种碰运气的态度，不如加以分析和控制，使大家都知道应该有什么后果最好。这并不是对职工进行操纵，而是使职工有一个最好的机会在各种明确规定的备选方案中进行选择。在广泛运用过程中需要注意下列几个方面的问题。

（1）以正强化为主，慎重使用负强化。心理学、行为科学的基本原理以及马斯洛的需求层次理论认为人都有自尊和被尊重的需要。正强化可以激发员工的主动性，将执行安全生产规章制度视为自觉行为。当负强化使用不当时，容易使员工产生抵触心理，因此在运用负强化时应尊重事实，遵循事先警告的原则，讲究方式方法，使人有一定心理准备，能够接受现实。强化理论只讨论外部因素或环境刺激对行为的影响，忽略人的内在因素和主观能动性对环境的反作用，具有机械论的色彩。但是许多行为科学家认为，强化理论有助

于对人们行为的理解和引导。因为一种行为必然会有后果，而这些后果在一定程度上会决定这种行为在将来是否重复发生。与其对这种行为和后果的关系采取一种碰运气的态度，不如加以分析和控制，使大家都知道应该有什么后果最好。这并不是对职工进行操纵，而是使职工有一个最好的机会在各种明确规定的备选方案中进行选择。强化理论已经被广泛地应用在激励和人的行为的改造上。

（2）掌握强化手段的主动权。奖与罚不能总是跟在事情的后面，就事论事地进行，应该具有超前性和主动性。当某个影响安全生产的苗头刚一出现时，领导者应该具有敏锐的洞察力和快速的反应能力，针对问题及时表扬对企业有利的期望行为，批评对企业不利的不期望行为，提醒员工约束自己的不安全行为，防微杜渐。超前及主动的强化不仅能使安全管理摆脱被动应付的局面，掌握主动权，还能达到事半功倍的效果。

（3）注意强化的使用方法。正强化的科学方法是使强化的方式保持间断性，间断的时间和数量也不固定。管理人员应根据组织的需要和职工的行为状况，不定期、不定量地实施强化。间断性的正强化往往可取得更好的效果。负强化的科学方法是维持其连续性，对每一次不符合组织目标的行为都应及时地给予处罚。及时的负强化有助于提高安全行为的强化反应程度。

（4）因人制宜，采用不同的强化方式。由于人的个性特征及其需要层次不尽相同，不同的强化机制和强化物所产生的效应会因人而异。因此，在运用强化手段时，应灵活运用，随对象和环境的变化而相应调整，不能千篇一律，要不断创新。人们的年龄、性别、职业、学历、经历不同，需要就不同，强化方式也应不一样。如有的人更重视物质奖励，有的人更重视精神奖励，我们应当区分情况，采用不同的强化措施。

（5）利用信息反馈增强强化的效果。信息反馈是强化人的行为的一种重要手段，尤其是在应用安全目标进行强化时，定期反馈可使职工了解自己参加安全生产活动的绩效及其结果，既可使职工得到鼓励，增强信心，又有利于及时发现问题，分析原因，修正所为。

综上所述，斯金纳的强化理论继承了前人的研究成果，在自主创新上建立起了强化理论体系。强化理论的类型按照不同的分类方式可以分成不同的类型。简而言之，强化理论的分类包括正强化、负强化和自然消退三大类。在运用到管理之中的应当从几个方面来逐一强化：首先要巧妙地利用正强化，带动员工整体的积极性和创造性。通过谨慎地利用负强化的作用，进行惩罚激励制度。在人性化的基础上，同时设立信息的反馈，提高信息反馈的真实性。通过巧妙地利用强化理论，在管理中必然能创造新的管理局面。

第四节 政府规制理论的研究综述

政府规制理论是 20 世纪 70 年代以来逐步发展并在实证领域起重要作用的一门学科。它主要研究在市场经济体制下政府或社会公共机构如何依据一定的规则对市场微观经济体进行社会或经济干预管理，具体指规制机构以自然垄断规制和市场进退规制为主要手段，对企业的进入、退出、产品的价格、服务的质量等方面进行干预。规制经济理论的发展经历了公共利益规制理论、规制俘虏理论、新规制经济理论、激励性规制经济理论等。下面将对规制理论的演进简要概述，力图使人们对规制理论的发展脉络和前景有一个清晰的认识，为构建根植于中国市场经济的规制经济学理论做准备。

一、政府规制理论的一般含义

政府规制理论的产生是市场经济演进的结果，是在市场失灵，竞争引起生产、资本集中而导致垄断的出现，以及存在外部性等情况下逐渐发展形成的。对于政府规制的界定，不同的学者有不同的观点。史普博认为，政府规制是行政机构制定并执行的直接干预市场机制或间接改变企业和消费者供需决策的一般规则或特殊行为。植草益认为，政府规制是社会公共机构依照一定的规则对企业的活动进行限制的行为。日本学者金泽良雄认为，政府规制是在以市场机制为基础的经济体制下，以矫正、改善市场机制内的问题为目的，政府干预或干涉经济主体活动的行为。可以看出，政府规制的执行主体是政府，其被规制的客体是企业及消费者等微观经济活动主体，而不是政府通过财政、货币政策进行的宏观调控行为。可以说，政府规制是政府与企业围绕市场而发生的关系，是政府对企业经营活动的监管和规范，用以维护正常的市场秩序。

二、政府规制理论的演进

西方政府规制理论的产生和发展是与当时市场发展状况和政府在处理各种市场问题中所采取的方法紧密联系在一起的，从国家干预主义理论中派生出来。一般来说，规制理论的发展经历了公共利益规制理论、规制俘虏理论等阶段。

（一）公共利益规制理论

公共利益规制理论是规制理论的最初理由，在规制理论领域居于正统地位。该理论认为，规制发生的原因是存在市场失灵，涉及自然垄断、外部性、信息不对称等。在这些情况下，政府对市场规制具有经济学上的合理性。它是一种作实证理论的规范分析。该理论把政府对市场的规制看作政府对公共利益和公共需要的反应，它包含这样一个理论假设，即市场是脆弱的，如果放任自流，就会导致不公正或低效率。所以政府规制是源于公共利益出发而制定的规则，目的是防止和控制受规制的企业对价格进行垄断或者对消费者滥用权力，并假定在这个过程中，政府可以代表公众对市场做出无成本的、有效的计算，使市场规制过程符合帕累托最优原则。维斯库斯提出自然垄断的永久性理论和短暂性理论，认为应当动态地对待自然垄断产业的规制。

但是公共利益规制理论还存在许多缺陷，具体如下：第一，公共利益规制理论规范分析的前提是对潜在社会净福利的追求，然而却没有说明对社会净福利的追求是怎样进行的。第二，规制并不必然与外部经济或外部不经济的出现或与垄断市场结构有关。第三，施蒂格勒和福瑞兰德的研究表明，规制仅有微小的导致价格下降的效应。

（二）规制俘虏理论

该理论认为利益集团在公共政策形成中发挥着重要作用，规制的供给是应产业对规制的需求（立法者被产业俘虏），或者随着时间的推移，规制机构逐渐被产业控制（规制者被产业俘虏）。它是由芝加哥学派施蒂格勒、佩尔兹曼和贝克尔等经济学家发起的。他们认为政府的基础性资源是强制权，它能使社会福利在不同人之间进行转移；规制的参与双方都是理性的，通过选择行为实现自身利益最大化。规制的供给与利益集团收入最大化的要求相适应，通过规制，利益集团可以增加其收入。施蒂格勒的经典论文《经济规制论》首次运用经济学的方法分析规制的产生，将规制看成经济系统的一个内生变量，由规制的需求和供给联合决定。佩尔兹曼进一步完善了施蒂格勒的理论，他证明了最优规制价格处于利润为零时的竞争性价格与产业利润最大化的垄断价格之间。立法者、规制者不会将价格定为使产业利润最大化得以实现的价格。最有可能被规制的产业是那些或具有相对竞争性或具有相对垄断性的产业。在竞争性产业中，生产者将从规制中大量获益；而在垄断产业规制中，消费者将从规制中获益。利益集团规制理论完全超越了公共利益规制理论的公共利益范式，将经济人假设引入对政治家的分析，将规制置于供求分析的框架下，更贴近现实，也具有很强的解释力。

（三）放松规制理论

由于规制失灵的日益明显以及与规制有关的理论研究的不断深入，在 20 世纪 70 年代，西方发达资本主义国家出现了放松规制的浪潮。支持规制放松政策的主要理论有政府规制失灵理论和 X 效率理论。可竞争市场理论认为，即使是自然垄断产业，只要市场是可竞争的政府规制，就没有存在的必要，规制机构所要做的不是限制进入，而是应降低产业的进入壁垒，创造可竞争的市场环境。政府规制的目标原本是为了纠正市场失灵，但是由于个人私利、信息不对称等原因以及规制成本的不断上升，也导致了政府规制的失灵。弗朗茨认为规制者会利用报酬率规制使低效率的企业留在行业内，因为规制者允许低效率企业通过以较高的价格这种形式把低效率转嫁给顾客以取得利润，同时规制者对利润设置了最高限额，往往严重地削弱了创新和效率的激励。

（四）新规制经济理论

麦克切斯尼在对规制经济理论进行批判的基础上构建抽租模型，即新规制经济理论。他认为，规制机构利用规制手段保持规制企业的垄断地位的目的在于设立一个租金，以便让规制企业夺取这个租金，通过这种方式，规制机构希望从企业那里得到不同形式的回报。由此可见，规制为规制机构创造了寻租的场所，其实质就是创造租金和分享租金的工具。

拉丰特、蒂罗以信息不对称及其框架下的委托-代理理论作为分析前提，正式将新规制经济理论融入主流规制经济学。该理论主要有两点突破：一是引进信息不对称，建立起规制的委托-代理分析框架，改变了传统规制理论只注重需求方，将供给方作为"黑箱"处理的缺陷。他们认为，对规制收买的正确分析必须考虑信息的不对称，倘若不存在信息不对称，受规制企业不可能抽取租金，因而也没有影响规制的激励。在拉丰、泰勒尔看来，规制经济学研究的重点不应批判是否存在规制俘虏的威胁，而是如何针对规制俘虏设计一套相应的规制机制，以减少或避免规制机构被规制俘虏的可能。

（五）激励性规制经济理论

1983 年在利特尔·切尔德等经济学家的努力下，20 世纪 80 年代激励性规制实践在英国开始产生，到了 20 世纪 90 年代，在欧美等西方国家得到广泛应用。从 20 世纪 80 年代中期开始，巴伦和迈尔森将微观经济学理论中的新理论、新方法引入规制理论，规制经济学在委托-代理理论、机制设计理论和引入信息经济学等方面取得了明显进展，在拉丰特和蒂罗将激励理论和博弈论应用于激励规制理论分析后，规制经济学达到一个新的理论高峰。在信息不对称的假设下，以刻画最优规制为目的，设计激励机制。包含两方面的内容：首先，使现有运营商充分考虑其成本以提高劳动生产率，通常被称为以业绩为基础的激励规制；其次，赋予运营商更多确定收费服务的自由度，从而使运营商更加趋于商业原则经营。这种价格更接近拉姆士价格结构。激励性规制经济理论主要内容包括特许投标理论、可竞争市场理论、区域间比较竞争理论价、格上限规制理论等。

三、对规制经济理论发展的评价和对我国管制制度改革的借鉴意义

在不断的理论发展中，俘虏这个词的内涵已经被拓宽，运用一系列经济学方法的研究使规制俘虏理论对实际情况的分析更贴切。从旧规制经济学将规制俘虏理论用经济学的方法分析，到新规制经济学用信息结构和激励机制打开规制俘虏理论的黑箱，不仅指出了俘虏存在的可能性，还提供了阻止俘虏和合谋的方法。规制俘虏理论深刻地指出了政策目的与公众利益相悖、规制机构执行效率降低的原因，从社会福利的角度指出腐败、贿赂等行为的性质及其危害。这些为转型国家在规制机构设立、制定权责原则、规制行业过程等方面提供了可借鉴的规制方法，也为经济学家们分析转型国家的规制问题建立了一个完整的理论框架。在我国，地方政府对地方企业的保护是一直公认的事实，还出现了诸如重复建设、差别收费、区域封闭等问题。这个现象的存在主要是因为地方政府权力过度集中。中央权力下放后，地方政府拥有太多的自行判定权，包括企业发展需要的注册审批权、信贷审批权、土地审批权等一系列关键的行政权力。这就给企业的寻租行为和政企的合谋提供了动因。晋升激励机制可能是一些地方官员被某些行业俘虏的原因。某些地方官员和地方企业合谋，放松审批条件，营建没有比较优势的产业，排斥另一些企业或产业的发展，造成资源的浪费。拉丰特和蒂罗指出，代理人之间的共同利益或正相关利益引起的合谋，委托人可以取消在这项利益上的激励。

因此，对地方官员的晋升采用综合考评，也可以减少政企合谋的可能。菲尔-格林奥德、拉丰特和蒂罗等得出的结论是，分权是一个在集权组织下最优地防止合谋的措施。为了防止地方官员和地方企业的合谋，更有效地安排资源，使市场充分竞争，应该引入直属于中央的第三方监督机构。对地方官员的行为，包括财政进出，实行独立的直接监督。对企业，应该做好会计审查工作，完善破产机制，及时处理盈利能力有问题的企业。

另一个问题就是政府官员的在任时间对政府官员的行为产生了一定的影响。一些违法、违纪干部的59岁现象充分印证了这一点。正如蒂罗所指出的那样，如果是一个无限期重复博弈，当事人有序贯理性，规制机构最后肯定会报告真实情况，那么他和企业之间就不会合谋。但是在有限期博弈中，未来是可以预期的，那么规制机构就会和企业进行合谋。为了阻止这个行为，国家监管部门提供给廉洁执政的政府官员的报酬应当大于那些受贿所得的报酬。国家监管部门还可以在事前颁布惩罚措施，对违规官员采取严厉的惩罚，包括金钱处罚以及声誉受损，使政府官员降低与企业合谋的利益驱动。国家监管部门对政府官员进行不定期的财务检查，使政府官员受贿被罚的可能性变大，也能减少政府官员受贿的概率。

和所有的转型国家一样，我国的国有企业与政府的某些机构总是存在着一定的"父子"关系。国有企业的领导人与国家机构的亲密关系一般是由两个原因造成的。第一，国家机构的一些成员以前在国有企业任职；第二，"旋转门"现象，即国家机构的官员离任后可能会在国有企业任职。这就使国有企业和国家机构的一些部门之间存在千丝万缕的联系。

总而言之，目前和未来，我们面临的任务是，在规制经济学领域进行比较制度分析，吸收西方政府规制理论中的一些合理成分和纯技术分析，在此基础上构建以马克思主义为指导的、根植于社会主义市场经济的政府规制理论，以此来指导我国政府的规制实践。

第五节　政府绩效评估理论的述评、探究及改进策略

政府绩效评估理论问题是现代政府管理的前沿课题。政府绩效评估是政府绩效管理的基础工程。绩效评估主体的多元结构是绩效评估有效性的保证，政府绩效评估凸显政府管理的价值取向。政府绩效评估方法的选择必须立足于本国的发展现实，还要考虑国家发展的目标需要。由于我国政府绩效评估的理论研究与实践探索的时间还不长，在政府绩效评估实践中还存在着诸如评估程序不规范、不透明等问题。因此，改进我国政府的绩效评估，需要进一步明确政府职能，对地方政府的区域规划、公共财政、公共政策及政府自身建设等四项职能进行以民生为核心的个性化指标体系的构建。这应当成为各级政府绩效评估的实践探索重点之一。

一、我国政府绩效评估发展现状述评

我国现代意义的政府绩效评估始于改革开放后。按照有些学者的研究，其发展大概经历了三个阶段。第一阶段从 20 世纪 80 年代中期到 90 年代初期，政府绩效评估主要在目标责任制的原则下实施，具有自愿性质。第二阶段从 20 世纪 90 年代初期到进入 21 世纪，在自上而下的系统推进模式下，目标责任制依然是政府绩效评估的主要载体，经济增长成为各地方政府绩效评估的关注焦点。在学习借鉴国际经验的浪潮推动下，政府绩效评估的模式与方法各地呈现出百花齐放的态势。第三阶段始于 21 世纪，政府确立新的施政理念，服务型政府建设迫切要求各地方政府积极探索适应中国特色社会主义市场经济和服务型政府要求的政府绩效评估模式与实现机制。目前该探索在全国各地轰轰烈烈地进行着，但是由于起步较晚，无论是在理论研究方面，还是在实践探索领域，政府绩效评估工作尚处于初级阶段。

（一）我国政府绩效评估理论研究状况

关于政府绩效评估的理论研究状况，有的学者曾作过较为全面的归纳总结。在其基础上，结合近两年发表的相关成果，对这个领域的研究状况进行简略概述。概括起来，理论界对政府绩效评估研究主要集中于以下几个领域。

（1）对国外政府绩效相关实践与理论研究成果的介绍。这些成果主要介绍了国外政府绩效评估出现的历史背景、理论依据、演变进程、实践操作、成效经验及问题不足等。在研究成果中，既有综述性质的，又有分国别研究的。在后者的研究成果中，又以对美英的研究居多。有的学者以专著的形式对美国政府绩效评估进行了系统全面的研究。

（2）对我国政府绩效评估理论体系的框架建构研究。代表作主要有：周凯的《政府绩效评估导论》、刘旭涛的《政府绩效管理：制度、战略与方法》、张璋的《政府绩效评估的元设计理论：两种模式及其批判》、蔡立辉的《政府绩效评估的理念与方法分析》、徐绍刚的《建立健全政府绩效评价体系的构想》、白景明的《如何构建政府绩效评价体系》，等等。

（3）从演进的视角对我国政府绩效评估实践的回顾与反思。代表作主要有周志忍的《公共组织绩效评估：中国实践的回顾与反思》、臧乃康的《政府绩效评估及其系统分析》、吴建南等的《政府绩效：理论诠释、实践分析与行政策略》，等等。

（4）对我国政府绩效评估问题的独选视角分析。这是研究成果中比例较大的一类研究。比如从价值取向、理论内涵、可行性研究、制度障碍、运行机制、程序设计、指标建构、信息处理、模式选择等角度研究我国政府绩效评估问题。由于该类研究成果较多且内容相对分散，这里就不再列举代表作。

总之，虽然起步较晚，但是由于受到实践的迫切需要、各级政府的重视及世界潮流的冲击影响，我国的理论界关于政府绩效评估的研究成果依然称得上收获颇丰。但是由政府绩效评估升华为稳定且可用于指导实践的成熟理论体系，还有待理论界学者们的持续努力。

（二）我国政府的绩效评估实践探索

我国各省（自治区、直辖市）都不同程度地探索开展了政府绩效评估工作。各地的政府绩效评估工作可初步归纳为六种模式：与目标责任制相结合的政府绩效评估模式；与经济社会发展指标相结合的政府绩效评估模式；以督查验收重点工作为主的政府绩效评估模式；以加强机关效能建设为目标的政府绩效评估模式；以公众评议为主要方式的政府绩效评估模式；政府绩效的第三方评价。

1. 与目标责任制相结合的政府绩效评估模式

该模式主要评估政府各机构的履行职能情况、工作任务完成情况、依法行政情况、服务质量、队伍建设等。例如，北京市自1999年以来开始，在市级行政机关开展督查考核工作，考核内容主要包括市政府工作报告确定的各项工作任务、工作部门的工作目标、为群众办实事的完成情况等。

2. 与经济社会发展指标相结合的政府绩效评估模式

该模式以经济社会协调发展为目标来设计评估指标体系。例如，辽宁省确定了就业和再就业、地区生产总值、地区税收收入等30多项考核指标。按照指标的重要性、完成难易程度等将指标划分为四档，分别确定不同的权重，按照确定的评分规则计算出最后得分，排出名次。

3. 以督查验收重点工作为主的政府绩效评估模式

该模式通过对政府各机构落实政府重点工作情况进行平时督查和年终检查验收，以确保各项重点工作的落实。例如，湖南省自2004年以来实施为民办八件实事考核。每年年初，省政府将八件实事的内容细化分解为具体指标，明确每个指标的实施标准，提出数量和质量要求，将目标任务横向分解到省直各责任单位，再由省直各责任单位分解到14个市（州），各市（州）再分解到各县（市、区）和市直各责任单位。通过层层分解，细化量化，八件实事各项考核指标都落实到基层，都有明确的责任单位和责任人，从而实现了人与事的有机结合。

4. 以加强机关效能建设为目标的政府绩效评估模式

该模式通过对政府机关及其管理活动的效率、效果、质量等方面的全面考察和评价，改进机关作风，促使政府机关廉洁、勤政、务实、高效。例如，福建省从2000年开始在全省乡镇以上各级机关全面开展机关效能建设，大力推行岗位责任制、服务承诺制、首问责任制、限时办结制、否定报备制、绩效考核制、失职追究制和窗口部门一次性告知等八项制度。2004年开展政府及其部门绩效评估试点，2005年在省政府组成部门和各设区市全面推行政府绩效评估。通过对由可持续发展、现代化进程、和谐社会构建和勤政廉政四大内容分解而成的各项指标采取指标考核、公众评议、察访核验等方法进行评估，促进了机关效能建设。

5. 以公众评议为主要方式的政府绩效评估模式

该模式通过设置效能投诉电话、民情热线、网上评议、公民满意度评价等方式，将公众对政府机关的评议结果纳入政府绩效评估，以增强各部门的服务意识和责任感，促进机关勤政廉政建设。例如，上海市杨浦区利用现代信息手段，开通了杨浦区人民群众评议政府工作网站、区长热线、书记百姓网上通，把重点工作、实事项目等内容在网上公开，广泛听取群众意见、建议。再比如珠海市政府曾开展了万人评政府活动。

6. 政府绩效的第三方评价

在我国，由独立的第三方评价政府绩效的思想已经产生并在实践中逐渐展开。2003年8月23日，中国政府创新研究中心成立仪式暨首届中国政府创新论坛在北京大学举行。该中心是中国首家对政府改革与创新进行独立评估与咨询的学术机构，其参与的中国地方政府创新奖是中国第一个由学术机构对政府进行评价的奖项。2004年11月兰州大学成立了中国地方政府绩效评价中心，成功地完成了《甘肃省非公有制企业评议政府绩效评价报告》。

二、我国政府绩效评估问题探究

概括起来，目前我国政府绩效评估中存在的问题主要如下。

（1）政府绩效评估指标体系各具特色，核心指标阶段性、地域性差异明显，稳定性不足。自1978年改革开放将党和国家的工作中心转移到经济建设上来，1992年党的十四大报告确立建立社会主义市场经济体制目标，2002年党的十六大报告作出全面建设小康社会的战略决策，明确界定政府经济调节、市场监管、社会管理、公共服务的四项职能。2007年党的十七大报告确立以"科学发展、社会和谐"为基本要求的"发展中国特色社会主义"道路，将"实现社会公平正义"摆在突出位置。2012年党的十八大报告中提出党的建设总体布局是"五位一体"，即思想建设、组织建设、作风建设、反腐倡廉建设、制度建设。中国特色社会主义事业"五位一体"总体布局中的生态文明，体现着自然界的净化，而我们党的建设新的伟大工程"五位一体"总体布局中的反腐倡廉建设体现的是中国共产党对党的肌体的自我净化。历史的演进使我们看到，随着时代的前进、经济的发展以及社会的进步，改革开放以来党和政府的工作重心及核心任务一直在不断调整。与此相呼应，表现在政府绩效评估领域，各地地方政府绩效评估的核心指标表现出阶段性变迁特征；另一方面基于中央政府为调动地方政府积极性所实施的分权化改革，各地地方政府绩效评估又具有不同程度的地域性特色。总之，正是由于身处变革之中，才使我国各地的政府绩效评估指标体系各具特色，核心指标阶段性、地域性差异明显，但是稳定性、成熟性有待提升。

（2）在政府绩效评估中，有一段时期存在过经济取向倾向明显，社会正义及生态文明取向边缘化严重，唯 GDP 化现象广泛。诸如在不少地方政府的绩效评估中，GDP 成了政府绩效最炫目的指标。可是 GDP 具有"不包括家务劳动的价值，不能完全反映社会的劳动成果……不能反映经济增长付出的环境污染、资源消耗等代价，不能准确地反映社会成员个人福利状况，人均 GDP 会掩盖收入差距的扩大"等局限性。GDP 及其消长的变化本是一个社会各种因素综合作用的结果，政府公共行政只是导致 GDP 变化的因素之一。一些地方政府在 GDP 评估指标的指挥棒下，盲目上项目、搞投资，造成大量低水平的重复建设，忽视资源、环境的可承载能力，大搞五花八门的"形象工程""政绩工程"，造成国家财产、物资的巨大浪费，甚至不惜以牺牲下一代或几代人的利益为代价，给社会的可持续发展带来危害。党的十八大报告明确提出，要深化行政管理体制改革，建设职能科学、结构优化、廉洁高效、人民满意的服务型政府。要建设服务型政府，必须推进政府管理创新。但是在现实的政府绩效评估实践中，唯 GDP 至上的政府绩效评估指标体系依然在不少地方广泛存在。

（3）政府绩效评估方法不科学，程序不规范、不透明，刚性制约缺失。由于起步晚，探索时间短，经验不足，再加上变革时代所带来的政府职能定位不明晰、不具体，致使我国各地政府绩效评估处于参差不齐的不平衡发展态势。从全国来看，个别地方的政府绩效评估已进入相对科学、规范的程度，比如深圳市人民政府于 2007 年 5 月印发了《深圳市政府绩效评估指导书（试行）》和《深圳市政府绩效评估指标体系（试行）》，将深圳市政府绩效评估系统在深圳市贸工局等 16 个市政府直属单位和六区政府展开试运行。但是也有不少地方的政府绩效评估依然处于传统的计划经济式的计划指标考核阶段。而介于两者之间的地方，由于其政府绩效评估工作大多正处于起步探索阶段，其科学性、规范性及透明性程度相对来说还有较大的改进空间。应该说，从全国平均水平来看，我国政府绩效评估工作的科学性、规范性、透明性等方面仍有提升空间。

（4）政府绩效评估结果运用弹性很大，正向引导作用微弱，在有些地区形式意义多过实践价值。由于我国政府绩效评估处于起步探索阶段，政府绩效评估工作与现行干部选拔任用制度的衔接尚有待完善，因此，在现实的各地政府绩效评估实践中，人们发现轰轰烈烈的政府绩效评估活动结果的运用弹性空间很大。一方面，一些地区对于唯 GDP 取向的政府绩效评估结果奖罚力度非常大，实现了各类经济指标的政府领导人，升迁提拔，风光无限；而未完成各类经济指标的政府领导人则被降职降级，前景暗淡；另一方面，一些地区将政府绩效评估的结果束之高阁。经常是绩效评估开始时宣传动员，声势浩大，而随后绩效评估是否有结果，政府将如何运用这些结果，人们往往不得而知。前者误导了政府及其工作人员的行为，对于该地区的可持续发展带来负面影响；后者形式意义远多过其实践价值，政府绩效评估的正向引导作用微乎其微。而这与我们当初在各地政府中引入或开展政府绩效评估的初衷显然有较大的距离。

三、我国政府绩效评估存在问题的原因分析

绩效评估是一项系统工程。不仅与政府部门的基本职能、管理模式、发展目标有关，还与政府部门的官员队伍能力素质直接联系，在很大程度上还与国家的政治制度、管理文化、法律体系紧密相连。目前我国政府绩效评估的实践中存在一些问题，究其原因主要有下列几个方面。

（一）政府机构自身存在的主观因素

政府机构工作人员个体特性、人格心理、社会经验和个性倾向等主观因素是导致政府绩效无法提高的关键方面。政府机构存在的主观因素，主要表现在如下几个方面。

（1）对政府绩效评估潜在的抵制或消极情绪。政府绩效评估是对政府履行职能结果的评价。虽然政府机构所追求的理论利益是社会公共利益，但是其所追求的现实利益却往往包括政府机构自身乃至某些少数人的个别利益。政府机构不会喜欢显示自己的政策没有发挥作用的研究结果，更不愿看到说明自己的政策成本超出了政策效益的研究结果。事实上，如果没有来自社会公众的外部压力，来自中央高层的硬性要求以及来自法律的强制规定，通常来说，各级地方政府不愿展开基于对公众负责的结果导向的政府绩效评估。

（2）对政府政绩的片面理解。党的十八大以来，中国梦被确立为我国经济社会发展的重要指导方针，被确立为发展中国特色社会主义必须坚持和贯彻的重大战略思想；实现社会公平正义被摆在突出位置，通过发展保障社会公平正义、不断促进社会和谐成为贯穿中国特色社会主义事业全过程的长期历史任务。但是由于全国各地各级地方政府官员对政府政绩的片面理解，再加上传统计划经济的管理惯性，以"经济建设为中心"的思维定势、短期出政绩的功利意识以及根深蒂固的封建"官本位"思想等因素的综合作用，各地各级地方政府在政府绩效评估中出现了不恰当的指标体系设计及操作流程安排。

（二）政府绩效评估本身蕴含的客观因素

事实上，公共政策的绩效受多种因素的共同影响，在政策及其绩效之间不一定是直接的对应关系。绩效一方面是一种客观存在，另一方面又是一种主观判断，所以绩效既是客观的，又是主观的，是对比政策实际结果与期望值之间的判断。因此，它是相对的，而非绝对的。同时，政策绩效的事实标准和价值标准之间、长期绩效与短期绩效之间也可能存在不一致，这些都增加了政策绩效评估的困难。目前我国政府绩效评估本身蕴涵的客观因素主要表现在如下几个方面。

1. 政府职能定位不明晰

政府绩效评估是对政府履行职能结果的评价。如果政府职能定位不清，政府对自己该做什么不清楚，那么政府绩效评估显然就如同无水之源、无本之木，只会成为空中楼阁。党的十八大对政府职能定位给出了明确界定，但是对于其界定的四项职能的细分以及中央地方的层级职能划分，中央给予的探索空间依然十分广阔。于是，基于各地各级地方政府细分职能的不明晰而导致的评估指标体系设计不合理、不稳定或风格迥异，成为政府绩效评估工作中广泛存在的问题。

2. 政府绩效测量的复杂性

要想准确评估政府绩效，政府的"产出"明晰且可测是前提。而政府的"产出"不同于企业的产出，其确定与度量都是十分困难的。美国公共行政学家詹姆斯·威尔逊在《经济制度国家的兴起》中指出，要度量一个机关的输出量常常是很困难的——即使只对什么是国家部门的输出作一番设想都足以令人头昏脑涨。事实上，对于政府"产出"的确定及测量难度极大这个问题，大多数公共行政学者已达成共识。尤其是对政府政策的绩效评估难度更大，而对个别政策，在短期内期望对其作出准确评估，更是难上加难。评估方法及其评估指标的缺乏在现实中无疑对官僚组织的所有行为都产生了深远的影响。政府绩效评估由于是对政府履行职能结果的评价，受到的影响更是首当其冲。

3. 政府绩效评估刚性法律依据的不完善

法律保障对推进政府绩效评估起着非常关键的作用。我国目前对于各级地方政府的绩效评估工作尚缺乏统一的法律、法规和相关政策作为应用的法定依据。纳入法律、强制性规范的一般是已达共识且具有相对稳定性的行为，而对于理念、标准、程序及方法这些年来均处于探索状态的政府绩效评估工作来说，制定相关的法律、规范等需要更深入的研究。

4. 部分公民权利意识觉醒的不充分

在计划经济体制下，公有制、高度集中的计划和按劳分配等制度安排使社会成员的个人利益高度依附于国家或集体利益。经济体制转轨后，多元化的所有制安排、等价交换的市场资源配置方式、受法律承认与保护的私有财产积累使社会成员的个人利益从国家或集体利益中逐渐相对独立出来，在相关社会成员心目中占据越来越重要的地位，致使他们的维权意识与要求日益觉醒。体现在政府绩效评估领域，就是对政府绩效评估要求日益强烈，呼声日益高昂。不过从前些年的总体状况看，我国部分公民，主要是处于弱势群体地位的公民的权利意识觉醒尚不充分，这也是不少地方政府由于外部压力尚不足够大，而将政府绩效评估工作或停留于形式，或根本没有展开的主要原因之一。

5. 信息化技术运用得不广泛

政府绩效评估涉及对大量信息的收集、分析和处理，国外政府绩效评估工作相对完善、成熟、公众参与度高，先进的信息化技术运用广泛是其重要经验之一。我国电子政务建设全面展开，以1999年1月最高人民检察院、外交部、国家经济贸易委员会、信息产业部等47部委办局信息主管部门共同倡议发起的政府上网工程为标志。虽然我国电子政务建设进步很大、成绩显著，但是我国电子政务建设同西方发达国家的水平相比差距依然较大。由于经济发展水平、领导重视程度、专业人才拥有量及管理体制设计合理性等因素的差异性，我国各地电子政务建设出现东、中、西部发展极度不均衡，部门间信息共享瓶颈突出，重硬件、轻软件，形式主义大行其道等问题。这些问题的广泛存在一方面影响了政府行政效率的提高、行政信息的公开，从而影响了政府绩效评估的范围及技术可行性；另一方面也制约了社会公众对政府绩效评估的参与热情和参与渠道，使社会公众的参与成本高昂、难以具备现实可行性。

6. 现代管理理论引入步伐的滞后性

改革开放后，我国的社会主义市场经济体制逐步完善。企业必须在市场经济日益激烈的竞争中谋生存、求发展的格局已奠定。为了满足消费者的市场需求，企业的现代管理理论不断推陈出新，管理方法与管理实践日新月异，而全球化又使国外先进的管理理论与管理方法被引入国内的周期渐次缩短，不少跨国公司的中国公司及少数走出国门的品牌企业，其管理理论与管理实践更是已与国际接轨。但是相对企业来说，相当数量的政府部门改革的外部压力及内在动力并不迫切。因此，与国外政府吸纳企业管理理论与管理方法的速度及普及度相比，我国政府部门对现代企业管理理论与管理方法的引入步伐相当滞后。不仅时间晚，还方法少。广泛引入的管理举措可能仅限于目标管理等少数方法，诸如全面质量管理、绩效预算、平衡计分卡等方法的实践运用普及率相当有限。主客观因素的存在导致了我国政府绩效评估工作目前核心指标不稳定，忽视社会正义及生态文明，评估程序不规范、不透明，评估工作形式意义多过实践价值等问题广泛存在。

四、改进我国政府绩效评估的对策建议

改进我国政府绩效评估需要对症下药。基于对政府绩效评估问题出现的主客观因素分析，改进我国政府绩效评估应重点做好以下五项工作。

（一）明确政府职能，设立政府绩效评估的基准框架

政府绩效评估的关键在于政府绩效指标的设定。科学可行的政府绩效指标设计取决于政府职能的界定、分解及评估基准的确立。有了明确的政府绩效评估基准，政府绩效评估才能真正发挥其明确政府目标、规范政府行为、把握政策结果、了解民众意见的现实作用。

虽然党的十八大报告已经明晰政府的四项职能，但是落实到地方政府，地方政府的职能界定应遵循四项原则，即：第一，地方政府要将职能集中于地方政府有创制决策权的领域；第二，地方政府要将职能集中在受益边界基本封闭于辖区且分布比较均匀的领域；第三，地方政府要将职能集中于受益群体，主要是本辖区居民的领域；第四，地方政府要将职能集中于回应辖区居民共性需求的领域。我国地方政府的核心共有职能应集中于以下四个领域：区域规划；公共财政，包括公共财政的收入与支出；公共政策，包括公共政策的制定与执行；政府自身建设，尤其是电子政务建设。对上述四原则下四项职能的细化、分解应成为地方政府绩效评估的基准框架。

（二）抓住评估实质，构建以民生为核心的绩效评估指标体系

美国学者登哈特教授认为，明确地表达和实现公共利益是政府存在的主要理由之一。新公共行政理论最早的倡导者之一拉波特和其他思想家也坚信，当代公共行政产生的诸多问题都可以追根溯源——它在传统上过少关注社会公平和相对弱势群体的福利改进。事实上，这种观点在西方国家当前的政府绩效评估中已被付诸实施。比如，欧盟围绕联合国制定的"民生指数"制定了考核各国政府绩效的共同协议，建立了一套非常详细的政府绩效评估指标体系。这个体系大致分为11个指标：社会保障率、失业与就业率、家庭收入增长率、教育实现率、生态和环境指标达标率、社会治安破案率、重大责任事故发生率、对突发事件的应急反应能力、人口自然增长率等。这说明，将民生作为政府绩效评估实质的观点在西方国家已经被广泛认同。

我国政府治理理念虽然仍处在转型之中，但是强调"科学发展、社会和谐"的服务型政府建设已将"加快推进以改善民生为重点的社会建设"提到议事日程，并将"实现社会公平正义"确立为发展中国特色社会主义的重大任务。在此形势下，构建以民生为核心的评估指标体系应成为各级地方政府绩效评估改进的工作重点。王永钦等学者强调，改进地方治理的一个题中应有之义是，改进对地方政府以GDP为基础的相对绩效评估体系，更多地引入其他目标的权重，如社会发展、环境保护等。事实上，摘得2007年"中国城市管理进步奖"的《深圳市民生净福利指标体系》就是地方政府在此方面进行的有益探索，值得肯定。因此，对地方政府的区域规划、公共财政、公共政策及政府自身建设四项职能进行以民生为核心的个性化指标体系构建应成为我国各地各级政府绩效评估改进的探索重点之一。

（三）重视评估过程，建立科学、公正、公开的刚性政府绩效评估程序

基于对公众负责的结果导向的政府绩效评估指标体系若没有刚性的评估流程设计及监督机制安排，其实施结果也只会是形式意义多过实践价值，无法发挥其对政府履职工作的正向引导作用。为保证政府绩效评估工作的持续有效，用刚性的法律、规章及各种制度加以固化是西方国家的基本做法。与此同时，通过设立专门机构对各个部门的绩效管理过程实施监督也是西方诸国的常用方法。例如，在英国，英国审计办公室负责监督中央的绩效评估，审计委员会负责监督地方；新西兰和澳大利亚则设置全国性的统一机构进行监督，各公共组织内部不设监督机构。

为了推进政府绩效评估工作的有序进行，严密的评估流程设计及监督机制安排等强制性的刚性约束不可或缺。国家制定统一的法律、法规对推进政府的绩效评估工作成效显著，但是目前我国基于政府治理理念尚处转型期、政府官员的思想认识层次参差不齐、各地市场经济发育程度及经济社会发展状况不均衡，制定全国统一的政府绩效评估法律法规的现实条件尚不成熟，而继续鼓励各地展开个性化的政府绩效评估探索不仅有利于释放各地各级政府的创新能量，还有利于为政府绩效评估在我国的全面铺开积累较为丰富的经验，从而节约改革成本。

（四）鼓励公民参与，构建多元的政府绩效评估主体

由于政府绩效评估是基于产出端的管理控制机制，而这种产出端的评价标准不是由政府而是由政府提供的公共产品或服务的使用者（社会公众）来设立。因此，评价政府绩效好坏的主体决不能局限于政府自身，外部评估主体的引入不仅必要，还必不可少。如果自己对自己进行评价，那么其客观性及公正性都容易引人怀疑。按照当前的公共治理理论，治理不再是政府自身自上而下的单向度活动，社会公众作为重要的互动力量日益参与政府的治理过程，发挥越来越重要的主动作用。事实上，由权威的民间机构对政府绩效进行评估已经成为很多国家的普遍做法。

该项工作由于起步晚，再加上政府信息透明度不够、社会成员公民权利意识觉醒不充分等，各地的政府绩效评估实践虽然开始引入外部评估主体，但是外部评估所占比例及所发挥的作用都较为有限，可改善的空间广阔，潜力巨大。为此，各地各级政府可根据当地政治、经济、社会、文化综合发展状况，建立完善政府与社会的沟通参与机制，拓展改进政府信息的公开范围、渠道及时效性，扶持鼓励政府外部评估主体展开对政府绩效的评估业务，尤其要在法律法规框架下放开社会公众、大众传播媒介及民间专门机构对政府绩效的评估限制，通过构建多元的政府绩效评估主体，促进政府更加关注与社会环境的互动关系，加快推进各地各级政府向服务型政府的转型步伐。

（五）加强电子政务建设，提升政府绩效评估的技术保障水平

我国虽然电子政务建设自 1999 年起已全面展开，但是至今各地发展依然极不均衡，信息孤岛问题突出，唯硬件取向表现明显，无疑在一定程度上制约了政府绩效评估工作在全国各地的全面展开。事实上，在一般情况下，电子政务建设发达的地区政府绩效评估往往也走在前面，比如北京、上海及深圳等地。而电子政务建设较为落后的地区，其政府绩效评估工作的开展也相对滞后，比如西部电子政务发展滞后地区。因此，推广政府绩效评估工作，决不能忽视电子政务建设。因为电子政务建设既是提高政府行政效率的重要手

段，又是开展政府绩效评估工作的重要技术保障。

总之，政府绩效评估作为政府部门行为导向的指挥棒和动力装置，在我国行政管理体制改革诸项工程中地位突出，必须大力推进。但是在推进过程中，各地各级政府却必须围绕建设基于对公众负责的结果导向的服务型政府这个核心，根据自身特点，灵活设计推进路径及推进重点。

第六节　国家廉政体系理论

国家廉政体系是指通过建立一个完整的廉政制度来预防和惩罚腐败行为发生的统一体。国家廉政体系是一个从多角度反腐败的方式，不仅强调对腐败行为事后惩罚，更加注重从源头上控制腐败发生的行为方式。国家廉政体系是 20 世纪 90 年代中期以来世界各国广泛关注的一个重要概念。它最早由透明国际提出，很快成为反腐改革家们的常用词汇。

根据透明国际的界定，国家廉政体系是指由国家建立的、旨在长期预防腐败，探讨建立一个透明和具有问责度的制度体系，实现廉洁政治的体系结构，在此框架下有效推进反腐败改革。国家廉政体系概念如今已经成为国际反腐败运动的一个重要组成部分，成为各国政府、国际组织和援助机构推进改革的一个重要的参照系。透明国际认为，反腐败的根本途径就是建立健全的国家廉政体系。这个体系的建立就是要将腐败行为由"低风险、高回报"演变为"高风险、低回报"的行为模式。从而使政府官员对于腐败有着较为客观的认识，既从思想上抵制腐败，又从行为上约束自己，较好地预防和限制腐败的发生。从实践来看，无论何种制度的国家以及腐败程度高低，国家廉政体系的建立对于腐败行为的预防和发生均能起到明显的作用。国家廉政体系理论对反腐败的指导作用得到了社会的普遍认同，成为全世界范围内多个国家、政府和社会组织制定反腐败措施时重要的参照依据。

构建国家廉政体系是一个复杂的系统工程，是由一系列要素组成的制度体系。国家廉政体系由三部分组成，分别代表不同的含义。第一部分主要由生活质量、法治和可持续发展组成；第二部分内容最为丰富，由立法机关、行政机关、司法机关、审计总署、监察特使、监督机构、公务员系统、媒体、公民社会、私人部门和国际行动者等 11 个要素组成，这 11 个要素的每个要素都是国家廉政体系的一个重要分支要素之一；第三部分由公众意识和社会价值组成。这三个部分相互作用、相互促进，共同构成国家廉政体系的大系统。

国家廉政体系是一个系统性反腐败工程，突出表现为三个方面特征：首先是整体性。从国家廉政体系的大系统可以看出，要保证第一部分代表生活质量、法治和可持续发展的部分的正常运转，就必须要有第三部分公众意识和社会价值作为坚实基础和第二部分的 11 个要素作为支撑的支柱，缺乏任何一个要件，就会导致整个系统的正常运转。在反腐败实践中，如果社会公众意识高，就会形成一个良好的廉洁社会氛围，人民就会把廉洁和服务作为个人在社会中的价值实现，必然围绕社会廉政建设以及惩罚腐败而规范自己行为。其次是协调性。从廉政体系的 11 个支柱要素的支撑作用来看，它是由 11 个要素共同支撑一个美好的目标。每个廉政要素在单独发生作用时，又相互依赖，共同产生作用。如果一个要素的支撑力量发生变化，那么支撑的力量就会变小，其他一个或几个要素就必须相应予以弥补。假如其他要素也在变化，或者不能弥补其他要素的力量，那么就不能整体支撑和保持第一部分的平衡，以致影响我们的生活质量、法治和可持续发展。如果这三个要素塌陷下来，整个系统就会不复存在，或者会遭到严重破坏。最后是适用性。所谓适用性，指的是国家廉政体系各要素对于反腐败的作用。在国家廉政体系下，对腐败所起作用表现为多个方面，主要为组成廉政体系以及辅助要素。国家廉政体系除以公众意识与社会价值等软件要素为基础外，廉政基础 11 个要素作为硬件要素发挥非常重要的作用。在廉政支柱范围内，发挥反腐败作用是每一个支柱独立作用和相互配合的结果。

"规则和实践"是对每个制度性支柱起辅助作用而不可缺少的要素。这些规则和实践包含各种制度所选取的或赖以支撑的"工具箱"。如果缺乏这些核心的"规则和实践"，那么就将表明国家廉政体系支柱的脆弱。当然这些规则和实践并不专属于它们在表 2.1 中所对应的制度性规则。比如，媒体必须要有言论自由，但是作者出于实用的目的把言论自由地分配给"公民社会"这个制度性支柱，因为言论自由也是公民社会的一个核心条件。

表 2.1　　　　　　　　　　　　　"规则和实践"支柱

制度性支柱	相应的核心规则和实践
行政机关	公私利益冲突规则
立法机关	公平选举
议会的公共账目委员会	质询高级官员的权力
审计总署	公开发布审计报告
公务员系统	公共服务的道德准则
司法机关	独立性
媒体	能够获取信息
公民社会	言论自由
监察特使	档案管理
反腐败机构和监督机构	可执行而且被严格执行的法律
私人部门	鼓励竞争的政策，包括公共采购规则
国际社会	相互的法律或司法协助

腐败是一个系统性的问题，国家廉政体系理论设计出了一个整体性的构建，尤其强调各机构和制度安排之间的相互合作，提供了一种跨政治制度、跨社会文化的能够对一个国家的反腐败体系进行有效评估的分析框架及理论工具。建立国家廉政体系这种思路提供了对腐败问题的新的诊断方法和潜在的治疗方法。它不是关注单独的制度（例如司法机关）或者单独的规则和实践（例如刑法），继而聚焦在某项孤立的改革计划上，而是开始在一个整体性方案中审视各种措施的相关性、相互依存度和综合效应。国家廉政体系是一个理论与实践结合的过程，主要从创造廉洁社会的理论出发，以此指导廉政建设实践，从而避免腐败发生。

透明国际组织的上述政策建议框架说明，国家廉政体系建设是一项系统性工程。透明国际的上述政策工具箱只是一种宏观性的制度设计，比较适合各国政府最高层和中央反腐败机构设计反腐败政策框架时作为参考。西方国家，尤其是发达国家的国家廉政体系的经验是在资本主义制度中逐渐建立的，也许在某些方面行之有效，但是与中国的国情有显著的区别，因此在借鉴时要有所甄别。要立足于国情建立健全有中国特色的国家廉政体系。

第三章　对我国腐败问题的基本判断

自从产生公共权力,特别是国家权力以后,腐败就像幽灵一样徘徊在人类社会,它腐蚀各国的政权基础,妨碍经济发展,影响遍及社会的各个领域。中国政府一直十分重视腐败现象,反腐败斗争和反腐败措施制定从未停止过,但是中国政府反腐败困境仍然存在。

第一节　我国腐败问题的由来和中国共产党的反腐历程

腐败作为一种历史现象和社会现象由来已久,滋生腐败的原因和腐败形式在不同的社会形态和历史时期存在着不同的表现,中国共产党的反腐败斗争也经历了运动反腐、权力反腐和制度反腐等不同阶段。我国正处于改革开放的关键时期,腐败的存在是我国建设社会主义初级阶段和实现中国梦的一块绊脚石,存在极大的危害。我们一定要充分认识反腐败斗争的长期性、复杂性、艰巨性,把反腐倡廉建设放在更加突出的位置,旗帜鲜明地反对腐败,要切实加强党风廉政制度建设和反腐倡廉制度建设,注意把制度建设贯穿反腐败各个环节,在加强教育、发展民主、健全法制、强化监督等各方面建立起长效统一的制度反腐机制,从根本上建立高效廉洁的干部队伍,以推动中国梦早日实现。

一、我国腐败问题的由来

腐败问题由来已久。自国家产生以来,掌握公共权力的组织和个人出现后,腐败问题便一直存在。它是指伴随着组织的产生而形成的权力异化现象。中国自古以来就存在腐败问题,作为一个有两千年封建史的古老国家,封建官僚体系发展得十分完备。我国古代国家的形成,约在尧舜时期。大约在公元前 21 世纪,禹之子启建立了夏朝。这是我国第一个奴隶制国家。我国历史从此进入阶级社会,腐败问题也随之产生。

据文献记载,启的儿子太康即位,因荒淫腐败被赶走,史称"太康失国"。尤其是夏桀,这位历史上有名的暴君生活更加奢侈腐朽。当时人们咒骂道:"时日(桀),曷丧?"意思是,"桀,你为什么不死呢?"商朝末年,纣王因为极度腐败而被周武王姬发灭掉。

春秋战国时期,中国出现了第一个贪官羊舌鲋。秦朝是我国第一个封建制国家。此后历代封建王朝更加高度集权,也更加腐败。所谓"普天之下,莫非王土;率土之滨,莫非王臣",是说一切都归皇帝所有。皇帝是腐败的代名词。秦始皇在关中、关外建造宫殿达700 余所。

隋炀帝从京杭大运河游江都(今江苏扬州),所乘龙舟就像水上宫殿一样,浩浩荡荡的船队长达100 多公里。清朝乾隆时军机大臣和珅从政 25 年,卖官鬻爵,招权纳贿,积蓄起一笔巨大的财产。当他被抄家后,所得银两加起来达 11 亿多两,相当于当时清朝 15 年的国库收入。

纵观中国封建王朝的每段历史,无不交织着打击腐败的战鼓。正因为如此,反对腐败一直是一个永恒的主题，这是历史给我们的启示。

二、中国共产党反腐倡廉的历史回顾

中国共产党是用马克思主义武装起来的中国工人阶级的先锋队，其先进性决定了反腐倡廉的必然性。党的历史是一部革命和建设的奋斗史，也是一部反腐倡廉的斗争史。中国共产党 100 多年的光辉历程，是把马克思主义与中国实际相结合、带领全国各族人民创造辉煌业绩的 100 多年。100 多年来，我们党和党所领导的事业蓬勃发展，一条基本经验是：既要有科学的理论和正确的路线作指导，又要有优良的党风作保证。回顾和研究党的反腐倡廉理论与实践，对于在新世纪进一步加强党的建设，坚定不移地开展反腐败斗争，具有非常重要的意义。

（一）党的第一代中央领导集体对反腐败问题的认识

作为中国工人阶级、中国人民和中华民族先锋队的中国共产党，从诞生之日起就与党内腐败现象作斗争。以毛泽东同志为核心的党的第一代中央领导集体在反腐败斗争过程中，在思想作风建设方面、制度建设方面、监督机制方面以及惩治方面都进行了诸多探索，形成了自己的一套反腐败的思路和方法，为构建具有中国特色的惩治和预防腐败体系提供了宝贵的经验。

中国共产党始终对腐败现象保持高度警惕，从建党之初就明确了廉洁正直的宗旨，把保持廉洁放在党的建设和根据地建设的突出地位。例如，在党的一大时期就确立了党的建设各项重大原则，也初步制定了党的纪律。1922 年，党的第二次代表大会通过了《中国共产党章程》，纪律单列一章，还规定了包括贪污腐败在内的六种情形，属于必须开除党籍的行为。1925 年，党的第五次全国代表大会通过了党章修正案，第一次选举产生了中央监察委员会，标志我党纪律检查制度的初步创立，具有重大意义，为后来党的纪律检查机构的发展和完善奠定了基础。1926 年 8 月，党中央发出《关于坚决清理贪污腐化分子的通告》。这是我党颁布的第一个反腐通告，表明中国共产党在建党初期就非常警惕资本主义剥削阶级思想对党的侵蚀，表明了中国共产党对腐败现象是不能容忍的。这个通告为防止党员官僚化、保持党在统一战线中的政治独立性、发挥党在革命中的先锋模范作用奠定了基础。此后无论是在土地革命时期，还是在抗日战争时期，中国共产党都根据实际情况发动了反贪污腐败、提倡廉政的运动。革命根据地政府和军队形成了前所未有的清廉风气，政府视自己为人民公仆，全心全意为人民服务，与国民党政府官吏那种贪赃枉法、卖官鬻爵、搜刮民脂民膏的腐败行为形成了强烈的对比。中国共产党以廉洁为民的形象赢得了全国人民的衷心拥护和爱戴，从而聚集了强大的力量，推翻了腐败的国民党政府，建立了新中国，取得了新民主主义革命的伟大胜利。

在监督方面，党的第五次全国代表大会首次选举产生了中央监察委员会，是党内维护和执行纪律的专门机关。1925 年 6 月通过《中国共产党第三次修正章程决案》，发布了我党最早的反腐败文件《关于坚决清理贪污腐化分子的通告》，专列了"监察委员会"一章，形成了一系列党的纪律和纪律检查规定，明确了党纪处分的方式和种类，规定了党纪处分需履行的组织程序和手续，实现了党内处理违纪行为的规范化、制度化。此后党内监督机构不断加强。1933 年苏维埃中央执行委员会发布了《关于惩治贪污浪费行为》的第二十六号训令。1939 年，陕甘宁边区政府颁布了《惩治贪污条例》，规定贪污数目在 500 元以上者，处死刑或五年以上有期徒刑。

毛泽东很少用"腐败"这个词，在其著作中多使用"官僚主义"来表述。一方面可能是因为他认为腐败这个词只适用于封建社会和资本主义社会，不应该存在于革命队伍；另一方面可能因为"官僚主义"是一个比"腐败"内容更广泛且包括"腐败"在内的词，他所说的"官僚主义"包括的内容十分广泛。

在新中国成立之前，我党在反腐败方面所采取的基本办法是通过整风等形式加强对广大党员的思想教育，同时通过群众性政治运动发动群众揭批腐败分子，随后再通过法律手段予以严惩。思想教育和群众运动是我党在革命时期摸索的反腐败战略的两个基本组成部分。在苏维埃政权建设和抗日根据地政权建设方面，我们党也通过多种形式促进民主参政议政。就防止腐败和官僚主义，打破历代王朝治乱兴衰的历史周期律的方法问题，毛泽东提出了依靠民主解决腐败的办法。他强调实行人民的民主体制，反对封建专制，以人民民主来克服官僚主义和腐败。

1949 年 3 月 5 日至 13 日，毛泽东在党的七届二中全会上指出，革命虽然快要胜利了，但是夺取全国胜利，只是万里长征走完了第一步，以后的路程更长、工作更伟大、更艰苦。他告诫全党继续保持谦虚、谨慎、不骄、不躁的作风，继续保持艰苦奋斗的作风。全会还根据毛泽东的提议，作出了防止资产阶级腐蚀和反对突出个人的六条规定：一是禁止给党的领导祝寿；二是不送礼；三是少敬酒；四是少拍掌；五是禁止用党的领导者的名字作地名、街名和企业的名字；六是不要把中国同志和马克思、恩格斯、列宁、斯大林平列，禁止歌功颂德现象。这些内容在以后作为制度规定下来。毛泽东重视民主，把民主理解为一种政治制度的同时，更多地把民主理解为一种工作作风和工作方法。其特征是鼓励发表不同意见和广泛征求各方面意见后再作出决策。他认为实现民主的根本途径是人民民主，而实现人民民主的根本途径是党内的整风运动和群众运动。在党的第八次全国代表大会之前，党和政府的反腐败斗争基本上沿袭党在革命战争时期的做法，即在强调加强对党员干部的思想教育工作以提高他们的道德素养的同时，依靠自上而下地发动大规模的、急风暴雨式的群众性政治运动来清除腐败分子。

严明的纪律是优良党风的重要表现。早在井冈山时期，毛泽东同志制定的"三大纪律八项注意"成为全党全军必须遵守的铁的纪律。坚决维护和严格遵守党的纪律，是党在各个时期反腐倡廉的基本要求。党的作风是党的形象，党的优良作风是党具有强大力量的源泉。在战争年代，党的作风建设是与党的生存发展和根据地政权建设紧密结合的。人民群众通过党的优良作风和严明的纪律，从自身感受中深深认识到中国共产党是全心全意为人民服务的政党。我们党赢得了人民的拥护，保证了革命的胜利。

无论是在夺取全国政权以前，还是在成为执政党之后，我们党都一以贯之地反对腐败。新中国成立以前，我们党惩治腐败最典型的案例是延安时期处理黄克功事件。以秋风扫落叶般的气势夺取全国政权后，我们党不仅时刻警惕，还毫不留情地同腐败现象作斗争。在新中国成立前夕，党面临执掌全国政权、恢复国民经济的历史任务。围绕巩固新生的人民政权、加强与人民群众血肉联系的问题，我们党把廉洁从政作为党的建设，特别是党的作风建设的重要内容，对执政后如何拒腐防变进行了探索。毛泽东同志多次指出，因为胜利，党内的骄傲情绪以及其他各种错误情绪可能滋长，资产阶级也会出来捧场，征服我们队伍中的意志薄弱者。在党的七届二中全会上，毛泽东要求高级干部学习《甲申三百年祭》，告诫全党："可能有这样一些共产党人，他们是不曾被拿枪的敌人征服过的，他们在这些敌人面前不愧英雄的称号；但是经不起人们用糖衣裹着的炮弹的攻击，他们在糖弹面前要打败仗。我们必须预防这种情况。……务必使同志们继续保持谦虚、谨慎、不骄、不躁的作风，务必使同志们继续地保持艰苦奋斗的作风。"毛泽东还把中央从西柏坡迁往北平建立全国政权叫作"进京赶考"，他代表全党发誓："我们决不当李自成！"这些论述丰富了党的反腐倡廉理论。

执政党最大的危险是脱离群众。新中国成立初期，我们党开展反贪污、反浪费、反官僚主义的"三反"运动和整党整风运动，就是为了防止脱离群众。1952年我们党制定了《关于处理贪污、浪费及克服官僚主义错误的若干决定》《中央节约检查委员会关于追缴贪污分子赃款赃物的规定》《中华人民共和国惩治贪污条例》。党的八大要求全党继承党的优良传统和作风，经得起执政的考验，警惕脱离群众的危险。后来尽管我们在工作中发生过严重的失误，但是由于全党同志发扬党的优良作风，坚持与群众同甘共苦，因而能够团结和带领全国各族人民顶住国际上反华势力的压力，战胜暂时的经济困难，保证了社会稳定和各项事业的发展。

新中国成立后，面对以贪污浪费等形式为主的腐败现象，我们党以思想教育和群众运动相结合，进行了坚决的斗争。

（1）加强思想道德教育，提高党员干部勤政廉政的自律能力。早在革命战争年代，毛泽东就非常重视思想建设。毛泽东指出，"掌握思想教育，是团结全党进行伟大政治斗争的中心环节"。

新中国成立后，针对当时党内存在一些消极腐败现象，毛泽东进一步指出思想教育和党员、干部的廉洁自律是防止和消除官僚主义和腐败现象的治本方法。毛泽东在党的八大政治报告中阐述了这个观点。"对于犯错误的同志给以严厉的处罚，以致把他们驱逐出党，这是很容易的，但是如果没有解决为什么造成错误的思想问题，那么，严厉的处罚不但不能保证党不再犯同样的错误，甚至还会造成更大的错误。"毛泽东要求各级党员干部要全心全意为人民服务，提倡勤俭建国和艰苦奋斗。1957年3月18日，毛泽东在济南党员干部会议上的讲话中指出："共产党就是要奋斗，就是要全心全意为人民服务，不要半心半意或者三分之二的心三分之二的意为人民服务"。1955年10月11日，毛泽东在党的第七届中央委员会扩大的第六次全体会议指出，"勤俭办社"这个口号很好，要严格地节约，反对浪费。要提倡勤俭持家，勤俭办社，勤俭建国。1956年4月，毛泽东在《论十大关系》中指出："我们历来提倡艰苦奋斗，反对把个人物质利益看得高于一切"。

（2）发动群众运动，揭露和惩治腐败。1951年至1952年开展了"三反""五反"运动。在全国胜利后不久，毛泽东和党中央很快发现在部分党员、干部中出现了相当严重的贪污、浪费和官僚主义等现象，毛泽东和党中央毅然决定在全国范围内开展"三反"运动。1951年11月20日，毛泽东在党中央起草的转发东北局关于开展增产节约运动的报告批语中首次提出，"在此次全国规模的增产节约运动中进行坚决的反贪污、反浪费、反官僚主义的斗争。"毛泽东提醒全党，"必须严重地注意干部被资产阶级腐蚀发生严重贪污行为这一事实，注意发现、揭露和惩处，并必须当作一场大斗争来处理"。毛泽东还强调指出，"要把反贪污、反浪费、反官僚主义的斗争看作如同镇压反革命的斗争一样的重要，一样的发动群众包括民主党派及社会各界人士去进行，一样的大张旗鼓去进行，……才能解决问题"。

根据毛泽东 1951 年 11 月 20 日的批示，党中央于 1951 年 12 月 1 日作出了"关于实行精兵简政、增产节约、反对贪污、反对浪费和反对官僚主义的决定"。6 天后，党中央决定成立中央节约检查委员会，随后各级地方机关也成立了相同的机构具体领导"三反"运动。从此，"三反"运动在全国各地迅速展开。"三反"运动揭露了相当一部分党员干部，包括少数高级干部严重的贪污腐化问题，其中包括利用职权盗用、骗取国家公款、救济款达 170 多万元的天津地委原书记刘青山、专员张子善。毛泽东和党中央都采取了十分严肃的态度，给予了认真的查处。全国有 9942 名干部因犯有严重贪污罪行被判处有期徒刑，67 人被判处无期徒刑，42 人被判处死刑，9 人被判处死缓，清除了一批被资产阶级思想和生活方式侵蚀了的或被资产阶级糖衣炮弹打中的国家干部。

随着"三反"运动的开展，毛泽东根据各地的汇报发现党政机关内部的腐败与工商界投机倒把活动有密切的联系。1951 年 11 月 1 日，东北局在给党中央的报告中说道："两个月来所揭发的许多贪污材料中还可以看出，一切重大贪污案件的共同点是私商和蜕化分子相互勾结，共同盗窃国家财产"。1951 年 12 月，华东局在给党中央的报告中也反映了同样的问题："党政内部的贪污往往是由非法商人从外部勾结而来的。这些违法工商业者采用各种手段收买党政机关工作人员，他们互相勾结从事各种经济违法活动"。1952 年 1 月，毛泽东决定在进行"三反"运动的同时进行"五反"运动。他认为，在全国一切城市，首先，在大城市和中等城市中，依靠工人阶级、团结守法的资产阶级及其他市民，向着违法的资产阶级开展一个大规模的坚决地反对行贿、反对偷税漏税、反对盗骗国家财产、反对偷工减料和反对盗窃情报的斗争。以配合党政军民内部的反对贪污、反对浪费、反对官僚主义的斗争，现在是极为必要的和极为适时的。

以毛泽东同志为核心的党的第一代中央领导集体通过加强党员干部的思想道德教育和依靠群众发动群众运动，揭露和惩罚腐败分子，取得了一定成效，在当时对防范、制止腐败起了很大的作用。这些宝贵的反腐败经验在新的历史条件下仍然值得我们学习和借鉴。

但是由于历史的局限性，以毛泽东同志为核心的党的第一代中央领导集体在反腐败问题的探索上也存在着不足和缺陷。毛泽东认为跳出历史周期律的根本方法就是民主。但是毛泽东只重视民主的实质，却忽视了要实现这个实质必须借助一系列具体的民主制度建设，忽略了对人民民主的实现形式以及监督方式的制度性探索，认为用群众运动这种"大民主"方式就可以解决腐败问题。由于迷信群众运动，他对法制建设没有给予高度重视。在"文化大革命"中，甚至大量破坏法制。大搞群众运动，忽视法制的不良后果在于容易混淆两类不同性质的矛盾，即敌我矛盾和人民内部矛盾，导致反腐败斗争对象的扩大化，制造了大量的冤假错案。可见，忽视法制，用群众运动的方式加强廉政建设是不科学、不可取的。但是毛泽东坚持人民民主，让人民监督政府来防范腐败的思想仍然具有参考、借鉴和指导意义，同样可以为党和政府以及军队的领导提供自身品德修养的宝贵的精神食粮。在毛泽东思想的科学理论宝库中，毛泽东的廉政思想占有重要地位。毛泽东同志不仅在理论上对无产阶级执政党廉政的真实性和现实性问题有着令人信服的分析和说明，还在实践中以对党和人民事业的无限忠诚，呕心沥血，艰苦朴素，严于律己，克己奉公的模范行动，在人民的心中树起了一座廉洁从政的丰碑。从以上对毛泽东反腐倡廉思想及实践特色的粗浅探究，我们不仅能看到以毛泽东同志为核心的党的第一代中央领导集体对根除腐败的坚定决心，还对当前正在进行的反腐败斗争充满必胜的信心。江泽民同志在党的十四大报告中特别强调，在新的历史时期，一定要坚决克服消极腐败现象。他明确指出："在改革开放的整个过程中都要反腐败，把端正党风和加强廉政建设作为一件大事，下决心抓出成效，取信于民"。"腐败分子危害党和人民，不论是什么人，都必须依照党纪国法，坚决予以惩处"。党的十四大还把"正确行使人民赋予的权力，清正廉洁，勤政为民，以身作则，艰苦朴素，密切联系群众，坚持党的群众路线，自觉地接受党和群众，坚持党的群众路线，自觉地接受党和群众的批评和监督，反对官僚主义，反对任何滥用职权、谋求私利的不正之风"写进了党章，使毛泽东反腐倡廉思想以我们党的基本法规形式得以保持延续和继承实施。毛泽东反腐倡廉思想及其实践是社会主义政治建设的宝贵精神财富，它所展示出来的特色将永远给后人以启迪和教益。

鉴于群众运动反腐败所带来的负面效应，党内以刘少奇、邓小平同志为代表的一批同志不满足于传统的以群众运动来反腐败的做法，开始探讨从制度上防治腐败的办法。1956年9月16日邓小平同志在党的八大上作了《关于修改党的章程的报告》，提出了通过加强制度建设克服官僚主义等弊端的重要思想。他指出："党除了应该加强对于党员的思想教育之外，更重要的还在于从各方面加强党的领导作用，并且从国家制度和党的制度上作适当的规定，以便对于党的组织和党员实行严格的监督"。在党的八大前后，我们党在国家制度和党的制度建设方面取得了一些积极的进展。在国家制度方面，由新中国成立初期召集的各界人民代表会议过渡到1954年成立的全国和地方各级人民代表大会。在党的制度方面，曾试行党的代表大会变为由固定任期和定期召集的常任制，实行党委集体领导制度，反对个人崇拜和个人专断，合理划分中央和地方组织的职权范围，调动地方党组织的积极性等。党的八大召开后不久，在国际共产主义运动中就发生了波兰事件和匈牙利事件，促使中国共产党人思考如何防止执政党脱离群众这个重大问题。在1956年11月召开的党的八届二中全会上，刘少奇代表党中央作了《目前时局问题的报告》。他在报告中除了强调要加强思想教育外，还更多地强调从制度方面采取措施。刘少奇指出，要规定一些必要的制度，使我们这个国家发展下去，将来不至于产生一个特殊阶层，站在人民头上，脱离人民。为此，他建议制定一种群众监督的制度，以加强人民群众对领导机关的监督，认真研究人民代表大会和报纸如何监督政府和领导人员的问题，主张对领导人的权力加以明确限制，敦促取消对领导人的一些特殊待遇。之后，邓小平同志提出"共产党员要接受监督"。他指出，"党要领导的好，……就要受监督，就要扩大党和国家的民主生活"。他还指出，所谓监督来自三个方面：第一是党的监督，第二是群众监督，第三是民主党派和无党派人士监督。在这三方面的监督中，他特别强调群众监督的作用。扩大民主是实现群众监督的重要内容。为此要开好人民代表大会和政协会，使代表们畅所欲言，各种意见都能表达出来。

总之，只有让群众参与决策，群众意见得到充分表达，党的领导才能取得群众的信任和支持。这些说明我们党在新中国成立后已经开始探索反腐败的新路子。这条新路子的具体内容虽然不太清晰，但是大致轮廓已经显现出来。这就是在继续加强思想教育和惩治腐败分子的同时，将重点放在国家制度和党的制度的完善上，用制度来规范人们的行为。同时，应较少地采用群众运动的办法，更多地依靠制度建设来防治腐败。制度建设的方向是扩大民主、加强监督。但是遗憾的是，刘少奇、邓小平等人的思考在党内并没有形成普遍的共识。一方面因为这种认识还处于初始阶段，另一方面因为党内不少领导人比较强调思想教育的作用，不注重从制度上解决问题。甚至党内对制度建设问题重要性的认识从1956年年底开始出现倒退。1956年年底，经中央政治局讨论后，《人民日报》上发表了《再论无产阶级专政的历史经验》，指出好的制度并不能保证工作中不发生严重的错误，斯大林之所以犯下严重的错误，原因在于忽视了民主制度建设。为了反对和防止修正主义，毛泽东同志再次把对全党进行思想教育放在首位。当思想教育未能奏效时，毛泽东同志不得不再求助于用群众运动的方法来清除党和政权机关中的腐败分子，于是群众运动此伏彼起，直到发动"文化大革命"。

（二）党的第二代中央领导集体对反腐败问题的认识

"文化大革命"结束后不久，邓小平同志作为党的第一代中央领导集体的重要成员和第二代中央领导集体的核心，以推进国家的长治久安和维护广大人民的根本利益为宗旨，提出了一系列丰富的、相互联系的反腐倡廉思想，构成了科学完整、独具特色的理论体系。研究和继承邓小平的反腐倡廉思想，对于深入贯彻党的十八大和十九大精神，推进反腐败斗争深入、持久、有效的开展，进一步推动建设廉洁政府和廉洁政治，具有深远意义。

1978年党的十一届三中全会后，全党在反腐败总体思路上逐步形成了两点共识：一是反腐败不搞政治运动，应该加强社会主义民主与法制建设；二是在腐败成因上个人的思想、作风问题固然重要，但是制度上的问题更为重要，更带有根本性。因此，反腐败的根本出路在于积极进行政治体制改革。

在经历了"文化大革命"这场浩劫后，邓小平等老一辈无产阶级革命家认识到，政治运动不仅造成了许多冤假错案，还造成了社会生活的混乱，使社会主义民主和法制受到破坏。

坚决抛弃了搞政治运动的做法，增强了发展社会主义民主、健全社会主义法制的紧迫感。在不搞群众性运动这种大民主情况下，邓小平指出有效开展反腐败斗争的途径包括以下几个方面。

（1）要靠教育。重视思想政治工作，正确地发挥思想政治工作的作用，是我们党的优良传统和政治优势，也是加强党风廉政建设、深入开展反腐败斗争的重要工作基础。邓小平认为反腐败要靠教育和法制两个手段。他在回答美国时代公司总编辑提出的问题时明确指出，我们主要是通过两个手段来解决，一个是教育，另一个是法律。

邓小平认为，根本的问题是教育人。腐败现象的产生固然有很多客观原因，但是从主观上说，还是由于一些党员干部放松了世界观的改造，共产主义的理想信念淡漠了，经受不住权力、金钱、美色的考验。正是在这个意义上，邓小平提出，根本问题是教育人。他始终把加强党性党风党纪教育，增强广大党员干部抵制剥削阶级腐朽思想和生活方式侵蚀的能力，作为搞好党风廉政建设和反腐败的一项基础性工作。邓小平提出，在反腐败过程中，必须注意正确区分两类不同性质的矛盾。邓小平认为教育和法律是两种不同性质的手段，要针对不同的对象采取不同的手段。

（2）要靠民主和法制。由于邓小平坚持反腐败不应搞群众性政治运动而应靠加强社会主义民主制度和法制建设的观点，全党在反腐败问题上达成了高度共识。邓小平一贯重视制度在规范人们行为方面的决定性作用。他坚决反对把领导人的错误简单地归结为个人的思想、作风问题，反对把官僚主义行为和特权现象简单地归结为思想问题，而是始终把解决制度方面的问题放在头等重要的位置。

（3）要靠政治体制改革。为了从根本上解决党和国家政治生活中存在的各种问题，包括腐败问题，邓小平不遗余力地推动政治体制改革。他在1980年会见意大利记者时就明确指出，这要从制度方面解决问题。我们过去的一些制度，实际上受了封建主义的影响，包括个人迷信、家长制或家长作风，甚至包括干部职务终身制。我们现在正在研究避免重复这种现象，准备从改革制度着手。

在《党和国家领导制度的改革》一文中，邓小平深刻地论述了改革党和国家各方面制度，特别是领导制度的必要性。他认为改革党和国家各方面制度特别是领导制度的时机和条件已经成熟，应该提上党和国家的工作日程。

在20世纪80年代中期，面对现行政治体制不能适应经济体制改革要求的严峻形势，邓小平提出了进一步推进政治体制改革的任务。他科学地分析了经济体制改革同政治体制改革的辩证关系，认为这二者应该相互依赖，相互配合。否则的话，只搞经济体制改革，不搞政治体制改革，现行政治体制必然会阻碍经济体制改革，拖经济发展的后腿，从而最终使经济体制改革难以贯彻下去。

关于政治体制改革的目的，邓小平认为其目的是要发展社会主义民主，调动人民群众和基层单位的积极性，消除官僚主义，提高工作效率。他指出，1980年就提出政治体制改革，但是没有具体化，现在应该尽快提到日程上来。至于改革的具体内容和步骤，邓小平主张通过深入的调查研究和广泛的讨论之后再作决定。他虽然就此提出了一些建议，如党政分开、权力下放、精简机构等，但是对改革的具体内容仍然持开放的态度。同时认为改革要坚持共产党的领导，保持自己的优势，避免资本主义社会的弊端和毛病。

正是由于邓小平同志的努力，全党同志才逐步形成这样的共识，即解决党和国家政治生活中的各种问题（包括腐败问题）的根本出路在于积极稳妥地推进政治体制改革。在整个20世纪80年代，我们党反腐败战略的基本特征是坚持两手抓，一手抓思想政治教育，一手抓法制建设，依靠法律手段调查和惩治腐败分子。同时，全党对制度建设重要性的认识也在不断深化。1982年，中共中央、国务院作出《关于严厉打击经济领域严重犯罪活动的决定》，全国人大也作出《关于严惩破坏经济的罪犯的决定》，从而在全国范围开展了一场声势浩大的严厉打击贪污受贿、挪用公款、倒买倒卖、走私贩私、偷税漏税等经济犯罪的斗争。1987年全国人大常委会又通过了《关于惩治贪污、受贿罪的补充规定》，标志着我国肃贪法律的完善化。1989年最高人民检察院和最高人民法院联合发出《关于贪污、受贿、投机倒把等犯罪分子必须在限期内自首坦白的公告》，监察部也发出了《关于有贪污受贿行为的国家行政机关工作人员必须在限期内主动交代问题的通告》。这两个《通告》

发出后也开展了一场专项反腐斗争。党中央制定了《关于党内政治生活的若干准则》《关于高级干部生活待遇的若干规定》《关于进一步制止党政机关和党政干部经商办企业的规定》等一系列加强自身建设的条例和规定。此后，全国地方各级党的纪委全部恢复重建。

总之，无论是在革命时期、建设时期，还是在改革开放时期，邓小平都高度重视反腐败对我们党和党的事业的影响，把反腐败斗争置于改革开放和建设中国特色社会主义事业的大背景中予以考察，提到关系党和国家生死存亡、前途命运的高度来认识，为全党指明了反腐败斗争的极端重要性、紧迫性、长期性和艰巨性。可以说，反腐败是贯穿邓小平整个一生的、一以贯之的思想。他的这个思想也有一个随着实践不断丰富、发展和深化的过程，直至20世纪八九十年代达到顶峰。反腐败不仅是邓小平个人的思想，还是我们党的第一代、第二代中央领导集体的共识。毛泽东、陈云等领导同志对反腐败问题也有丰富而深刻的认识，领导反腐败斗争取得了巨大的成绩。但是与他们相比，邓小平亲历了我们党的革命、建设和改革的全过程，领导了我们党在不同时期、不同路线、不同中心任务下的反腐败工作，特别是主张在市场经济和改革开放绝不动摇的情况下进行反腐败。因此，他的反腐倡廉思想是指导我们开展反腐败斗争的宝贵财富。

（三）党的第三代中央领导集体对反腐败斗争的思考

进入20世纪90年代后，以江泽民同志为核心的党的第三代中央领导集体继承和发展了党的第二代中央领导集体的廉政思想，确立了以制度创新来遏制腐败的新思路。党中央把斗争重点一度放在纠正群众最不满意的几股不正之风上，在查处大案要案方面也取得了一定的成效。这一时期反腐败工作方法主要侧重治标；党的十四大以后，在以江泽民为核心的党中央领导下，各级党委和政府坚持标本兼治、纠建并举的方针，深入开展专项治理工作，不同程度地取得了阶段性成果。反腐败工作方法开始由侧重治标向标本兼治方向转变；20世纪90年代末以后，我们党逐步从反腐败斗争实践中看到必须把治本工作放在重要位置，反腐败工作方法又开始了由标本兼治向着力治本、综合治理方向转变。到2000年12月中央纪委第五次全体会议，我们党正式把从源头上预防和治理腐败作为反腐败的重点工作，决定今后要进一步加大治本工作力度并以治本为主。反腐败战略从20世纪80年代的"两手抓"发展为20世纪90年代的标本兼治、"三管齐下"战略，即进行思想政治教育，特别是廉政教育，积极查办大案要案，依法惩治腐败分子，依靠制度建设从源头上预防和治理腐败，制度创新成为反腐败的治本之策。反腐败制度创新思路最终确立。

1. 党的第三代中央领导集体反腐倡廉的指导思想

党的第三代中央领导集体在反腐倡廉的指导思想上强调必须坚持中国共产党的领导，坚持以马列主义、毛泽东思想、邓小平理论和党的基本路线为指导，按照"三个代表"的要求，紧紧围绕经济建设这个中心，把反腐倡廉放到全党全国工作大局中把握。认为现阶段我国社会的主要矛盾仍然是人民日益增长的物质文化需要同落后的社会生产之间的矛盾。这就决定了经济建设是全党全国的中心任务，决定了反腐倡廉必须服从和服务于经济建设这个中心。以江泽民同志为核心的党中央坚持这个指导思想，反腐倡廉工作力度不断加大，沿着正确的方向健康发展，既惩治了腐败分子，又促进了经济发展，维护了社会稳定。

（1）反腐倡廉的基本原则。党的第三代中央领导集体强调必须坚持党的基本路线，紧紧围绕经济建设这个中心，为推进改革和发展服务。坚持突出重点，把反腐败重点放在党政领导机关和司法部门、行政执法部门、经济管理部门；坚持从领导干部做起，首先从高级干部做起，包括领导干部身边的工作人员；坚持严格依法办案，对违法违纪案件一查到底，以事实为根据，以法纪为准绳；支持和鼓励群众举报，群众举报的问题由专门机关负责，依法查处；坚持惩治腐败与扶持正气相结合，在坚决克服腐败现象、惩处腐败分子的同时，大力宣传和表彰廉洁奉公、勇于同腐败现象作斗争的先进典型，弘扬勤政爱民、艰苦奋斗、乐于奉献的新风尚。

（2）反腐倡廉的领导体制和工作机制。反腐倡廉的领导体制和工作机制包括：坚持全党一起抓，严格实行党风廉政建设责任制。反腐倡廉是全党的一项重大政治任务，必须在党的领导下动员各方面力量共同努力完成。党委统一领导，党政齐抓共管，纪委组织协调，部门各负其责，依靠群众的支持和参与，是加强党的领导、发挥党的政治优势、形成反腐倡廉整体合力的有效机制。

（3）反腐倡廉的工作任务。提出了坚持领导干部廉洁自律、查处违纪违法案件、纠正部门和行业不正之风三项工作一起抓的工作格局。依靠这三项工作格局，牢固建立思想道德和党纪国法两道防线。

江泽民党风廉政思想是我们党在新的历史条件下探索反腐败新路子的重大理论成果和集体智慧结晶，其历史意义和现实意义为：一是确立了新时期反腐败斗争的基本框架。党风廉政建设和反腐败是一项系统工程，必须在总体上确立一个系统的框架。有了这个总体框架，我们就可以按照总体框架的要求积极、稳妥、扎实地开展党风廉政建设和反腐败斗争，就可以不断地把执政党廉政建设推向前进。二是完成了我们党在新时期开展党风廉政建设和反腐败斗争的常态运行规范。党风廉政建设和反腐败斗争贯穿于整个社会主义初级阶段和改革开放全过程，它不是权宜之计，而是长期抓、经常抓、坚持不懈抓的常态运行体制和机制。廉政建设指导理论使我们党新时期的反腐败斗争沿着既定的常态运行建构循序渐进，不断加大力度，直至把腐败遏制到最低限度。

2. 党的第三代中央领导集体反腐败的治本理论

1997 年召开的党的第十五次全国代表大会在总结前几年反腐败工作经验的基础上明确提出，反腐败应坚持标本兼治，教育是基础，法制是保证，监督是关键。通过深化改革，不断铲除腐败现象滋生蔓延的土壤，以此作为我们党今后开展党风廉政建设和反腐败斗争的基本战略和手段。

江泽民党风廉政思想中有关治本理论的形成，是我们党正确分析反腐败斗争形势，有效遏制我国现阶段腐败易发、多发现象所取得的重大理论成果，也是我们党经过多年探索找到的一条坚持从严治党、把反腐败斗争逐步引向深入的根本途径。它对马克思主义执政党廉政建设理论及邓小平廉政思想是一次重大的创新和补充。

（1）从侧重治标到标本兼治再到着力治本，是反腐败工作方法论上的创新。新时期反腐败斗争开展以后，党中央把斗争重点一度放在纠正群众最不满意的几股不正之风上，在查处大案要案方面取得了一定成效。这个时期反腐败工作方法主要侧重治标。党的十四大以后，在以江泽民同志为核心的党中央的领导下，各级党委和政府坚持标本兼治、纠建并举的方针，深入开展专项治理工作，不同程度地取得了阶段性成果。反腐败工作方法开始由侧重治标向标本兼治方向转变。在20世纪90年代末以后，我们党逐步从反腐败斗争实践中看到必须把治本工作放在重要位置，反腐败工作方法又开始由标本兼治向着力治本、综合治理方向转变。到中央纪委第五次全体会议，我们党正式把从源头上预防和治理腐败作为反腐败重点工作，决定今后要进一步加大治本工作力度并以治本为主。这一反腐败工作方法论上的创新是与江泽民党风廉政思想中有关反腐败治本理论的形成过程同步进行、同步发展的，是治本理论指导反腐败工作实践的直接结果。

（2）把教育、法制、监督、改革融为系统性整体，是反腐败治本手段理论上的创新。邓小平廉政思想对反腐败要着力从带有根本性的制度上解决问题、要抓教育、共产党要接受监督、要加大改革力度从体制上解决腐败问题，都提出过十分重要和精辟的观点，然而把教育、法制、监督、改革融为系统性整体，明确提出这是反腐败治本工作的基本思路。为什么反腐败治本之策要从这四个方面来考虑呢？这是出于反腐败要治本，就要从产生腐败的根源着手来进行治理，就是要消除产生腐败的条件和土壤。而这种条件和土壤不外乎以下几个方面：①有的人思想意识有变化；②法律制度方面有漏洞；③在新形势下监督管理工作跟不上；④体制、制度方面有弊端。江泽民党风廉政思想中在反腐败治本手段论上的创新，既是对我们党在新时期不断探索反腐败治本之路的经验总结，又为我们党今后着力于治本的角度抓好反腐败各项工作，提出了科学的方法和手段。

3. 党的第三代中央领导集体的廉政建设责任理论

1998年11月中共中央、国务院发布了《关于实行党风廉政建设责任制的规定》，随后中央纪委第三次全体会议对这项工作作了总体要求和部署。党风廉政建设责任制是一项带有强烈责任意识的根本性和保证性的制度。落实好党风廉政建设责任制有利于督促各级党政领导班子和领导干部真正对职责范围内的党风廉政建设和反腐败工作全面负责，促进全党抓廉政建设局面的形成。江泽民党风廉政思想中有关廉政建设责任理论包含以下内容。

（1）党风廉政建设责任制要以责任追究为关键。要根据《关于实行党风廉政建设责任制的规定》，结合各自的实际，进一步健全配套制度，制定完善实施办法，增强制度的可行性和可操作性。要科学规范地进行责任分解，做到责任内容具体、责任主体明确；通过责任分解使反腐败各项任务、目标和责任落实到具体部门单位和具体责任人，形成部门负责制和领导负责制。要细化责任考核办法，量化考核指标，制定严密的考核程序，考核的结果要作为对领导干部业绩评定、奖励惩处、选拔任用的重要依据。要落实责任追究，责任追究是落实责任制的关键环节。只有责任追究到位，责任制才能发挥应有的效力而最终落到实处。

（2）严格执行责任追究的重点是从具体问题入手加强监督检查。"规定"中明确指出严格执行责任追究必须加强监督检查的四类重点问题，从这些具体问题入手开展监督检查，使监督检查更具有针对性和可操作性，责任追究也就更易于执行。这是党风廉政建设工作思路和方法上的一个进步。贯彻党风廉政建设责任制"规定"的要求还需要注意：①对各类问题中相应的责任进行细化，把责任追究的内容具体化，使责任追究和责任内容相对应；②严格掌握政策界限，从问题中分清责任大小，做到责任清楚，是非分明，处理实事求是。坚决纠正有问题不追究或从轻追究以及把对一般违纪违法问题的处理混同责任追究等不良倾向；③纪委要在党委的领导和支持下自觉地把监督检查的职责履行起来，上一级党委和纪委要督促下一级党委和纪委开展监督检查，严格实行责任追究。对于有问题不去检查、有责任不去追究的，首先要追究纪委的责任。属于党政领导班子责任的，要追究党政主要领导的责任。江泽民党风廉政思想中有关廉政建设责任理论的创立，是促使各级领导班子和领导干部对党风廉政建设和反腐败斗争切实负起领导责任、有效提高各级领导干部抓党风廉政建设的责任感和自觉性的重大理论创新，也是我们党廉政建设走向法制化轨道的一个重要标志。

廉政建设责任理论的创立有以下三方面意义：①强化了全党抓廉政，"一把手"负总责的责任意识。廉政建设责任理论的创立使抓党风廉政建设和反腐败这一重大任务被分解到每一级组织，落实到每个人。廉政建设责任理论的创立，强化了全党抓党风的责任意识，即不仅党政主要领导要抓，每一个领导干部都要抓；不仅纪检监察机关和从事党风、监督工作的领导要抓，从事经济和其他工作的领导也要抓。党风廉政责任意识的强化，促使他们要始终不渝地坚持"两手抓，两手都要硬"的方针，把反腐败工作作为一项基本职责，同做好改革、发展和稳定的工作有机结合起来，同步部署、同步落实、同步检查、同步考核，切实担当起在党风廉政建设中的重大政治责任。强化了全党廉政，一把手负总责的意识。②用法规形式对党风廉政建设责任提出的规范性要求。廉政建设责任理论认为，抓好责任制的组织实施，重点在于对领导责任进行细化、具体化，做到"三定一严"：定责任内容、定考核标准、定奖惩办法、严格检查考核。这在客观上就是以"规定"这种党内法规的形式，对党风廉政建设责任提出了规范性的要求，使党风廉政建设和反腐败工作在有效的责任机制的保障下健康发展。③促使各级党政领导干部按照"三管"的要求，在抓责任制落实上发挥示范作用。廉政建设责任理论要求各级领导干部要以高度的政治责任感，要管好所辖的单位、部门，管好班子，带好队伍，使自己所分管的单位形成好的风气和氛围，真正从源头上预防、遏制各种问题的滋生。要管好自己和亲属、子女，自觉遵守各项廉洁自律制度、规定。要管好身边的工作人员，坚持从严要求，教育引导他们正确对待所处的工作环境，严禁以领导名义谋取私利。这样就促使各级党政干部必须在廉政责任的激励下充分发挥示范作用，营造廉政"小环境"，带动整个社会范围廉政大环境的逐步形成和发展。

4. 党的第三代中央领导集体廉政建设的经验

以江泽民同志为核心的党的第三代中央领导集体继承了第一代和第二代中央领导集体的廉政建设经验，在实践中形成了自己的廉政建设经验。一是廉政建设要靠教育，更要靠法制。加强对各级党员干部"三个代表"思想的教育，使他们树立公仆意识和为人民服务的意识。同时加强法制建设，促进依法行政。二是反腐败斗争要坚持标本兼治。既要坚决同已经出现的消极腐败现象和腐败分子作斗争，又要努力做好消除产生消极腐败现象根源的工作，把查处案件、纠正不正之风同加强思想政治教育结合起来，同加强制度防范和管理监督结合起来。三是坚持标本兼治，教育是基础，法制是保证，监督是关键，通过深化改革，不断铲除腐败现象滋生蔓延的土壤。党委统一领导，党政齐抓共管，纪委组织协调，部门各负其责，依靠群众支持和参与，坚决遏制腐败现象。坚持教育、法制、监督相结合，坚持预防与惩治相结合。对绝大多数党员干部主要立足于教育，着眼于防范，对极少数腐败分子必须严厉惩处。坚持把思想政治建设摆在党的建设首位，牢固构筑拒腐防变的思想长城。四是进一步抓好领导干部廉洁自律、查处大案要案、纠正部门和行业不正之风的工作。五是依靠发展民主，健全法制，预防和治理腐败现象。六是加强对领导干部特别是主要领导干部的监督。

正是由于以江泽民同志为核心的党的第三代中央领导集体非常注重反腐倡廉工作，才使我们党在这一阶段能够从容应对一系列关系我国主权和安全的国际突发事件，战胜了在政治、经济领域和自然界出现的困难和风险，特别是成功渡过了由社会主义计划经济向社会主义市场经济体制转轨期间的社会震荡，经受住了一次又一次的考验，把中国特色社会主义伟大事业和党的建设伟大工程成功推向了 21 世纪，赢得了人民群众的支持和拥护，党的阶级基础日益巩固，党的群众基础不断扩大，为全面建成小康社会，为实现社会主义现代化和中华民族伟大复兴奠定了坚实的基础。我们要理直气壮地肯定党的反腐败指导思想、方针政策和取得的明显成效，坚定反腐败必胜的信心。

（四）以胡锦涛为总书记的中央领导集体对反腐败道路的探索

党的十六大以来，以胡锦涛为总书记的中央领导集体坚持把党风廉政建设和反腐败斗争纳入党和国家工作大局来谋划和部署，不断深化对反腐倡廉建设规律的认识，坚持标本兼治、综合治理、惩防并举、注重预防的方针，扎实推进惩治和预防腐败体系建设，在坚决惩治腐败的同时，更加注重治本，更加注重预防，更加注重制度建设，拓展从源头上防治腐败工作领域，党风廉政建设和反腐败斗争方向更加明确、思路更加清晰、措施更加有力、成效更加明显，为党和国家事业发展提供了有力保障。

（1）强力督查中央重大决策部署。2008 年 8 月 8 日，第二十九届奥运会在北京举行。整个奥运会场馆工程建设和奥组委筹办工作未发现一起严重违纪违法问题和重大损失浪费问题。这得益于中央在筹办奥运会伊始就同步组建了奥运会监督委员会，重点开展了对奥运工作的各项监督检查。此后，这项经验也被借鉴运用到上海世博会、广州亚运会等重大活动中。严明政治纪律，保证党的路线方针政策贯彻落实，是党章和行政监察法赋予纪检监察机关的重要职责。党的十六大以来，中央纪委历次全会都把加强对党的路线方针政策和中央重大决策部署执行情况的监督检查作为首要任务作出部署。各级纪检监察机关坚持围绕中心、服务大局，对党和国家的重大决策、重要工作、重大活动、重大事件及时跟进、积极参与，切实做好服务、监督、保障工作，确保中央决策部署落到实处和政令畅通。中央纪委监察部先后组织开展了对中央关于加快转变经济发展方式决策部署、扩大内需促进经济增长政策落实情况的监督检查，有力推动了各项工作顺利开展，切实维护了中央权威、保证了中央政令畅通；及时发现和纠正了工作中存在的问题，做到了监督关口前移，有效预防和减少了腐败现象的发生。

（2）持续完善惩治和预防腐败体系。党的十六大以来，中央作出了建立健全教育、制度、监督并重的惩治和预防腐败体系的重大决策，先后于 2005 年和 2008 年颁布了《建立健全教育、制度、监督并重的惩治和预防腐败体系实施纲要》和《建立健全惩治和预防腐败体系 2008—2012 年工作规划》，标志着我们党对改革开放和长期执政条件下推进反腐倡廉建设规律认识的深化。各级纪检监察机关始终保持惩治腐败的强劲势头，把直办违纪违法案件放在突出位置，重点查办领导机关和领导干部滥用职权、贪污贿赂、腐化堕落、失职渎职案件以及发生在群众身边的腐败案件。据统计，从 2007 年 11 月至 2012 年 6 月，全国纪检监察机关共立案 64.3 万余件，结案 63.9 万余件，给予党纪政纪处分 66.8 万余人。涉嫌犯罪被移送司法机关处理 2.4 万余人。通过查办案件有力震慑了腐败分子，彰显了我们党反对腐败的鲜明态度和坚强决心，增强了人民群众对反腐败斗争的信心。在大力查处腐败案件同时，预防腐败工作力度也不断加大。2007 年 9 月 13 日，国家预防腐败局成立。此后，各省（自治区、直辖市）预防腐败部门陆续成立。各级纪检监察机关和预防腐败机构加强了对领导干部的理想信念教育、党性党风党纪教育和从政道德教育，颁布实施了新修订的《中国共产党党员领导干部廉洁从政若干准则》等法规制度，促进领导干部廉洁自律；健全制约监督机制，深入开展巡视工作，加大领导干部问责工作力度，促使领导干部正确行使权力。

（3）着力解决损害群众利益突出问题。党的十六大以来，党中央多次强调要深入贯彻落实以人为本、执政为民理念，扎实开展党风廉政建设和反腐败斗争。各级纪检监察机关在扎实做好党风廉政建设和反腐败斗争各项长期性、基础性工作的同时，坚持把开展专项治理、解决反腐倡廉建设中人民群众反映强烈的突出问题作为重点任务来抓，深入推进治理教育乱收费、纠正医药购销和医疗服务中的不正之风、减轻农民负担等纠风工作，抓住群众普遍关心、社会广泛关注的热点难点问题，集中开展专项治理。从 2008 年起，中央纪委组织有关部门开展了制止公款出国（境）旅游专项工作，加强因公出国（境）管理，全国党政干部因公出国（境）团组、人次和经费数大幅下降。这些专项治理工作顺应了群众期待，回应了社会关切，切实维护了人民群众合法权益，取得了良好的社会效果。

党的十七大以来，在党中央和国务院的坚强领导下，各级党委、政府和纪检监察机关在深入推进党风廉政建设和反腐败斗争实践中，始终坚持解放思想、实事求是、改革创新，不断深化对新形势下反腐倡廉建设特点、规律的认识，提出了一系列新思想、新观点、新论断，反腐倡廉理论在继承中创新，在发展中深化，内涵更加丰富，体系更加完善。

（1）在反腐倡廉战略定位上，把反腐倡廉建设作为党的"五大建设"之一，纳入党的建设总体布局。党的十七大报告创造性地提出"反腐倡廉建设"这个概念，第一次把反腐倡廉建设与党的思想建设、组织建设、作风建设、制度建设一起确定为党的建设的基本任务，明确了反腐倡廉建设在党的建设总体部署中的战略定位。在第十七届中央纪律检查委员会第二次全体会议上，胡锦涛同志阐明了党的建设五个方面的内在联系，党的建设新的伟大工程是一个有机整体，思想建设、组织建设、作风建设、制度建设和反腐倡廉建设要相互推动、相互促进，思想建设、组织建设、作风建设、制度建设抓好了，反腐倡廉建设在思想上、组织上、作风上、制度上就有了坚实基础；反腐倡廉建设抓好了，思想建设、组织建设、作风建设、制度建设就有了重要保障。党中央将反腐倡廉建设纳入党的建设"五位一体"的工作布局，是从提高党的执政能力、保持和发展党的先进性的全局高度作出的重大决策，充分反映了我们党对执政规律和反腐倡廉规律性认识的深化，对于深入推进党风廉政建设和反腐败斗争具有重大而深远的意义。

（2）在反腐倡廉指导思想上，提出坚持以科学发展观指导反腐倡廉建设。党的十七大以来，我们始终坚持以中国特色社会主义理论体系特别是科学发展观指导反腐倡廉建设，牢固树立服务大局、以人为本、统筹兼顾、改革创新、重在建设等理念，自觉运用科学发展观所体现的马克思主义的立场、观点、方法分析判断形势、制定政策规定、安排部署工作、推动工作落实，切实把科学发展观的要求贯穿于反腐倡廉工作的全过程和各方面，提出了一系列符合科学发展观要求的工作思路和举措，确保反腐倡廉建设始终沿着正确方向推进。在深入贯彻落实科学发展观的过程中，提出把以人为本、执政为民这一科学发展观的核心贯彻到党风廉政建设和反腐败工作之中。胡锦涛同志在第十七届中央纪律检查委员会第六次全体会议上的重要讲话中强调，以人为本、执政为民是马克思主义政党的生命根基和本质要求，是我们党的性质和宗旨的集中体现，也是我们党一贯的政治主张和执政理念。党的十七届四中全会提出"提高党的建设科学化水平"这一重大命题后，中央纪委始终把推进反腐倡廉建设科学化作为深入贯彻落实科学发展观和提高党的建设科学化水平的重要内容来抓。第十七届中央纪律检查委员会第六次、第七次全体会议都提出明确要求并作出工作部署。

（3）在反腐倡廉形势判断上，提出"三个并存、两个依然"和"三个必须深刻认识"的科学论断。党的十七大以来，党中央和中央纪委始终高度重视反腐败斗争面临的形势，在每次中央纪委全体会议及其他一些重要会议上，都对反腐倡廉形势作出分析和研判，注意把握党风廉政建设和反腐败工作所处的历史方位，密切关注反腐倡廉建设的新情况新问题，辩证分析现阶段腐败现象易发多发的原因，以此确定方针、部署工作、提出要求。特别是胡锦涛同志在第十七届中央纪律检查委员会第六次全体会议上用"三个并存、两个依然"概括了当前党风廉政建设和反腐败斗争的总体态势，即成效明显和问题突出并存，防治力度加大和腐败现象易发多发并存，群众对反腐败期望值不断上升和腐败现象短期内难以根治并存，反腐败斗争形势依然严峻、任务依然艰巨。这一概括是在充分整合主观与客观、成效和问题、现实与可能等各种因素的基础上，从总体上对反腐倡廉形势作出的科学判断。第十七届中央纪律检查委员会第七次全体会议工作报告用"三个必须深刻认识"阐述了当前的反腐倡廉形势，即必须深刻认识我们党反对腐败的坚强意志和坚定决心，充分肯定党风廉政建设和反腐败斗争取得的明显成效；必须深刻认识当前反腐败斗争面临的严峻形势，切实增强忧患意识、危机意识和责任意识；必须深刻认识中国特色社会主义的政治优势，进一步坚定反腐败斗争必胜的信心。这对于进一步统一思想、凝聚共识，更好地推进反腐倡廉工作，意义重大。

（4）在反腐倡廉建设内容上，提出以完善惩治和预防腐败体系为重点，整体推进反腐倡廉各项工作。党的十七大提出，要以完善惩治和预防腐败体系为重点加强反腐倡廉建设，确立了惩防体系建设在党风廉政建设和反腐败工作中的基础性、全局性、战略性地位。2008年中央颁布了《建立健全惩治和预防腐败体系2008—2012年工作规划》，要求整体推进教育、制度、监督、改革、纠风、惩治各项工作。中央纪委在全会工作报告中对反腐倡廉工作布局作出调整，提出在抓好对中央重大决策部署贯彻落实情况的监督检查、加强和改进作风建设、推进惩治和预防腐败体系建设这三项长期性、基础性工作的同时，针对群众普遍关心、社会广泛关注的热点难点问题，针对腐败现象易发多发的重点领域和关键环节，集中力量开展专项治理，着力解决反腐倡廉建设中人民群众反映强烈的突出问题，以反腐倡廉建设的实际成效取信于民。坚持以科学的方法和改革创新精神推进反腐倡廉建设，不断提高惩治和预防腐败能力。胡锦涛在第十七届中央纪律检查委员会第五次全体会议上强调，要以改革的精神、创新的思路、发展的办法解决滋生腐败的深层次矛盾和问题。贺国强多次强调要不断总结基层创造的新鲜经验和有效做法，推动反腐倡廉建设理念思路、工作内容、方式方法、体制机制创新。

（5）在反腐倡廉路径选择上，系统阐明了中国特色反腐倡廉道路的基本内涵。党的十七大以来，我们在实践上不断探索、认识上不断深化、理论上不断总结，使中国特色反腐倡廉道路的内涵更加丰富和完善。贺国强在纪念党的纪律检查机关恢复重建30周年、纪念中国共产党成立90周年表彰大会暨反腐倡廉建设理论研讨会的讲话中，对90多年来特别是改革开放30多年来我们党推进党风廉政建设和反腐败斗争的主要经验作了高度概括和科学总结，系统阐明了中国特色反腐倡廉道路的基本内涵。其主要内容包括：必须坚持以发展着的马克思主义为指导，保证反腐倡廉建设的正确方向；必须坚持党的基本路线，把反腐倡廉建设放在党和国家工作全局中来开展；必须坚持解放思想、实事求是、与时俱进，不断完善和发展反腐倡廉战略方针和工作部署；必须坚持党要管党、从严治党，把反腐倡廉建设放在更加突出的位置来抓；必须坚持党的根本宗旨，把实现好、维护好、发展好最广大人民的根本利益作为反腐倡廉建设的出发点和落脚点；必须坚持重视和加强法规制度建设，保证党风廉政建设和反腐败斗争依纪依法有序开展；必须坚持党的领导、发挥社会主义制度的优越性，形成推进反腐倡廉建设的强大合力，等等。这些都是我们党长期以来推进党风廉政建设和反腐败斗争的经验总结，也是推进反腐倡廉建设必须遵循的重要原则。

（6）在党的建设理论创新上，深刻论述了保持党的纯洁性的要求。在第十七届中央纪律检查委员会第七次全体会议上，胡锦涛从党和国家事业发展全局和战略的高度，深刻阐述了保持党的纯洁性的极端重要性和紧迫性，明确提出了新形势下保持党的纯洁性的总体要求和工作重点，强调全党要不断增强党的意识、政治意识、危机意识、责任意识，坚持党要管党、从严治党，坚持强化思想理论武装和严格队伍管理相结合、发扬党的优良作风和加强党性修养与党性锻炼相结合、坚决惩治腐败和有效预防腐败相结合、发挥监督作用和严肃党的纪律相结合，要求大力保持党员干部思想纯洁、队伍纯洁、作风纯洁和清正廉洁，不断增强自我净化、自我完善、自我革新、自我提高能力，永葆共产党人政治本色。这是对马克思主义党的建设理论的创新和发展，是指导当前和今后一个时期党的建设特别是反腐倡廉建设的纲领性文献。胡锦涛特别强调，党的纪律检查机关作为党内监督的专门机构，对维护党的纯洁性肩负重大责任，要全面履行职责，发挥职能作用，经常在党员中开展维护党纪、保持党的纯洁性教育，对党员干部行使权力进行监督，经常开展相关制度措施落实情况的监督检查，严肃处理破坏党的纯洁性的行为，保障党员各项民主权利正常行使和不受侵犯，切实维护党的纯洁性。这些重要论述对于我们深入开展党风廉政建设和反腐败斗争具有方向性、统领性的指导意义。

（7）在反腐倡廉目标取向上，鲜明地提出要坚决反对腐败、建设廉洁政治。坚决反对腐败、建设廉洁政治，是马克思主义廉政观的重要内容，是我们党孜孜追求的奋斗目标。早在1941年5月，毛泽东在修改陕甘宁边区施政纲领时就提出要"厉行廉洁政治"。此后，毛泽东、邓小平、江泽民和胡锦涛同志都分别进行了论述。2011年6月，贺国强在纪念中国共产党成立 90 周年表彰大会暨反腐倡廉建设理论研讨会上的重要讲话中明确指出，反对消极腐败、建设廉洁政治，是马克思主义政党同一切剥削阶级政党的本质区别之一，也是我们共产党人孜孜以求的奋斗目标。要把廉洁政治放到社会主义政治建设的大局中去谋划，放到经济社会发展的全局中去体现，放到党风廉政建设和反腐败斗争的实践中去落实，努力做到干部清廉、政府廉洁、政治清明，初步阐释了建设廉洁政治的内涵。建设廉洁政治，就是要实现干部清廉，保证党员干部廉洁从政；就是要实现政府廉洁，促使公共权力规范运行；就是要实现政治清明，促进政治文明充分发展。第十七届中央纪律检查委员会第七次全体会议第一次提出"战胜消极腐败、建设廉洁政治"的目标，使反腐倡廉建设既有了"把腐败遏制到可能的最低限度"的近期目标，又有了"建设廉洁政治"的长期目标，有利于以更高的站位、更宽的视野推进反腐倡廉建设，也充分彰显了党中央反对腐败的坚定决心。

（五）以习近平同志为核心的党中央对反腐斗争的思考

党的十八大以来，以习近平同志为核心的党中央提出了建设廉洁政治的战略目标，要求坚持中国特色反腐倡廉道路，坚持标本兼治、综合治理、惩防并举、注重预防方针，全面推进惩治和预防腐败体系建设，努力实现干部清正、政府清廉、政治清明。党的十八大以来，中国共产党大力加强反腐倡廉建设，理论上提出了新观点新论断，实践上作出了新部署新措施，进一步回答了"什么是反腐倡廉，为什么要反腐倡廉，怎样反腐倡廉"的重大问题，增强了党的自我净化、自我完善、自我革新、自我提高能力，有力地推进了反腐倡廉建设。

以提高制度化水平为重点，把治理腐败纳入国家治理体系和治理能力现代化进程之中。党的十八届三中全会提出了推进国家治理体系与治理能力现代化的改革总目标，其实质是国家制度和制度执行能力的集中体现。这就意味着治理腐败的法治化，坚持用制度管权管事管人，不断提高反腐倡廉科学化水平。习近平多次指出，不仅要完善反腐倡廉党内法规制度体系，还要提高反腐败法律制度执行力，让法律制度刚性运行，加强对权力运行的制约和监督，把权力关进制度的笼子里，形成不敢腐的惩戒机制、不能腐的防范机制、不易腐的保障机制。党的十八届三中全会还强调了要健全反腐倡廉法规制度体系，完善惩治和预防腐败、防控廉政风险、防止利益冲突、领导干部报告个人有关事项、任职回避等方面法律法规。党的十八大以来，党中央先后出台了《关于进一步规范党政领导干部在企业兼职（任职）问题的意见》《关于加强干部选拔任用工作监督的意见》《党政机关厉行节约反对浪费条例》《党政机关国内公务接待管理规定》以及《严禁干部用公款互相宴请、赠送节礼、违规消费》等一系列有关廉洁从政的党内法规，有效地约束了权力行为。当然，实现反腐法治化，还需要进一步把比较成熟的党内纪律上升为国家法律，完善国家廉政立法，以国家名义建立健全公开、监督、质询、罢免等制度，领导干部财产收入公示制度，金融实名制，领导干部个人重大事项报告制度以及问责制度等一系列廉政监督制度，逐步形成内容科学、程序严密、配套完备、有效管用的反腐倡廉法规制度体系。

以权力制约与监督为核心，让权力在阳光下运行。习近平曾指出，反腐败"关键是要健全权力运行制约和监督体系"。腐败的要害在于公共权力的滥用，由此，反腐倡廉建设的根本点就在于紧紧围绕公共权力的制约与监督来设计制度、形式、手段，从而达到对权力的消极属性的最大限度的遏制。进入新世纪，改革和创新权力体制，调整权力结构，搭建新的权力框架，成为中国特色反腐倡廉道路形成的突破口。从党的十六大开始，权力结构调整的目标就定位于建立结构合理、配置科学、程序严密、制约有效的权力运行机制，其内容是决策权、执行权、监督权的适当分离，既相互制约，又相互协调。这种权力结构的调整实际上指向了权力分拆，从集权式结构转向分权式结构，通过权力之间的制衡关系来达到相互制约与监督的目的。这是一种更为符合现代民主政治运行规律的权力模式，以权制权才能有效防止腐败。党的十八大不仅坚持了决策权、执行权、监督权既相互制约又相互协调的目标定位，还更加强调了权力行使的法制规范和程序。党的十八届三中全会则进一步明确了构建决策科学、执行坚决、监督有力的权力运行、制约和监督体系。

以作风建设为载体，着力解决群众反映强烈的问题。作风就是旗帜，作风就是形象，其实质是保持党同人民群众的密切联系。习近平强调，反腐倡廉建设必须反对特权思想、特权现象。长期以来，少数领导干部贪图享受，人生观价值观扭曲，权力观政绩观错位，形式主义、官僚主义、享乐主义和奢靡之风久治不绝，严重影响了党的执政形象，造成党群关系、政群关系、干群关系紧张。为了扭转这个局面，党的十八大后，党中央迅速出台了《十八届中央政治局关于改进工作作风、密切联系群众的八项规定》，在全党普遍开展了群众路线教育实践活动，以批评和自我批评为武器，"照镜子、正衣冠、洗洗澡、治治病"，有力促进了党内的风清气正，赢得了广大人民群众的一致好评。党的十八届三中全会展示了以法治的方式加强作风建设的思路，要求通过体制机制的改革创新健全改进作风常态化制度，在会议公文、"三公"经费支出和楼堂馆所建设、政绩考核以及领导干部亲属经商、担任公职和社会组织职务、出国定居等方面探索新的管理办法，从体制机制上解决作风不良问题。

以理顺党内纪律检查体制为组织保障，推进反腐倡廉建设积极有序进行。健全反腐败领导体制和工作机制是中国特色反腐倡廉建设取得成效的关键。改革开放以来，我国逐步形成了党委统一领导、党政齐抓共管、纪委组织协调、部门各负其责、依靠群众支持和参与的领导体制和工作机制。这一领导体制和工作机制是加强党的领导、发挥党的政治优势、形成反腐倡廉整体合力的有效机制，是反腐倡廉建设的组织保证，总体上看是正确有效的，必须继续坚持。但在具体环节上，仍然存在反腐败工作机构职能分散、形不成合力，有些案件难以坚决查办，腐败案件频发却责任追究不够等问题，需要进一步理顺各反腐败机构之间的关系，改进体制框架，明确和落实责任，完善治理腐败责任体系。对此，党的十八届三中全会提出要改革党的纪律检查体制，在加强反腐败体制机制创新和制度保障进行了重点部署。主要是加强党对党风廉政建设和反腐败工作的统一领导，明确党委负主体责任、纪委负监督责任，制定实施切实可行的责任追究制度；改革和完善各级反腐败协调小组职能，查办腐败案件以上级纪委领导为主；强化上级纪委对下级纪委的领导，线索处置和案件查办在向同级党委报告的同时必须向上级纪委报告；全面落实中央纪委向中央一级党和国家机关派驻纪检机构，改进中央和省区市巡视制度，做到对地方、部门、企事业单位全覆盖。

党的十八大以来，以习近平同志为核心的党中央高度重视、全面推进党风廉政建设，打出一系列反腐"组合拳"，反腐力度前所未有，开创了中国特色反腐倡廉道路的新局面，成为继续推进中国特色反腐倡廉道路建设的重大指导思想和重大战略方针，必将带来反腐倡廉建设的新境界。总体来看，主要呈现出十大特点。

（1）旗帜鲜明，态度坚决。党的十八大报告强调，"反对腐败、建设廉洁政治，是党一贯坚持的鲜明政治立场"，不坚决反对腐败"就会对党造成致命伤害，甚至亡党亡国"。习近平总书记要求必须"坚定决心，有腐必反、有贪必肃"。两个"必"字充分展现了中央肃贪反腐的决心和魄力。通过有效严肃的查处，纪检监察机关的反腐震慑力得以发挥，中央惩治腐败的决心得以彰显，腐败蔓延的势头得以遏制。

（2）高层推动，领导示范。"打铁还需自身硬"，正人必先正己。无论是落实"八项规定"，还是开展党的群众路线教育实践活动，以及整治"四风"等，无不是中央带头，促进全党积极响应；中央以身作则，推动全党奋发进取。实践表明，自上而下，从自身做起；务实重效，从小事做起；迅速行动，从眼前做起；全民参与，从监督做起，产生了积极的社会效果。

（3）选准切口，推进稳健。以加强作风建设，规范党员干部日常从政行为规范为突破口，从"八项规定""六项禁令"到整治"四风"，从制止"舌尖上的浪费"、开展会员卡专项清退活动、停止新建楼堂馆所、制止豪华铺张办晚会、严禁用公款送月饼送节礼、严禁公款印制购买贺年卡、严禁公款购买年货节礼、严肃整治"会所中的歪风"等具体问题治理到出台《党政机关厉行节约反对浪费条例》《党政机关国内公务接待管理规定》等规范性制度，大处着眼、小处着手，严管小事情，彰显大决心，体现了抓小、抓早、抓实，抓具体、具体抓的新思路。

（4）大小统打，查处有力。坚持"老虎""苍蝇"一起打。李春城、周镇宏、刘铁男、倪发科、郭永祥、王素毅、李达球、蒋洁敏、季建业、廖少华、陈柏槐、郭有明、陈安众、付晓光、童名谦、李东生、张永泽、王滨等高官因严重违纪违法接受调查或已被查处。2017年1月至2022年6月共有128名中管干部落马。

（5）处置快速，曝光及时。一批违反中央八项规定精神的问题得到严肃查处。

（6）公开透明，开放自信。党的十八大之后，新华社推出了十八届中央政治局常委习近平、李克强、张德江、俞正声、刘云山、王岐山、张高丽的系列特稿，通过党和国家领导人平凡生活的生动故事，集中展现了七位常委的从政生涯、个人风格和家庭细节；公审薄熙来案件，高度开放的案件审理过程给法治一剂猛药，给贪腐一记重拳，给民众一针强心剂。

（7）服务群众，依靠群众。不断拓宽人民群众参与反腐倡廉建设的渠道，紧紧依靠人民群众推进反腐倡廉建设。建立面向群众公开的监督机制，让群众"看得见"；建立推进群众参与的决策机制，让群众"说了算"；建立畅通群众诉求的表达机制，让群众"心气顺"；建立维护群众权益的保障机制，让群众"得实惠"，更加体现了"关注民生""以人为本"的精神。

（8）制约权力，强化监督。立足于把权力关进制度的笼子，党中央领导集体在制度层面、机制层面、立法层面采取全方位行动，规范约束权力，强化监督。比如，继续全面加强惩治和预防腐败体系建设；健全权力运行制约和监督体系；加强反腐败国家立法，加强反腐倡廉党内法规制度建设；健全民主监督、法律监督、舆论监督机制，运用和规范互联网监督等，形成不敢腐的惩戒机制、不能腐的防范机制、不易腐的保障机制。

（9）顺应民意，推进改革。党的十八届三中全会《决定》指出，围绕健全反腐倡廉法规制度体系，完善惩治和预防腐败体系，深化腐败问题多发领域和环节的改革，开展廉政风险防控、防止利益冲突、领导干部报告个人有关事项、任职回避、新提任领导干部有关事项公开制度试点等具体举措。无不体现了以改革创新精神推进反腐倡廉建设的智慧和魄力。

（10）转变职能，主动作为。立足于"转职能、转方式、转作风"，改革纪律检查体制，全面落实中央纪委向中央一级党和国家机关派驻纪检机构，改进中央和省（自治区、直辖市）巡视制度，发挥其"千里眼"作用，找出"老虎"和"苍蝇"。同时，调整精简议事协调机构，强化内设机构监督和办案力量；采取约谈、签字背书等方式，开通网络举报监督专区、建设中央纪委监察部网站等，纪检监察机关"主业"意识和监督职能更加凸显。

正是因为始终不懈地开展反腐倡廉建设，保证了党风政风民风沿着健康的轨道发展，为改革开放和现代化建设提供了强大的精神动力。改革开放 40 多年来，我国经济从一度濒于崩溃的边缘发展到总量跃居世界第二，人民生活从温饱不足发展到总体小康，政治、文化、社会建设也取得举世瞩目的成就。同时，社会政局稳定，在国际上的地位显著提高。如果没有坚定不移地反腐败，这一切是不可想象的。

纵观中国共产党成立与执政的这段历史，我们既看到了廉政建设道路长期性、艰巨性和复杂性，同时也看到中国共产党始终注意加强自身建设，始终把党风廉政建设作为关系党和国家生死存亡的大事来对待。因此，我们相信只要认真汲取廉政建设的历史经验，依据新形势下的特点进行探讨和提出相应的对策，把教育的说服力、监督的制衡力、惩治的威慑力、纠风的矫正力、制度的约束力、改革的推动力有机结合起来，切实增强惩治和预防腐败体系建设的综合效能，持之以恒地坚持下去，就一定可以把腐败现象减少到最低限度，为民、清廉的良好风气一定会在全社会形成。

第二节　对目前我国反腐败形势的基本判断

尽管中国的反腐败事业取得了一定的成效，但是我们不能盲目乐观，必须对当前的反腐败形势作出一个客观的判断。我国仍然处在并将长期处于社会主义初级阶段，特别是正处在体制深刻转换、结构深刻调整和社会深刻变革的历史时期，制度和体制机制还不完善，尤其是监督体系还不健全，滋生腐败的土壤还比较丰厚，诱发腐败的因素还很多。腐败现象在一些部门和领域易发多发的状况仍未改变，反腐倡廉建设面临的形势依然非常严峻。关于反腐败形势的判断，有来自官方的，也有来自非政府组织和学者们的，他们的判断基本一致，我国反腐败任重道远。

一、官方的判断

科学判断形势历来是作出正确决策的前提、推动决策实施的基础。对党风廉政建设和反腐败斗争的形势判断是一个重大的战略问题、政治问题，牵一发而动全身。毛泽东同志说过，跨过战争的艰难路程之后，胜利的坦途就到来了，这是战争的自然逻辑。反腐败斗争也是如此。我们应始终坚持全面的、辩证的、历史的观点来看待形势,既要看到反腐败斗争的现状,又要看到反腐败斗争发展的趋势,特别敏锐地把握一些带有萌芽性的积极变化;既要客观审视不利因素,增强忧患意识,又要充分认识当前的有利因素,坚定走出"严峻复杂"形势的信心。2007 年 10 月,中央纪律检查委员会在提交给党的十七大的报告中指出:"违纪违法案件在一些地方和部门仍呈易发多发态势,极少数高中级干部严重违纪违法问题影响恶劣。少数党员领导干部政治信念动摇,思想作风不正,形式主义、官僚主义、享乐主义、奢侈浪费问题比较突出。损害群众利益的不正之风还比较严重。一些反腐倡廉法规制度和政策措施落实得不够好。反腐倡廉工作存在薄弱环节,有效预防腐败的措施和办法还不够多。"2009 年 9 月,党的十七届四中全会《决定》中指出:"一些领导干部特别是高级干部中发生的腐败案件影响恶劣,一些领域腐败现象易发多发。"党的十八大以来,习近平总书记在多个场合对党风廉政建设和反腐败斗争形势作出一系列重要论述,其基本判断就是:形势依然严峻复杂。在十八届中央纪委五次全会上,他进一步指出,反腐败斗争形势依然严峻复杂,主要是在实现不敢腐、不能腐、不想腐上还没有取得压倒性胜利,腐败活动减少了但并没有绝迹,反腐败体制机制建立了但还不够完善,思想教育加强了但思想防线还没有筑牢,减少腐败存量、遏制腐败增量、重构政治生态的工作艰巨繁重。这些重要论述进一步深化了我们对反腐败形势的认识,为深入推进纪检监察工作奠定了思想基础、指明了前进方向。正确认识和把握反腐败斗争形势,对于坚定信心、深入推进党风廉政建设和反腐败斗争具有重大意义。我们一定要把思想认识统一到中央对反腐败斗争形势的科学判断上来,将党风廉政建设和反腐败斗争不断引向深入。

(1)深刻领会反腐败斗争重要论述的科学内涵。习近平同志关于反腐败斗争的重要论述内涵丰富,意义重大。深入学习这些重要论述,需要深刻领会其科学内涵。第一,深刻领会反腐败斗争的基本理念。习近平同志指出,腐败是社会毒瘤,如果任凭腐败问题愈演愈烈,最终必然亡党亡国;反腐败高压态势必须继续保持,坚持以零容忍态度惩治腐败;坚决把党风廉政建设和反腐败斗争进行到底;等等。这些重要论述表明了以全心全意为人民服务为根本宗旨的中国共产党与腐败水火不容的坚定态度和坚强决心。牢固树立反腐败斗争的基本理念,就要坚持"抓早抓小,有病马上治";严格纪律约束,使"纪律成为带电的高压线";坚持有案必查、有腐必反,坚决查办和有效预防职务犯罪。第二,深刻领会反腐败斗争的基本任务。习近平同志指出,必须把惩治腐败放在突出位置,坚持"老虎""苍蝇"一起打,既坚决查处领导干部违纪违法案件,又切实解决发生在群众身边的不正之风和腐败问题。这些重要论述深刻揭示了如果只打"老虎"不打"苍蝇",就不能从根本上消除腐败产生的基础;只打"苍蝇"不打"老虎",只能是养虎遗患,严重损害党和国家肌体健康。面对当前腐败易发多发的情况,我们要牢牢把握现阶段反腐败的基本任务,坚持以治标为主,为治本赢得时间、打好基础、做好准备、积累经验、赢得主动。第三,深刻领会反腐败斗争的基本方式。习近平同志指出,要善于运用法治思维和法治方式反对腐败,加强反腐败国家立法,加强反腐倡廉党内法规制度建设。这一重要论述把从严治党与依法治国统一起来,是对历史经验教训的深刻总结,也是依法治国在反腐败斗争中的具体体现。运用法治思维和法治方式反对腐败,就要坚持在纪律、法律面前人人平等;严格规范执纪执法,坚持以事实为依据,以纪律、法律为准绳;完善惩治腐败的纪律、法律规范，夯实反腐败斗争的法纪基础。第四，深刻领会反腐败斗争的基本方向。习近平同志指出，要把权力关进制度的笼子里，形成不敢腐的惩戒机制、不能腐的防范机制、不易腐的保障机制；要健全权力运行制约和监督体系，有权必有责，用权受监督，失职要问责，违法要追究，保证人民赋予的权力始终用来为人民谋利益。这些重要论述从确保干部清正、政府清廉、政治清明的高度，突出了权力运行制约和监督体系建设的重要性和紧迫性，为更加科学有效地防治腐败、从根本上遏制腐败提供了科学指引，使反腐败斗争的基本方向更加明确。第五，深刻领会反腐败斗争的履职要求。习近平同志指出，打铁还需自身硬；执法司法是否具有公信力，主要看两点，一是公正不公正，二是廉洁不廉洁。要以踏石留印、抓铁有痕的劲头抓下去，善始善终、善做善成。这些重要论述，对反腐败执纪执法活动提出了新的更高要求。我们要强化自身监督，旗帜鲜明地打好反腐败攻坚战，坚决清除害群之马，解决"灯下黑"问题。

（2）牢牢把握反腐败斗争的思想武器。坚决把反腐败斗争进行到底，就要深刻领会习近平同志运用马克思主义立场、观点和方法对新形势下反腐败斗争的重大理论和实践问题作出的科学回答。第一，夯实反腐败斗争的思想基础。习近平同志关于反腐败斗争的重要论述，充分体现了辩证唯物主义和历史唯物主义的世界观和方法论，为当前和今后一个时期的党风廉政建设和反腐败斗争指明了方向、提供了遵循。从"空谈误国、实干兴邦"到"踏石留印、抓铁有痕"，从"常抓不懈、长期作战"到"把权力关进制度的笼子里"，以及关于反腐败斗争要处理好一些重大关系等，这些重要论述是从推进中国特色社会主义事业发展全局高度作出的科学论断。作为职能部门，要以此为指导，历史地辩证地观察、分析事物，正确地研究、解决问题，不断提高反腐败工作的科学化水平。第二，突出反腐败斗争的目的归宿。人心向背关系党的生死存亡。习近平同志在一系列重要讲话中，明确了反腐败斗争的根本基础是密切联系群众，根本路径是紧紧依靠群众，根本标准是群众满意不满意。这些重要论述充分体现了人民群众是一切社会物质财富和精神财富的创造者、是决定国家前途和命运根本力量的历史唯物主义思想，是党的本质特征的体现。这就要求职能部门牢固树立群众观点、站稳群众立场、践行群众路线、维护群众权益，努力把反腐败工作深深扎根于人民群众之中。第三，指明反腐败斗争的主要方法。马克思主义法治理论是马克思主义的重要组成部分，是我们党治国理政的方法论。党的十八大以来，习近平同志多次强调坚持依法治国、依法执政、依法行政共同推进，法治国家、法治政府、法治社会一体建设，用法治思维和法治方式反腐败，把权力关进制度的笼子里等。这些重要论述集中体现了现代法治的普遍性和统一性、稳定性和协调性、治理性和约束性、实效性和强制性等内涵特征，丰富和发展了马克思主义法治理论，把我们党对法治的认识提升到一个新高度。第四，实现反腐败斗争的与时俱进。习近平同志的重要论述着眼于马克思主义理论的运用，着眼于对实际问题的理论思考，着眼于新的实践和发展，对反腐败斗争面临的形势作出了科学判断，对反腐败斗争基本任务、基本方式、基本方向、价值目标作出了科学概括，明确要求把防治腐败寓于改革开放和各项建设的重要决策和举措之中，统一谋划、整体推进，在服务党和国家工作大局中找准切入点和突破口，通过反腐倡廉建设为党和国家事业发展提供有力保证，通过党和国家事业发展为推进反腐倡廉建设创造了良好的条件。这是我们党与时俱进的理论品质在反腐败工作中的鲜明体现。作为反腐败职能部门，要以时代发展的要求审视自己、以改革创新的精神提高和完善自己。

（3）在新的历史起点上开创反腐败斗争新局面。第一，坚持和依靠党的领导，牢牢把握反腐败斗争的正确方向。党的领导是我国各项事业取得成功的根本政治保证。反腐败斗争作为我们党自我净化、自我完善、自我革新、自我提高的重大政治任务，必须坚持和依靠党的领导。坚持把反腐败斗争纳入各级党委、政府的总体工作规划，与经济社会发展和党的建设工作一起部署、一起检查、一起落实、一起考核。正确处理坚持党的领导与依纪依法行使职权的关系，坚持党对反腐败执纪执法工作的绝对领导，完善要案党内请示报告制度，主动向党委汇报重大部署、重大问题和重大事项。充分发挥政治体制优势，有效整合各方面力量和资源，发挥党委核心领导作用、纪委组织协调作用和政法委工作协调作用。第二，聚焦中心任务，以零容忍态度和高压态势惩治腐败。坚持有案必查、有腐必惩，做到发现一件查处一件，坚决克服和防止选择性执法。要调整办案思路，加强领导机关的领导责任，提倡上级检察院带头办案。突出办案重点，严肃查办发生在领导机关和领导干部中的贪污贿赂、买官卖官、徇私枉法、滥用职权、失职渎职案件；严肃查办发生在组织人事、司法执法和工程建设等重点领域和关键环节的案件；严肃查办侵害民生民利、与民争利夺利的案件。继续开展查办和预防发生在群众身边、损害群众利益职务犯罪专项工作，突出查办基层干部贪污贿赂、失职渎职等职务犯罪案件和民生领域职务犯罪案件，让人民群众切实感受到反腐败的工作成效。第三，坚持依法反腐，提高惩治腐败的法治化水平。一是坚持以程序正义为基础。加强执法规范化建设，细化办案规程，落实执法责任，提高制度执行力；完善人权司法保障制度。二是坚持以实体公正为主导。坚持"一要坚决，二要慎重，务必搞准"的原则，以事实为依据，以法纪为准绳，客观公正地查办案件；贯彻宽严相济刑事政策，坚持区别对待，取得最佳办案效果；坚持罪刑法定、疑罪从无原则，用事实和证据说话。三是以权力规制为关键。通过查办案件，找准引发案件的体制机制漏洞，把权力关进制度的笼子里，实现惩治成果向预防成果转化。四是以群众监督为保障。尊重人民群众在反腐败中的主体地位，健全民意收集、研究与转化机制，探索建立群众投诉及时受理与查究反馈机制；加强反腐官方网站建设，架起与群众沟通的桥梁，积极主动应对和引导舆论。第四，保障全面深化改革，提高反腐败工作效能。加强对新形势下反腐倡廉与深化改革过程中出现的重大问题的调查研究，突破就反腐谈反腐、就法律谈法律的调查研究模式，把制约反腐败的体制机制问题放在全面深化改革的大局中思考；坚持以问题为导向，在深入调查研究的基础上形成科学的对策预案。面对党的纪律检查体制机制改革创新、党的纪律检查工作双重领导体制具体化、程序化、制度化的推进，以及纪检监察机关转职能、转方式改革措施的出台，检察机关应及时转变思想观念、工作机制、办案模式和侦查方式，加强与纪检监察机关在查办案件中的相互配合、密切协作，把反贪机构建设成为富有战斗力、公信力、震慑力的战斗堡垒。第五，加强队伍建设，打造公正廉明的反腐铁军。对反腐执纪执法人员在思想上、政治上要有更高要求。要始终与时代同呼吸、与国家共命运，把坚持和发展党和人民事业作为自己的理想、信念和责任；坚持原则、意志坚定，管得住心中"老虎"，不受权力侵蚀，不被金钱收买，不被美色打倒，真正做到秉公执法、刚正不阿；敢于担当、乐于奉献，对党和人民事业高度负责，危难时刻挺身而出，遇功谦让、遇责担当，工作忘我、乐于奉献；明辨是非、公道正派，敢于坚持真理、修正错误，敢于批评、纠正不良倾向，敢于为坚持原则的同志说公道话，弘扬正气；始终保持昂扬锐气、坚强韧劲，乐于学习、奋发向上，不惧风险、勇于创新。

党的十八大以来，反腐败被作为党的中心工作之一。2014 年 6 月之后，反腐败斗争突然提速。

第一，党的十八大以来，党中央高度重视反腐败斗争，在斗争中积累了一些宝贵经验。说经验宝贵，是因为这些经验不是别人的，而是"自己的"经验。对于指导实际斗争而言，这些个体的、"自己的"经验尤其难能可贵。这些经验是以习近平同志为核心的党中央亲自指导斗争所取得的经验，也是克服阻力的经验，总之是亲身经验。这些经验包括党中央如何部署反腐败斗争，如何督促反腐败斗争的开展、提速，如何运用斗争策略，如何把握整个斗争的节奏等。这些经验，如果不处于第一线亲自指挥，恐怕是不能掌握的。这些经验对于今后如何开展反腐败斗争，乃至如何开展整个工作都会有积极的作用。

与经验是"自己的"有关，这些经验获得的方式也很特殊，它是通过"干中学"获得的。不做事当然没有经验可谈，做事的经验只能通过"自己的"实践获得。党的十八大以来的反腐败斗争，不是完全按照准备情况的演习，它没有剧本，没有预演，而是一场边准备边战斗的斗争，属于"边干边学""干中学"的情况。坦率地说，这种斗争是有很大难度的，好比在急行军中就要发起战斗，还要歼灭敌人。好在中央纪委在"急行军"中锻炼了队伍，提高了队伍的素质，加强了队伍的纪律性，很好地完成了自己的任务，取得了反腐败斗争的阶段性胜利。事实证明，中央纪委系统是党中央可以信赖的一支队伍。

第二，以习近平同志为核心的党中央领导集体对当前腐败形势的判断，以及对反腐败斗争的新要求。这些将直接影响下一步反腐败斗争的走向和重点。反腐败斗争即使是由党中央亲自发起的，也不是一帆风顺的发展过程，面临不少阻力。在反腐败斗争的某个阶段、某些地区，腐败与反腐败还呈现胶着态势，腐败分子也在不断集结力量，也在不时发出威胁。反腐败斗争是一场真刀真枪的斗争。总之，对反腐败斗争形势的认识将是影响反腐败斗争下一步走向的决定性因素之一。

第三，2014 年 10 月，中国共产党第十八届中央委员会第四次全体会议在北京召开，审议通过了《中共中央关于全面推进依法治国若干重大问题的决定》。党的十八大以来，习近平同志亲自谋划、亲自部署、亲自推进党风廉政建设和反腐败斗争，强调党要管党、全面从严治党，提出了一系列新的理念、思路、举措，推动党风廉政建设和反腐败斗争不断取得重大成效。党内政治生活气象更新，党内政治生态明显好转，党的创造力、凝聚力、战斗力显著增强，党的团结统一更加巩固，党群关系明显改善，党在革命性锻造中更加坚强，焕发出新的强大生机活力，为党和国家事业发展提供了坚强的政治保证。

第四，党的十八届四中全会的主要议题是研究全面推进依法治国重大问题。全面推进依法治国，就要在中国共产党的领导下，坚持中国特色社会主义制度，贯彻中国特色社会主义法治理论，形成完备的法律规范体系、高效的法治实施体系、严密的法治监督体系、有力的法治保障体系，形成完善的党内法规体系，坚持依法治国、依法执政、依法行政共同推进，坚持法治国家、法治政府、法治社会一体建设，实现科学立法、严格执法、公正司法、全民守法，促进国家治理体系和治理能力现代化。

从上述这些决定性因素出发，我们再来看未来反腐败斗争的发展方向，应该有如下几个特点值得注意。

第一，党中央一定会继续坚持对腐败行为的零容忍态度，严厉打击腐败行为。不仅因为腐败的土壤依然存在，腐败现象在某些领域依然多发、易发，还因为腐败是党和国家长治久安的根本大敌，因此，党中央一定会坚持严打态势。

第二，借助前一个阶段反腐败斗争积累的经验和教训，开始重视从"治标"向"治本"的转化。把工作重点放到反腐败的制度建设上来，"把权力关进制度的笼子里"（2013年1月，习近平同志在中央纪委第二次全会上的讲话），逐渐实现通过制度管钱、管人、管物，使腐败分子不容易找到制度的漏洞，最终实现不想腐、不能腐、不敢腐的制度约束。当然，这是一种更加复杂的工作，如何破题，如何推进都是大问题，这里面涉及的利益群体也会更多，有些问题还可能涉及国家的体制问题，某些矛盾和利益斗争也将会更加尖锐，因此需要党中央以更大的决心和更加高超的斗争技巧来加以指导。

第三，逐渐树立并坚持依法治国、依法反腐的思维模式。从党的十八大报告中的全面推进依法治国，到党的十八届三中全会通过的决定所提出的推进法治中国建设，再到党的十八届四中全会的主要议题是依法治国重大问题，党的十八大以来党中央一直关注依法治国问题。更重要的是，一次中央委员会的主要议题是依法治国问题，这在历次党的中央委员会会议议题中并不多见。实际上，提倡法治反腐一直是中央纪委的工作思路。2014年1月13日，王岐山在中国共产党第十八届中央纪律检查委员会第三次全体会议上的工作报告中明确指出，"坚持以法治思维和法治方式反对腐败，提高依纪依法惩治腐败的能力。"

我们相信，党中央的这些部署一定会对党领导的各项工作，包括反腐败斗争产生根本的影响，直接决定反腐败斗争的大致走向和工作重点。

二、学者的判断

研究腐败与反腐败的专家学者们对当前我国腐败的状况并不抱乐观的态度。清华大学廉政研究中心主任任建明认为，"现在的反腐形势更为严峻，腐败行为更具有隐蔽性与复杂性。"

党的十八大以来，中国共产党加大了反腐败工作力度，不论是在数量上，还是在层次上，都是举世瞩目的，甚至有媒体评论说，这是改革开放以来反腐力度最大的一个阶段。在长时间等待所谓"大老虎"的过程中，社会舆论对党的十八大以来的高压反腐工作进行了各种评论，有期待，也有质疑。随着中央对徐才厚与周永康的腐败问题处理决定作出之后，社会舆论开始对高压反腐是否可持续以及高压反腐工作是否有一节点等问题进行了争论。随着反腐进展，人们所关心的内容发生变化是符合事物发展变化规律的。同时也说明，党的十八大以来中央所推动的反腐工作有其特殊之处。高压反腐既是阶段性工作部署结果，更将是中国未来政治的新常态。对于高压反腐，社会舆论有着多种评论，涉及方方面面。对这些评论，可以从多个维度予以分析，以下两种观点具有典型性意义。这两种观点的差异不仅体现在对当前反腐工作的理解上，还体现在对中国政治发展的把握上。由此，其所围绕的问题，就成为关系当前反腐工作的核心性问题。

（1）理解反腐工作需要历史逻辑思维。把握当前高压反腐现象，必须放在中国政治文明转型以及现代国家建设整体进程中来把握。中华民族曾经创造过辉煌的古典政治文明。

鸦片战争爆发标志着现代化浪潮开始冲击中国，导致古典政治文明逐渐走向崩溃。戊戌变法与辛亥革命标志着中华民族通过植入现代政治文明来实现民族复兴努力的开始。它们的失败标志着单纯性的制度植入是无法完成现代政治文明在中国建立的。最终，历史选择了以党建国家方式来实现现代政治文明在中国的建立。由此也决定了政党在中国政治中起到十分特殊与重要的作用。中华人民共和国成立后，为了克服中国社会一盘散沙的现状与现代化建设对组织化诉求的矛盾，中国共产党建立了宏观上以国家权力为主导的计划经济体制，微观上以政党组织为核心的单位社会体制。然而计划经济体制与单位社会体制能够为现代化建设提供组织化基础，却不能为现代化建设提供可持续发展的内在动力，为此党中央作出了改革开放的决定。经过一段时期的复原与改革，党的十四大提出了建立社会主义市场经济体制，标志着现代社会基因开始在中国确立。党的十五大提出了依法治国，标志着现代国家建设进入了实质阶段。党的十六大提出了"三个代表"，标志着党的建设开始全面适应现代政治文明发展。党的十七大在提出科学发展观的同时，提出了和谐社会建设，标志着现代社会在中国出现。至此，作为现代政治文明结构要素主体的现代市场、现代社会、现代国家与现代政党都已宣告生成。对于现代政治文明建设来说，只有使各要素之间形成有机化，才能宣告其最终建成，以此作为内在力量长期推动中华民族发展。这就需要着眼于整体政治文明结构发展进行顶层设计，全面深化改革，这就是党的十八届三中全会的任务。全面深化改革是中华民族伟大复兴的中国梦实现的关键一个举措。然而这些要素生成是一个渐进与培育的过程，由此导致两方面结果：一是各要素功能都有待于充分发展与完善，同时各要素之间尚未形成有机呼应，保证各要素充分发展的机制与体制也都不完善。二是由于市场是后来嵌入的，并通过国家来培育的，同时，为了推动改革和发展，在相当长时间内，中央是通过分权方式来调动地方积极性的，而地方为了推动经济发展，就需要加大与资本合作。这两方面都导致寻租或其他方式腐败空间的存在，使权力与资本之间建立利益链关系成为了可能。这种利益链关系的存在就导致许多既得利益者不愿意看到现代政治文明结构要素之间的机制与体制进行调整与理顺。

为了推动现代政治文明结构有机化和基本定型，以及为了中华民族伟大复兴的中国梦最后实现，中国共产党在作出了全面深化改革决定同时，也开始加大了反腐败力度，形成了高压反腐态势，明确提出了反腐败要为全面深化改革保驾护航。既然要反腐，相应的斗争就是必要的。

（2）国家治理现代化与反腐工作新逻辑。现代政治文明基本定型可以有一系列标志，不过其中两个是具有根本性意义的：一是认同性，即民众对国家治理体系的认同性。二是有效性，即国家治理体系内部关系有机化，外部治理有效化。前者是任何时期政治发展都需要的，而后者既是所谓国家治理体系与治理能力现代化的表现。对当前与未来中国反腐败工作发展来说，与这两方面都有直接关系。

民众对于公共权力认同主要基于三方面：一是公共权力为民性，二是公共权力有效性，三是公共权力纯洁性。正是基于此，党的十八大之后所开展的群众路线教育实践活动就将主题确定为"为民、务实与清廉"。在这里，为民性是认同的价值性规定，有效性是认同的工具性规定，而纯洁性是认同的基础性规定。因此，在全面深化改革和推动国家治理现代化过程中，加大反腐败力度，除了服务全面深化改革的目的，还有能够为全面深化改革以及推动国家治理现代化之后所形成的具有中国特色社会主义现代政治文明形态提供认同基础。从大国发展规律来看，在现代政治文明最后定型阶段，反腐败是建构民众认同的关键之一。反腐败可以为全面深化改革以及国家治理现代化后的现代政治文明形态奠定认同基础，全面深化改革与国家治理现代化也同样可以为反腐败工作现代化提高条件。正是基于此，党的十八届三中全会《决定》中将纪检体制改革单独列为一章。从一定意义上说，只有遵循全面深化改革与国家治理现代化的逻辑来推动反腐败工作，才能在结果与方式两方面都得到民众的认同。从机理上说，所谓国家治理现代化，是指国家治理体系要素——政党、国家和社会遵循现代政治运行原则，通过价值、制度与组织等机制，形成相互反映与相互支持的有机关系，从而实现对各类事务进行有效处理的体制与能力。从理论上说，反腐败工作同样属于国家治理现代化范围内容，因此，反腐败工作也必须遵循国家治理现代化的逻辑。党建国家逻辑导致中国共产党在中国政治中处于领导核心地位，其中党管干部原则是党的领导具体规定之一，由此，以政党为主的反腐败模式就成为中国特色政治形态下反腐败工作的本质规定体现。随着作为国家治理结构主体要素的现代社会与现代国家生成，党的领导方式创新就被提出，反腐败实现方式也应该进行相应的改革。

反腐败实现方式创新的问题相当复杂，一些原则性问题如下：一是应该遵循强政党、强国家和强社会原则来推动反腐败实现方式创新与发展。二是应该充分考虑依法治国原则，强化国家法治力量在反腐败工作中的作用，在国家反腐的体制机制上作出实质性创新。三是应该充分考虑人民当家做主原则，强化社会力量在反腐败工作中的作用，将社会监督机制化和制度化。四是应该充分考虑党的领导原则，强化党在反腐败工作中的作用，创新反腐败体制与机制，推动国家廉政体系建设，在机制、体系与制度上有效发挥国家与社会作用。

（3）高压反腐是中国政治新常态。从上述分析中，可以得出以下几个判断。

第一，高压反腐既是阶段性工作部署，更是中国政治新常态。这里所谓的阶段性是指党的十八届三中全会所提出的整个全面深化改革过程。反腐败直接服务于全面深化改革，是与全面深化改革阶段密切相关的工作部署。如果减弱反腐力度，可能会导致全面深化改革进程严重受阻，因此不可能出现所谓"见好就收"的局面。所谓中国政治新常态，是指今后反腐败将长期处于高压状态，进而使整个政治生态发生根本性变化，使公权力系统内的人员，特别是新进人员，感到廉洁从政是理所当然，切实体会到所谓"高压电"的存在。只有如此，中国特色社会主义现代政治文明形态才能为民众所认同，中华民族伟大复兴事业才不会毁于一旦。

第二，反腐高压态势将长期存在，只是这种高压的力量将从单一政党力量推动向政党、国家和社会三方面力量共同推动转变。高压反腐服务于全面深化改革和国家治理现代化，全面深化改革与国家治理现代化要求反腐败工作必须创新与发展，国家治理现代化内在要求作为治理体系主体要素的政党、国家与社会的功能都应该得到充分发挥。这就意味着，在反腐败实现方式中，除了党的领导要素发挥作用，国家法治要素与社会监督要素的作用也将进一步得到增强。因此，这种高压反腐将是党、国家与社会三方形成合力的结果。从一定意义上说，目前反腐工作已经呈现了这方面的趋势。这将导致两方面结果：一是使反腐工作更大程度地被纳入法治轨道，从而克服运动式反腐的波动性。二是由于是三方面力量叠加的结果，反腐力量将进一步加大。

第三，现代政治文明条件下，高压反腐将走出传统政治文明条件下的反腐不可持续的困境，使反腐败工作真正成为政治文明自身发展的免疫系统。当前中国是处于现代政治形态建构与发展阶段，社会力量已经形成并处于开放状态，特别是国家治理现代化内在要求社会力量的发挥，因此，社会对国家与政党的监督就成为了可能，而现代政治本质之一就在于社会能够对国家进行监督，由此，反腐的动力与机制都有一个开放来源。同时，网络时代的到来使社会对国家的监督在技术上成为了可能。中华民族伟大复兴的使命让中国共产党更有决心反腐。这些都为反腐败创造了有别于传统政治的新型的有机运行机制，从而使高压反腐持续发展成为可能。

第三节 当前我国腐败现象的新特点

中国存在的腐败现象并非个别现象，腐败是个国际性问题，成为当前各国政府和社会所面临的重要的政治挑战之一。腐败的负面影响对我国的稳定、发展构成严重威胁。党的十八大以来，党和国家反腐败斗争与时俱进，利剑高悬，刮骨疗毒，打出了一系列组合拳，一批批贪腐官员频频落马，党风和社会风气有所好转。但是我们应居安思危，未雨绸缪，防患未然，必须清醒看到，当前我国反腐败斗争形势依然严峻、任务依然艰巨，党风廉政建设仍然任重道远。腐败现象主要呈现以下新特点。

一、"一把手"腐败突出

从以往查处的大案要案来看，各级"一把手"占比较高。中央巡视发现，"一把手"违纪违法案件不仅数量多、危害大，还呈现上升趋势。一些"书记""市长""董事长""总经理"，或利用手中大权设租寻租谋取私利，或借职务之便非法侵占国有资产，或在干部选拔任用中受贿卖官，等等。与一般的腐败案件相比，往往性质更恶劣、危害更大。由于民主决策机制不健全，权力运行机制不透明，对"一把手"的监督机制还存在缺陷，近年来"一把手"频频出现腐败问题，其中也不乏所谓的"能人"。从根本上说，这和权力过度集中、"一把手"权力过大有关。

根据国际上衡量国家腐败的指标进行判断，中国的腐败总体上处于中等水平。聂辉华指出："目前党政'一把手'腐败问题尤其突出。反腐败没有奇招异术，也没有捷径，反腐败的最终境界，是让政府官员'不能贪、不敢贪、不想贪'"。

首先，腐败问题在过去十几年间一直是社会的十大热门话题之一。2021年，中国在透明国际全球清廉指数排名榜中位列第 66 位，在 170 个排名国家中属于平均以上水平。在公开审理的案件中，党政"一把手"腐败问题比较突出。2021 年 1 月至 10 月，立案审查调查县处级以上"一把手"5756 人。

中央编译局何增科提到，"一把手"腐败是"一把手"现象的表现之一，而作为我国政治生活中重要现象的"一把手"现象，既包括"一把手"腐败，也包括权力滥用。"造成'一把手'现象的原因，一是我们国家现在的政治运行机制是'政治承包制'，自上而下对于'一把手'是授权无限、责任无边，由于权利和责任范围不清，权力容易扩张；二是'一把手'对下属有生杀予夺的权力，这使'一把手'下面各级官员要想依法行政难于登天。"何增科进一步解释说，"另外，我们现行体制是党委常委会集决策权、执行权、监督权于一身，这使'一把手'有时既是教练员，又是裁判员，还是运动员，既要立规矩，又要下场踢球，比赛结果还是他说了算，造成决策、执行、监督都集于'一把手'一身，容易形成绝对的不受制约的权力。"

其次，反腐败行动力度前所未有，反腐治标同时强化治本。党的十八大后开展的反腐败行动力度很大，反腐败的速度、力度、广度都达到了前所未有的程度，而近年来对"一把手"腐败问题的追查，也与以往有很大不同，使广大干部和人民群众看到了党中央在反腐败问题上的决心和魄力，坚定了在党的领导下建设廉洁政治的信心。正如人民大学廉政建设研究中心主任周淑真指出，党的十八大以来的反腐败已取得公认的成就，当前中央的反腐思路是坚决遏制腐败蔓延势头，以治标为主，为治本赢得时间。党中央通过治标为治本赢得了时间，在腐败的高发态势下，通过强力打击初步遏制后，制度反腐才能更顺利地推进。从治标到治本是一个渐进的过程，两者之间虽有区别，但不存在明显的时间界限，治标的同时就是治本。针对"反腐败力度可能过猛，猛到影响经济"的说法，清华大学公共管理学院教授朱旭峰指出，"为了经济发展放松反腐败的力度"的逻辑是不通的，尽管反腐败可能会对房地产、高级酒店、奢侈品等产业产生冲击，但从总体、长远来看，反腐败对经济发展不仅没有冲击，还会有好处。他还表示："打击腐败相当于让中央财政省钱，一些腐败的资金能够回流到国库。这使国家财政能够花更多精力在转移支付、扶贫，还有公共服务，基础设施建设等方面加强投资和服务"。

遏制"一把手"腐败，需靠体制内外双重力量。反腐败的药方可以总结为三句话：限权是基础，监督是关键，激励是保障。在限制权力方面，建议减少"一把手"的审批权和自由裁量权，强化对重大决策权的事前约束；在监督权力方面，应加强自上而下的监督，加强对"一把手"八小时之外的监督，减少用人腐败、项目腐败、隐形腐败，加强舆论监督，特别是新闻媒体监督和网络监督；在提高激励方面，应给予"一把手"官员更加全面的激励和更加稳定的职业预期，适当提高"一把手"的物质保障水平，减少其受贿机会，提高其腐败成本。正如中国人民大学国家发展与战略研究院研究员仝志辉所说，"目前我们需要更加平衡的、全面的治理腐败的措施。"遏制"一把手"腐败和权力滥用，要靠体制内的力量，也要靠体制外的力量，公民的力量，媒体的力量。为此，要尽快制定公共信息公开法，公共信息公开范围应包括党务、司法、国有企事物单位等公共部门重大事项，还有预算、工资福利、利润等，将这些重大事项纳入公共信息范围，依法予以公开，为公众获取相关信息提供便捷途径。在未来一段时期内，反腐问题必须常抓不懈，警钟长鸣，严惩贪腐，有腐必惩，有贪必诉，从而落实社会公平正义，以实际成效取信于民，回应社会的期待。为此，在治本问题上仅仅提出法治反腐仍然是不够的。从目前揭发的家族案、串案、窝案来看，社会还存在腐败风气和滋生腐败的文化土壤。扫除价值模糊、信仰缺失这种社会文化和政治生态，必须与反腐败斗争同时并进，这样才能通过制度反腐铲除滋生腐败的土壤，使反腐败达到标本兼治。

二、腐败犯罪群体性特征明显

党的十八大以来，尽管以习近平同志为核心的党中央开展群众路线教育实践活动，加大廉政宣传力度，强化政治纪律和政治规矩观念，党中央从上到下加强了对党员干部"不想腐"的思想教育。但是在现实中，仍有一些党员精神上"缺钙"，面对金钱美女得了"软骨病"，有人是非观淡漠、原则性流失，以贪淫为荣，有人无视纪律高压线，唱反调挑战底线，搞团伙拉帮结派等，使腐败犯罪活动在经济上相互牵连，结成了利益同盟，呈现出明显的群体性，"窝案""串案"增多。一些腐败暴露后，往往引发所辖地区官场的"大面积塌方"。有的"一把手"带头搞腐败，出现了群体效仿、竞相敛财的现象；有的贪污贿赂犯罪与玩忽职守、滥用职权、徇私舞弊等多种犯罪交织在一起，一是涉案人员众多；二是涉案人在政治上丧失党性原则，形成了具有紧密人身依附性质的关系网；三是在经济上互相利用，结成了利益共同体。2013 年到 2015 年 2 月，全国各地公开"村官"违纪违法案件 171 起。其中，涉案金额超过千万元的案件有 12 起，涉案总金额高达 22 亿元。一些地方乡村干部腐败问题凸显，"小官巨腐"问题严重。由于基层干部与群众利益息息相关，其腐败行为往往危害更大，影响更坏。此外，"苍蝇式腐败"比较突出，而且相当普遍，涉及半数以上被巡视地区。秦皇岛市一个科级干部涉嫌受贿、贪污、挪用公款，从其家中搜出现金上亿元，黄金 37 公斤，房产手续 68 套；浙江一些地方农村基层侵害群众利益现象突出；西藏自治区一些基层干部腐败问题较为突出。对这些现状，中央很清醒："反腐败体制机制建立了但还不够完善，思想教育加强了但思想防线还没有筑牢"，还"没有取得压倒性胜利"。

三、腐败犯罪手段表现出新的形式和特点

由于腐败主体特殊的地位和社会关系，他们在作案手段上往往具有很大的欺骗性、狡诈性和隐秘性。随着形势的发展，腐败犯罪的手段也呈现一些新形式和新特点。主要有四种：一是权力的"期权化"。不少腐败分子在以权谋私活动中，"现货"交易少了，"期货"交易多了，不再是当即攫取利益，而是等多年以后，甚至退休以后，再连本带利收取好处。二是权力的"假借"和"转让"。纵容、默许自己的子女、配偶等用自己的名义捞取好处，移花接木，"代理腐败"。三是赃款"漂白"，资本增值。腐败分子将赃款通过办公司、境外投资、回国投资等形式把不法收入逐步变成合法收入。四是伪装清廉，逃避侦查。许多腐败分子往往把自己打扮成"廉洁"干部形象，迷惑群众，而一旦被查处时，则负隅反抗，百般抵赖。腐败犯罪手段的欺骗性、隐秘性、狡诈性使犯罪行为难于发现，潜伏期得以延伸。据国务院、清华大学"国情研究中心"第 25 期《国情报告》指出，从 20 世纪 80 年代到 1992 年，媒体公开报道的 16 起高官违纪违法案件，从作案到被揭发，潜伏期 1.4 年左右。从 1993 年起到 1997 年，被公开披露的高官违纪违法案件有 22 件，它们的潜伏期长达 3.3 年，比以前长了近 2 年。从 1998 年始到 2002 年，有 16 起被公开报道的高官违纪违法案件，平均潜伏期长达 6.3 年。就个体而言，个别腐败分子腐败潜伏期更长，如安徽省原副省长王怀忠的腐败潜伏期长达近 10 年之久。

四、外向型腐败现象比较严重

随着改革开放的深入，对外经济活动的增加，腐败分子利用对外经济交往的职务便利，贪污腐败的现象也日益突出。有的腐败分子利用资本跨地域、跨行业、跨国境流动的机会，与地区外、行业外、境外的不法分子相勾结，共同犯罪；有的利用国际各国间法律的差异，国内犯罪，国外洗钱等。一些涉案的党政干部特别是关键涉案人员一有风吹草动便立即出逃。

五、腐败的滋生呈现不同的地域与行业特征

一是存在地区差异。在我国中西部，由于经济文化相对落后，具有人身依附性质的腐败现象比较突出；东部南部主要是具有外向型特征和资本积累型特征的腐败现象比较严重；北部主要是国有企业领导人员腐败问题和国有资产流失问题严重。二是国有企业腐败现象没有得到很好的遏制。由于国有企业管理体制存在某些弊端，近年来，发生在国有企业中的贪污腐败案件呈上升趋势，成为当前腐败现象的多发区和高发区。三是垄断行业和"三机关一部门"（党政机关、行政执法机关、司法机关、经济管理部门）成为腐败集中地段。由于体制机制等多方面的原因，石油、电力、民航、电信、通信等垄断行业成为腐败犯罪的集中领域，行政、司法等权力机关和金融证券、建筑、工商、税务等经济管理、资源分配部门仍是腐败高发地段。在这些领域查处的腐败犯罪案件占案件总量的60%以上。四是职务犯罪由高发领域向"冷门"行业渗透蔓延。腐败不仅在金融证券、建筑、工商、税务等经济管理和资源分配部门大量发生，还向文化、科技、教育、司法等传统上被认为是"清水衙门"的部门渗透蔓延，职务犯罪案件不断发生。

六、军队腐败凸显

根据《环球时报》在2014年5月发表题为《军队反腐必须走在前面》的文章称，"前些年军队和地方一样，虽然年年喊反腐，但上上下下隐蔽存在着权钱交易、行贿受贿、拉帮结派、蝇营狗苟、违法乱纪等现象，大有前'腐'后继之势。从王守业到谷俊山案及其背后所涉肮脏丑陋，让世人惊骇，说明军队腐败现象已达前所未有的危重程度。"2014年10月27日，军事检察院对中央军事委员会原副主席徐才厚涉嫌受贿犯罪案件侦查终结，移送审查起诉。军事检察院侦查查明，徐才厚利用职务便利，为他人晋升职务提供帮助，直接和通过家人收受贿赂，数额特别巨大；利用职务影响为他人牟利，其和家人收受他人贿赂，数额特别巨大。中共中央开除了徐才厚的党籍，中央军委开除了徐才厚的军籍、取消了其上将军衔。

七、腐败呈现期权化的特点

"权力期权化"交易的是一种"权利"，不直接涉及钱物，因而形式和过程隐蔽，相互兑现往往是间接而不是直接的，如高薪任职、分给股权、优厚待遇等。腐败分子进行权力操作可以用"扶持企业、促进发展"为借口，即使损害国家利益也可以用"改革代价"遮掩，过程隐蔽，其交易方不是在职干部，甚至可能不是其本人，对象和内容上都较为隐蔽。"权力期权化"改变了腐败获利的时间和方式，为腐败分子手中的"权力资源"提供最大限度的变现可能。它可以是权力享受权力回报，离职前安插亲信或选定"接班人"，为自己遥控权力作打算；可以是权力享受资本回报，在位时为企业牟利，辞职或退休后到企业"高薪打工"；也可以是资本享受权力回报，利用在位时积累下的"活动能量"换取企业股权或创业资本。不仅可以为自己预留"出路""退路"，还可以"封妻荫子"，由受益方资助子女出国留学或提供创业资本。如广东省高级法院原院长麦崇楷为其子换取了数百万元的企业股权。

八、腐败呈现潜规则化的特点

从文化上看，我国是一个宗法伦理社会，血缘观念极强、法制观念薄弱，这种特定的文化观念也为腐败行为的发生孕育了土壤。在中国文化中有很多消极的因素是滋生腐败的

条件，如"潜规则"文化在官场中流行，很多行为规则不公之于世，却是如"黑市"交易。其典型特征就是"跑官卖官"和拉选票。再例如"消解"文化也应当注意。中国文化中有一种消解制度的倾向，在现实中就是"上有政策，下有对策"。另外，还有"圈子"文化，社会上流传着这样一句话：进了班子，还要进圈子，进班子不进圈子等于没进圈子，进了班子不如进圈子，进了圈子不进班子等于进了班子。入围的干部争宠，不入围的干部被剔除，这种示范效果迫使大多数干部去遵从新的游戏规则。从追求庇护到跑官买官，按照这一游戏规则所提供的激励机制来作出自己的行为选择，正直的干部越来越难以生存。一些干部权钱权色交易问题突出，"凡贪多色成定律"；"拉票贿选""买官卖官"暗流涌动，时有发生；部分领导把分管领域当成"私人领地"，把下属变成自己的"家臣"；领导亲属、司机、秘书等"身边人"腐败频仍等。这些都说明反腐败斗争的形势还比较严峻，我们应保持清醒头脑，有的放矢，对症下药，进一步优化反腐机制体制，以取得更大成效。

九、腐败呈现国际化的特点

有的腐败分子利用资本跨地域、跨行业、跨国境流动的机会，与地区外、行业外、境外的不法分子勾结，共同犯罪；有的利用国际间法律的差异，国内犯罪，国外洗钱；有的以境外商人为合作对象，在为对方牟利后，在境外"交易"，赃款赃物滞存境外。一些涉案的党政干部，特别是关键涉案人员，一有风吹草动即随时出逃。"裸官"问题浮出水面，暴露出以往外逃贪官贪腐时"留一手"（即任职期间有意将妻儿送出国，独自一人在国内），贪腐行为败露后立即逃去国外的腐败谋略。而某些干部利用出国考察机会滞留不归的情况更是暴露出贪官风险意识的增长。

十、腐败呈现新型化的特点

在新兴领域开展反腐败斗争是我们面临的一个重要任务，银行、证券、保险、信托、拍卖等方面的反腐败措施比较少，导致新兴领域腐败案件频繁发生。在这些领域中，腐败呈现金融化、虚拟化的特点。与女人直接相关的腐败现象不可轻视，中央纪委研究室原副主任、中央纪委北京培训中心原主任、原中央先进性教育活动办公室副主任刘春锦说，在受处分的厅局级干部中，90％的落马贪官都有包养情人现象。原天门市委书记张二江甚至把"小姐"带到家里嫖宿。商人陈某曾将一名"小姐"送上门，张二江欣然"笑纳"。时隔几天，该"小姐"从电视里见到了张二江，大吃一惊。被"双规"后，张二江供述了自己曾同 107 名妇女发生过不正当性关系，连同其夫人，天门人戏称张二江是"梁山寨主"。查处的黄瑶也有多个所谓的"干女儿"作为自己的情人。

以上只是腐败现象的一些新的特点，腐败是社会的病毒，病毒肯定会变异。因此，随着社会的发展变化，腐败问题也在发展变化。

第四节　对当前我国反腐败趋势的判断

随着反腐败斗争的深入推进，以预防为主，以制度建设为重心，以惩防体系建设为主要内容，将成为反腐倡廉建设的主流和趋势。对当前我国党风廉政建设和反腐败斗争形势，可以从以下三个方面来理解和把握。

一、严峻

从腐败程度来说，腐败现象趋于严重，系统性腐败、塌方式腐败等不断发生，特别是在高压反腐态势下，有些人还在顶风作案、我行我素。

二、复杂

从腐败特点来说，现在的腐败要比过去复杂得多，区域性腐败和领域性腐败交织，用人腐败和用权腐败共存，体制内和体制外勾结，权钱交易、权色交易、权权交易同在，利益关系错综复杂、盘根错节，一些腐败分子甚至结成了"共腐朋友圈"。更为严重的是，有些人搞官商勾结、上下勾连，腐败问题和政治问题相互渗透，严重危害党的领导和党的团结统一。

三、依然很严峻

从腐败时间跨度上来说，反腐败斗争具有长期性。1993年我们党就提出，反腐败形势是严峻的。此后一直沿用"依然严峻"的判断。党的十八大以来，以习近平同志为核心的党中央以巨大的政治勇气和坚忍不拔的毅力推进党风廉政建设和反腐败斗争，坚持无禁区、全覆盖、零容忍，严肃查处腐败分子，"不敢腐"的氛围初步形成，呈现向纵深发展的良好态势，但距离实现"不能腐""不想腐"尚需较长时间，反腐败斗争任重而道远。

这就要求我们应始终坚持全面的、辩证的、历史的观点来看待形势，既要看到反腐败斗争的现状，又要看到反腐败斗争发展的趋势，特别敏锐地把握一些带有萌芽性的积极变化；既要客观审视不利因素，增强忧患意识，又要充分认识当前的有利因素，坚定走出"严峻复杂"形势的信心。第一，以习近平同志为核心的党中央反对腐败旗帜鲜明、立场坚定、意志品质顽强、领导坚强有力，为有效防治腐败提供了坚强的政治保证。党的十八大以来，严肃查处周永康、徐才厚、令计划、苏荣等严重违纪违法案件，充分彰显了党中央反对腐败的坚强决心和鲜明态度。有国际组织专家指出："在全世界范围内，中国政府领导人反腐败的决心都是首屈一指的"。第二，新中国成立以来，特别是改革开放40多年来，我国在政治、经济、文化、社会建设方面取得了巨大成就，为深入推进党风廉政建设和反腐败斗争创造了十分有利的社会环境。中国特色社会主义法律体系已经形成，社会主义民主政治不断发展，政治体制改革稳步推进，为加强对权力的制约和监督提供了重要的制度保证；经济实力大幅提升，科技进步日新月异，为有效防治腐败提供了物质基础和科技支撑；社会主义市场经济体制不断完善，市场在配置资源中的决定性作用更加明显，为从源头上防治腐败提供了良好的体制环境，等等。第三，长期以来，我们党坚持不懈地反对腐败，为深入推进党风廉政建设和反腐败斗争积累了丰富经验。特别是党的十八大以来，我们党不断加强反腐败体制机制创新和制度保障，在反腐败目标、内容、重点、措施等方面作出新部署、辟出新路径。各级纪检监察机关深化转职能、转方式、转作风，聚焦中心任务，强化监督执纪问责，创造性开展工作，形成了一整套成熟的工作思路、权威高效的反腐败领导体制和工作机制。腐败滋生的空间越来越窄，社会风气大为改观。党的十八大以来反腐败的理论和实践再次证明，我们党完全有能力治理好腐败。第四，人民群众的积极拥护和鼎力支持为深入推进党风廉政建设和反腐败斗争提供了良好的民意基础。"上下同欲者胜。"中国社科院发布的2014年反腐倡廉蓝皮书的问卷调查显示，93.7%的领导干部、88%的普通干部、84.8%的企业管理人员、73.1%的专业人员、75.8%的城乡居民对未来党风廉政建设和反腐败工作表示有信心或比较有信心。

而我们党要想实现"凤凰涅槃"，必然要经历"浴火重生"。面对依然严峻复杂的反腐败斗争形势，各级党委和纪委必须自觉承担起历史和人民赋予的责任，按照十八届中央纪委第五次全会的部署，坚守阵地、巩固成果、深化拓展，坚定不移地推进党风廉政建设和反腐败斗争。一是要切实加强党的纪律建设。把严明纪律作为重要任务，严肃查处有令不行、有禁不止的行为，严肃查处目无组织、欺骗组织、对抗组织行为，在查办违纪案件中重点审查违反党的规矩、政治纪律、组织纪律的问题，努力营造守纪律、讲规矩的氛围，坚决维护党的团结统一。二是要切实抓好党风廉政建设主体责任的落实。强化责任追究，着力推动地市一级和国有企业党组织落实主体责任。坚持"一案双查"，对违反政治纪律和政治规矩、组织纪律；"四风"问题突出，发生顶风违纪问题；出现区域性、系统性腐败案件的地方、部门和单位，既追究主体责任、监督责任，又严肃追究领导责任。三是要切实推进纪律检查体制改革。强化上级纪委对下级纪委的领导，推动纪委双重领导体制落到实处。用好巡视这把反腐"利剑"，围绕"四个着力"，聚焦突出问题，创新方式方法，深入开展专项巡视，扩大巡视覆盖面，对已巡视过的地方或部门开展回头看。推动派驻机构聚焦主业主责，强化对驻在部门领导班子和成员的监督，充分发挥派驻机构"派"的权威和"驻"的优势。四是要切实纠正"四风"。紧盯"四风"问题新形式新动向，坚决查处公款吃喝、旅游和送礼等问题。加强对中央关于厉行节约、公务接待、公车配备等规定执行情况的监督检查，把违反中央八项规定精神列入纪律审查重点，对顶风违纪者所在地区、部门和单位党委、纪委进行问责。五是要切实保持惩治腐败高压态势。严肃查办发生在领导机关和重要岗位领导干部中插手工程建设、土地出让，侵吞国有资产，买官卖官、以权谋私、腐化堕落、失职渎职等案件。把违反政治纪律、组织纪律等行为作为审查重点，对转移赃款赃物、销毁证据，搞攻守同盟、对抗组织审查的行为，纳入依规惩处的重点内容。狠抓追逃追赃，强化与有关国家、地区司法协助和执法合作，突破重大个案。让搞了腐败的人付出代价、想腐败的人断了念头。

通过上述分析可以看出，新一届党中央对反腐形势的认识，从党的十八大以后，时时处处彰显在理论联系实际的行动中：从"打铁还须自身硬"落实到制定八项规定从自身做起、从坚持党要管党、从严治党，加大惩治腐败力度落实到一年来不仅使12名省部级高官连同他们手中的权力一道被关进了笼子里，而且让甚嚣尘上的"形式主义、官僚主义、享乐主义和奢靡之风"得到了遏制、从坚持"老虎""苍蝇"一起打落实到坚持标本兼治、综合治理、惩防并举、注重预防的方针、特别是从权力反腐实现着向制度反腐的转变。十八届三中全会的《决定》中，"制度"一词被放在了突出位置。要求"坚持用制度管权管事管人，让人民监督权力，让权力在阳光下运行，是把权力关进制度笼子的根本之策"，并明确制度建设的方向，"构建决策科学、执行坚决、监督有力的权力运行体系，健全惩治和预防腐败体系，建设廉洁政治，努力实现干部清正、政府清廉、政治清明"。这样的战略定位显示出立高站远的战略思维。良好的反腐战绩是为深化改革破局。破局中让我们看到的是实实在在的行动，感受到的是真真切切的变化，虽然反腐形势依然任重道远，但是已显见柳暗花明的春天。

第四章　我国的反腐败状况

　　数千年来，腐败一直是人类社会发展的疾病。无论是古代社会，还是现代社会，无论是发展中国家，还是发达国家，都为之深深困扰。进入 21 世纪以来，腐败已成为全球人类社会经济和政治生活中所面临的重大而急迫的共同问题，成为一大公害。各国政府、地区组织与国际社会采取了不同措施，予以积极预防、从重惩治。反腐败成为 21 世纪全球社会的共同任务。中国作为世界的重要一员，经过 40 多年的改革开放，社会经济快速发展，取得了令人瞩目的成就。但是中国作为一个发展中大国，在改革、开放、发展的过程中，同样遇到腐败问题。当然，对于不同的文化传统和政治体系，腐败产生的机制、表现特征有着各自不同的病理机制，其预防体系也有多样性的特色。但共同的是，具体的腐败行为和现象是与其生存的政治体系和文化有着内在的紧密的关联的，而反腐败的体系的建构则构成了整个社会和政治有机体的一个组成部分。因此，本章从我国反腐败体系的特点及反腐败机构的职能的强化入手，对此问题进行深入的剖析。

第一节　我国的反腐败状况

　　腐败与反腐败是一对永恒的矛盾。所谓反腐败是指社会的正义力量通过各种途径与方式来反对腐败、减少腐败，最终彻底消灭腐败的过程。其主体既可以是广大人民群众，又可以是执政者或政府自身。自腐败产生之日起，反腐败的斗争也继而得以开展。在我国古代，由于封建体制的性质决定了历朝历代的统治者们对官员腐败所采取的镇压措施尽管在一定程度上也可以称为"反腐败"，但归根结底是为了维护统治者自身的利益，从根本上说是为了实现其自身最大的腐败，是"反他腐而利己腐"的实质。因此，封建统治者这个最大的贪腐者势必会导致其王朝因腐败而逐渐衰落。当其衰落到一定程度时，许多不满现状的人民群众便揭竿而起，推翻原有朝代，建立新的王朝，从而实现了彻底意义上的消除腐败。然而新建立的王朝由于历史和阶级局限性，统治者们仍然会演变成为封建地主阶级来压榨和剥夺广大劳苦大众，最终又会陷入同样的腐败循环圈，进而导致朝代的更迭屡屡不断地发生着。新中国成立后，我国实行了人民民主专政的社会主义制度，人民成为国家的主人，一切官员都是人民的公仆，我国的执政党中国共产党是代表广大人民群众的无产阶级政党，将为人民服务作为党的根本宗旨。因此，我国当前的反腐败无论从执政党和政府的角度，还是从社会和群众的角度，都构成真正意义上的、为了大众的利益而反对极少数人腐败的人民斗争。

一、我国反腐倡廉的马克思主义思想渊源

　　腐败作为一种政治概念，其根本属性是某种权力的蜕化和变质。当体现一定权力的社会行为，偏离了社会公共利益的目标，产生了一定程度的蜕变，就构成严格意义上的腐

败。腐败可以包含这样几层内容：一是腐败是谋取私利的行为。无谋私目的的过失行为一般不被认定为腐败。二是腐败是侵犯公众利益的行为。"侵犯"一词说明，腐败者的行为是犯罪的或违法违纪的，至少是不道德的，所使用的手段是不正当的，其动机已经变为侵犯公众利益的行为并造成了一定的后果。三是腐败是瓦解破坏某种现有社会关系的行为。这种行为是经由腐朽思想的病毒，腐蚀现存的社会关系，使其感染致病，导致自我瓦解，腐烂变质。腐败的实质就是利用手中权力侵犯公众利益。因此，反腐败工作必须将反对以权谋私、权钱交易作为重点来抓。

（一）马克思、恩格斯的反腐倡廉思想

马克思和恩格斯在无产阶级政党的廉政问题上最主要的观点是"社会公仆"思想。他们在巴黎公社成立后指出，它"应当为组织在公社里的人民服务"，其官员应当是"社会的负责的公仆"，应"把权力交给社会的负责的公仆。"同时马克思、恩格斯也指出，社会公仆也会犯错误，也有变为社会主人的危险。在防范措施上，他们提出：第一，对公社的公职人员实行普选制、监督制、罢免制。"选举者可以随时撤换被选举者"，"以随时可以罢免的勤务员来代替骑在人民头上作威作福的老爷们，以真正的负责制来代替虚伪的负责制，因为这些勤务员经常是在公众监督之下进行工作的"。第二，反对特权，取消高薪。"从公社委员起，自上而下一切公职人员，都只应领取相当于工人资的薪金"。对此，恩格斯曾明确地肯定，这样能可靠地防止人们去追求升官发财。根据马克思、恩格斯的观点，腐败并非自人类社会产生之日起就有的，它是随着国家与私有制的出现而出现的。第三，马克思、恩格斯不仅阐述了该如何避免无产阶级政权的变质与腐化，还指出了我们应解决无产阶级政党中所存在的党内腐败问题的决策。在那个年代，有一部分英国工人运动中的领袖逐渐堕落成了工人贵族，不再站在工人阶级的立场上了。在英国资产阶级以后，各国的资产阶级都开始采取收买部分工人运动领导人的政策。

针对这个情况，恩格斯曾明确指出："显然，无产阶级的运动规律为：各处均有一部分的工人领袖开始并已经蜕化"。马克思与恩格斯指出了四条防止蜕化变质的原则，分别是：第一，坚持无产阶级的世界观。马克思恩格斯在1879年的一篇通信里曾指出：若其他阶级里的这类人参加到无产阶级运动中来，那么第一步要做的就是要求他们应尽快树立起无产阶级的世界观，绝不能将小资产阶级、资产阶级等偏见带进来。然而这类先生的脑子里充斥的全是小资产阶级与资产阶级的观念。若这些先生能够组成社会民主小资产阶级党，在这样的条件下他们有这样做的权利。因为在那种情况下，我们能够和他们谈判，并且能够在适当的条件下结成联盟。然而我们必须明确的是他们只是冒牌货，根本不属于工人党之列。我们应始终坚信早晚会与他们分裂开来。因此，必须始终牢牢地坚持无产阶级的世界观。第二，密切联系群众。马克思、恩格斯指出排除章程里所有可能助长权威迷信的东西是加入共产主义同盟的必要条件。他们在第一国际阶段将声望看得一文不值。因为对个人崇拜的厌恶，他们从来都不公布那些歌功颂德的东西，从不作出答复，即便是偶尔答复也仅仅是斥责。恩格斯在马克思逝世之后继承了他的观点。恩格斯在致普列汉诺夫的信里说道："首先请您不要称我为'导师'。我的名字是恩格斯。"在恩格斯看来，个别的英雄人物根本不能创造历史，人民群众才是真正的历史创造者。革命领袖是来自人民群众的，同时也是从人民斗争革命里成长起来的。他们的伟大之处就在于他们始终依靠着人民，始终代表着人民的利益，始终体现着人民的要求，充分集中了人民的智慧。根据马克思、恩格斯的观点，要想始终保持和群众的密切联系就必须坚持实事求是的原则。尊重事实是坚持实事求是的必要条件。恩格斯指出：如果说我已经取得了工人的信任，那么主要的原因就在于无论在何种情况之下我都坚持对他们讲真话，并且只讲真话。第三，重视党内监督。在恩格斯看来，党内的党员间并没有高低地位的区别，每个党员的义务及权利都是平等的。按照马克思、恩格斯的观点，党的各级干部与领导都应明确自身的人民公仆的角色，应做好随时接受群众、党员的批评与监督的准备。无产阶级的政党不仅应追求党的领导人的党内责任，还应有效制约、监督干部的行为，坚决抵制公职人员的恶劣作风及错误行为。马克思、恩格斯还指出，经常性的思想交锋及斗争是施行党内监督的有效途径，应积极开展党内的批评和自我批评，只有这样才能抵制那些腐朽的消极思想的侵蚀。第四，纯洁党的组织。恩格斯于1879年的8月29日给马克思写了一封信，在信中，恩格斯指出：在各类好虚荣的分子与腐朽分子能够毫无顾忌地大出风头的时候，就需要抛弃调和及掩饰的政策，如果必要，发生吵闹及争论也不怕。如果一个政党不敢公开承认、拒绝某些人肆意的作威作福的行为，而是采取一味忍让的态度，那么它也就失去了发展的前途。要想保障党的无产阶级的先锋队的性质，就必须彻底地清除腐败分子。

（二）列宁的反腐倡廉思想

俄国十月革命后，列宁提出了一系列反对腐败和廉政建设的观点，包含如下：第一，反对党内的官僚主义和以权谋私现象。列宁指出，官僚主义是党内最可恶的敌人之一，它具有极大的危害性，对此应建立多种多样的监督形式和方法，如党内监督制度、群众监督制度等，同官僚主义和以权谋私做坚决的斗争。第二，密切联系群众，依靠群众反腐。他指出，人民群众是权力的所有者，也是对权力进行监督制约的主要力量，执政党必须同广大人民群众保持密切的联系，反对腐败必须依靠人民群众。他要求官员一律定期向人民群众作工作报告，"这样的工作报告每月至少安排一次，使广大非党工人和农民有机会对苏维埃机关及其工作提出批评"。同时主张挑选全国最优秀的人员组成一支钢铁般的力量去反对富农、投机商、奸商、受贿者、捣乱者。第三，在实践中提出具体反对腐败的措施。首先是完善相关法制，依法监督，如苏维埃代表大会和人民委员会通过了《苏俄刑法典》《关于贿赂行为》《关于消灭拖拉现象》等一系列法律法规。其次是要严格执法，司法机关必须模范地遵守与执行法律，对损害群众利益和党的威信的违法乱纪的党员干部从严惩处，比对非党人员的处罚重三倍。最后是完善监督，他提出检察机关要实行垂直领导，地方检察人员只能由中央机关任命，只受中央机关的领导，这样便可以排除地方政权机关的干预影响。

（三）毛泽东的反腐倡廉思想

毛泽东的反腐倡廉思想贯穿于中国革命和建设的各个历史时期。早在1929年12月的《古田会议决议案》中，毛泽东就把廉洁奉公规定为党员的重要条件。1933年，毛泽东在签发的《关于惩治贪污浪费行为》命令中提到：苏维埃工作人员中如果发现了贪污腐化、消极怠工以及官僚主义分子，民众可以立即揭发这些人员的错误，而苏维埃则立即惩办他们，决不姑息。在抗日战争的国共两党合作期间，毛泽东提醒全党要防止国民党对共产党个别党员所施行升官发财酒色逸乐的引诱。要求共产党员在政府工作中，应该是十分廉洁、不用私人、多做工作、少取报酬的模范。1941 年，毛泽东批准的《陕甘宁边区施政纲领》中指出：厉行廉洁政治，严禁公务人员之贪污行为，禁止公务人员假公济私行为，共产党员有犯法者从重治罪。1942 年至 1945 年，毛泽东发动了旨在提高广大党员干部的马列主义思想水平与政治素质、增强其拒腐防变能力的全党整风运动。1949 年 3 月，在西柏坡召开的党的七届二中全会上毛泽东郑重地警告全体党员，因为胜利，党内的骄傲情绪、以功臣自居的情绪、停顿起来不求上进的情绪、贪图享乐不愿再过艰苦生活的情绪可能生长。要务必使同志们继续保持谦虚、谨慎、不骄、不躁的作风，务必使同志们继续保持艰苦奋斗的作风。新中国成立后，毛泽东更是将反腐倡廉摆在党的重要议事日程上来抓。1951 年，毛泽东在开展"三反"斗争的报告上作出批示，要求各地必须密切注意干部被资产阶级腐蚀发生严重贪污行为这个事实，注意发现、揭露和惩处，并须当作一场大斗争来处理。1951 年 11 月，毛泽东再次强调，反贪污、反浪费、反官僚主义是全党的大事，需要进行一次大清理才能制止很多党员被资产阶级腐蚀的危险现象。在此期间，毛泽东亲自批准处决了新中国成立后第一批腐败领导干部刘青山与张子善。

总的说来，毛泽东的反腐倡廉思想主要体现在以下几个方面：首先，毛泽东非常强调思想意识是产生腐败的重要根源，因此要对广大党员干部充分做好思想教育工作，使他们从主观上杜绝腐败。他认为官僚主义容易导致腐败，在革命战争年代，极度混浊的官僚主义和军阀主义氛围对党的影响很大，同时在新中国成立后，一些党员干部滋生了骄傲自满的情绪，使他们的思想意识出现了漏洞。因此他不断告诫全党，我们决不能一见成绩就自满自足起来。我们应该抑制自满，时时批评自己的缺点，好像我们为了清洁，为了去掉灰尘，天天要洗脸，天天要扫地一样。他还指出，有些同志自以为是老革命或者在工作中取得了一点成绩，于是就骄傲自满起来，结果往往主观武断，脱离实际，脱离群众。我希望，我们所有的同志，首先是老同志，不要翘尾巴，而是要夹紧尾巴，戒骄戒躁，永远保持谦虚进取的精神。"所谓犯错误，就是那个主观犯错误，那个思想不对头。""主观主义的毛病到处有。不仅现在有，将来还会有。""有主观主义，总要犯错误。"其次，毛泽东强调民主监督在反腐败中的重要性。1945 年，毛泽东与著名爱国民主人士黄炎培谈到我国历代统治者因腐败而灭亡的历史周期律时胸有成竹地说道：我们找到了新路，我们能够跳出这周期律。这条新路，就是民主。只有让人民监督政府，政府才不敢松懈，只有人人起来负责，才不会人亡政息。

1949 年 11 月，经毛泽东同志提议，设立了中央纪律委员会。1951 年 5 月，毛泽东在批示《关于处理群众来信问题的报告》时指出：要给人民的来信以恰当的处理，满足人民群众的正当要求，要把这件事看成共产党和人民政府加强与人民联系的一种方法，不要采取掉以轻心、置之不理的官僚主义态度。此外，他还非常重视民主党派的监督，将他们的监督看成防止中国共产党腐败的重要一环。他指出，为什么要让民主党派监督共产党呢？这是因为一个党同一个人一样，耳边很需要听到不同的声音。

最后，毛泽东善于以群众运动的方式来克服腐败。他认为群众运动是马克思主义群众观和党的群众路线的具体体现，是保证党和国家"不变颜色"的重要手段。从 1951 年的"三反""五反"运动，到 1957 年的整风运动，毛泽东均成功运用这种方式对腐败进行了成功的遏制。然而由于毛泽东晚年错误地发动了"文化大革命"，使群众运动这个方式得到了扭曲的应用。

（四）邓小平的反腐倡廉思想

作为新中国第二代中央领导集体的核心，邓小平开创了建设中国特色社会主义的新局面，使党和国家的工作中心由以阶级斗争为纲转向经济建设。在改革开放的进程中，面对中国"死灰复燃"的腐败现象，邓小平在充分继承马克思、恩格斯、列宁以及毛泽东反腐倡廉思想精华的基础上，创造性地提出了符合中国国情的一系列反腐倡廉理论，归纳如下。

第一，在反腐败的指导方针上，邓小平强调反腐败斗争必须要坚持党的领导和以经济建设为中心，坚持"两手抓"和"长期抓"。1980年1月，邓小平指出：现代化建设的任务是多方面的，各个方面需要综合平衡，不能单打一。但是说到最后，还是要把经济建设当作中心，离开了经济建设这个中心，就有丧失物质基础的危险。其他一切任务都要服从这个中心，围绕这个中心，决不能干扰它，冲击它。

1985年，他进一步指出："现在就是要硬着头皮把经济搞上去，就这么一个大局，一切都要服从这个大局。"随着经济的发展和科学文化、教育水平的提高，民主和法制建设不断加强，社会上那些消极的现象也必然会逐步减少并最终消除。总之，我国当前压倒一切的任务就是一心一意地搞四个现代化建设。

因此，反腐败也必须服从、服务于经济建设和改革开放的大局。1986年6月在中央政治局常委会上，邓小平明确指出，开放、搞活必然带来一些不好的东西。不对付它，就会走到邪路上去。因此，开放、搞活政策延续多久，端正党风的工作就得干多久，纠正不正之风、打击犯罪活动就得干多久。1992年在南方谈话中邓小平强调，不仅经济要搞上去，社会秩序、社会风气也要搞好，两个文明建设都要超过资本主义，这才是有中国特色的社会主义。在整个改革开放过程中都要反腐败，廉政建设要作为大事来抓。

第二，在反腐败的原则上，邓小平强调，要坚持实事求是，具体问题具体对待的原则。早在1956年邓小平就谈到做任何工作都要有的放矢，要根据客观实际来处理事情。必须坚持党的领导原则。他指出，中国没有共产党的领导、不搞社会主义是没有前途的，只有坚持四项基本原则，我们的一切工作才能在安定团结的条件下有秩序地进行。必须坚持发扬艰苦奋斗的优良传统。他指出，只有坚持艰苦奋斗的优良传统，才能抗住腐败现象的诱惑。艰苦奋斗是中华民族的传统，艰苦朴素的教育一定要抓紧。国家越发展，就越要抓艰苦创业，这样才有助于克服腐败现象。

第三，在反腐败的具体措施上，邓小平主要强调以下四个方面：一是进行反腐败的制度创新。邓小平在1980年《党和国家领导制度的改革》中指出，当前还有些干部不把自己看作人民的公仆，而是把自己看作人民的主人，搞特权，特殊化，引起群众的强烈不满，损害党的威信。如不坚决改正，势必使我们的干部队伍发生腐化。我们今天所反对的特权，就是政治上、经济上在法律和制度之外的权利。搞特权是封建主义残余影响尚未肃清的表现。我们过去发生的各种错误，固然与某些领导人的思想、作风有关，但是组织制度、工作制度方面的问题更重要。党和国家现行的一些具体制度中存在着许多弊端，主要是官僚主义现象、权力过分集中现象、家长制现象、干部领导职务终身制现象和形形色色的特权现象。要治理腐败，就必须加大政治体制改革力度，解决权力过分集中，特别是领导者个人高度集权的问题，将社会从官权体系束缚中解脱出来，使政治运作和反腐败都走向公开化、民主化、制衡化。二是加强反腐倡廉的法制建设。邓小平指出，在整个改革开放过程中都要反对腐败。对干部和共产党员来说，廉政建设要作为大事来抓。还是要靠法治，搞法治靠得住些。邓小平非常强调立法、执法、司法等环节。他指出，应集中力量制定刑法、民法、诉讼法和其他各种必要的法律。要严肃执纪执法，不管是什么人，都要执行纪律。腐败问题不管牵涉到谁，都要按照党纪、国法查处，不能有丝毫的姑息。同时还要加强公检法机关的司法力度，务必做到有法可依，有法必依，执法必严，违法必究。他对司法腐败现象深恶痛绝，强调对其必须雷厉风行，公布于众，依法办事。无论是谁，一旦腐败，就必须接受惩罚。只有这样，才能真正取信于民。三是加强权力监督。邓小平指出，对于中国共产党来说，党内监督是最直接的。各级干部要掌好权，用好权，坚持民主集中制，坚持党内组织生活制度和加强领导干部的考核制度。同时要有群众监督制度，让群众和党员监督干部，特别是领导干部。凡是搞特殊化，经过批评教育而不改的，人民就有权依法进行检举、控告、弹劾、撤换、罢免，要求他们在经济上退赔，使他们受到法律、纪律处分。此外邓小平还强调了舆论监督的重要性。他指出，新闻媒介传播速度快、幅度广、影响大，能对腐败现象起到遏制和威慑的作用。因此，要加强对重大案件的报道和揭露，等等。四是加强思想政治教育。邓小平强调全党要把思想政治教育工作放在重要的地位。他指出，反对腐败、改善社会风气要从教育入手。要教育全党同志发扬大公无私、服从大局、艰苦奋斗，廉洁奉公的精神；要联系实际，对一部分干部和群众中流行的影响社会风气的重要思想问题，要经过充分调查研究，由适当的人进行周到细致、有充分说服力的教育，简单片面、武断的说法是不行的。

总之，在党政机关、军队、企业、学校和全体人民中，都必须加强纪律教育和法制教育。对一切无纪律、无政府、违反法制的现象，都必须坚决反对和纠正。否则我们就决不能建设社会主义，也决不能实现现代化。

（五）江泽民的反腐倡廉思想

20世纪90年代以来，随着社会主义市场经济和改革开放的不断深入，以及国际国内环境的深刻变化，腐败现象在我国迅速蔓延，严重威胁党的执政能力、执政地位和国家的长治久安。西欧巨变、苏联解体为我们敲响了警钟。在此背景下，以江泽民同志为核心的党的第三代中央领导集体高度关注党风廉政和反腐败建设，将其作为党和国家的一项重大方略来抓。

1993年8月，江泽民在中央纪委第二次全体会议上指出：腐败现象是侵入党和国家健康肌体内的病毒，如果我们掉以轻心任其泛滥，就会葬送我们的党，葬送我们的人民政权，葬送我们的社会主义现代化大业。

1997年1月，江泽民在中央纪委第八次全体会议上提出反腐败是严重政治斗争。反腐败斗争是关系党心民心、关系党和国家前途命运的严重政治斗争，在这个问题上旗帜必须鲜明，态度必须坚决，工作必须锲而不舍。这个问题不解决好，我们的改革开放和现代化建设就没有坚强的政治保证，就会走到邪路上，就会有亡党亡国的危险，这决不是危言耸听。

1997年9月，江泽民在党的十五大报告中进一步提出：反对腐败是关系党和国家生死存亡的严重政治斗争。我们党是任何敌人都压不倒、摧不垮的。堡垒最容易从内部攻破，绝不能自己毁掉自己。如果腐败得不到有效惩治，党就会丧失人民群众的信任和支持。要把反腐败斗争同纯洁党的组织结合起来，在党内决不允许腐败分子有藏身之地。

总的说来，江泽民反腐倡廉理论是"三个代表"重要思想的有机组成部分。在总结党的历史和实践经验的基础上，江泽民同志明确提出治国必先治党、治党务必从严，坚决反对和防止腐败是全党一项重大的政治任务，要把防治腐败作为系统工程来抓等一系列重要论断，深刻阐明了党风廉政建设和反腐败工作的战略地位、工作方针、斗争原则、主要任务等重大问题，具有重要的指导意义。

第一，在反腐败的战略地位上，江泽民强调，反对腐败是贯彻执行党的基本路线的必然要求，是集中力量把经济建设搞上去的重要保证。党和国家的中心工作是经济建设，而开展反腐败斗争则是保证改革开放和经济建设顺利进行的不可缺少的重要工作，同时也是社会主义精神文明建设的重要方面。如果腐败现象难以得到有效克服，建设中国特色社会主义事业就很难取得成功。因此，反腐败工作是与经济建设紧密联系起来的重大任务，与经济建设存在重要的辩证统一关系：即经济建设取得的最终成效有利于解决反腐败工作中遇到的诸多难题，使腐败能够在社会更为发达的经济基础之上得以治理；而反腐败工作则为经济建设扫除了不良障碍，在更大程度上促进经济的发展和社会的进步。

第二，在反腐败的工作方针上，江泽民指出要从严治党，各级党组织对领导干部要严格要求、严格管理、严格监督，领导干部自己则要自重、自省、自警、自励。"三严四自"的要求既强调了党组织对广大党员干部的他律性，又突出领导干部自身的自律性，使反腐倡廉具备一定的实效性。他反复强调，反腐败必须坚持全党抓，要认真落实党风廉政建设责任制，严格实行责任追究，强化领导干部反腐败的政治责任。与此同时，还应坚持标本兼治，综合治理，加大治本力度，不断铲除腐败现象滋生蔓延土壤的工作方针。当前，首先是遏制还在发展的腐败现象，同时要针对产生腐败的关键部位和薄弱环节进行体制、机制和制度的创新，从源头上预防和治理腐败。

第三，在反腐败的斗争原则上，江泽民在 1993 年 8 月 21 日的中央纪委第二次全体会议上提出，反腐败应坚持以下原则：一是要坚持党的基本路线，紧紧围绕经济建设这个中心，为推进改革、建设和发展服务；二是要突出重点，将反腐败斗争的重点放在党政领导机关和司法部门、行政执法部门、经济管理部门；三是要从领导干部做起，首先从高级干部做起，包括领导干部身边工作人员；四是要严格依法办案，对违法违纪案件，要一查到底，以事实为根据，以法纪为准绳，对严重干扰、阻碍查案工作的要坚决予以处理；五是不搞群众运动，不搞人人过关，鼓励和支持群众举报，群众举报的问题要由专门机关负责依法查处；六是惩治腐败与扶持正气相结合，在坚决克服腐败现象、惩处腐败分子的同时，大力宣传和表彰廉洁奉公、勇于同腐败现象作斗争的先进典型，弘扬勤政爱民、艰苦奋斗、乐于奉献的新风尚。总之，要坚持实事求是的原则，正确区分和处理两类不同性质的矛盾，严格掌握政策，保证反腐败斗争健康有序进行。

在反腐败的主要任务上，江泽民指出：消除腐败现象必然要经历一个很长的历史过程。我们必须坚持不懈地与腐败现象进行斗争，努力把它减少到最小的程度。既要有持久作战的思想，又要有紧迫感，抓紧工作，坚决斗争。要充分认识这个斗争的紧迫性、长期性和艰巨性。在改革开放的整个过程中都要反腐败，把端正党风和加强廉政建设作为一件大事，下决心抓出成效，取信于民。既要树立持久作战的思想，又要一个一个地打好阶段性战役。

在执行过程中，他强调反腐败应"实行标本兼治、综合治理。反腐倡廉既要治标，更要治本。标本兼治，教育是基础，法制是保证，监督是关键。深化改革，不断铲除腐败现象滋生蔓延的土壤"。具体说来包含以下几个方面。

（1）不断加强对广大党员领导干部的思想教育工作。江泽民指出，要通过学习和教育，提高广大党员和干部的思想政治素质，提高全心全意为人民服务的自觉性，提高抵制剥削阶级思想侵蚀的自觉性，提高模范遵纪守法的自觉性。1995年1月23日，他在中央纪委第五次全体会议上的讲话中指出："我们党历来把思想政治建设摆在党的建设的首位。""在改革开放和发展社会主义市场经济的新形势下，加强全党的思想政治建设，提高广大干部和党员的思想政治素质，这对于保持我们党的先进性纯洁性，防止和抵制腐朽思想文化的侵蚀，有效地进行反腐败斗争，是极为重要的，各级党委务必予以高度重视。"

（2）不断完善反腐败的相关法律法规制度体系，健全社会主义法治。江泽民早在1993年中央纪委第二次全体会议中便指出，要抓住最容易产生腐败问题的部位和环节，总结实践经验，严格纪律，建立和完善内部管理制度，建立和完善监督制约机制，建立和完善各项政策法规。对已经制定的法律法规，要严格执行；对需要修改的，要抓紧修改、完善。要根据新的情况，尽快研究制定新的法律法规。2000年他在《推动党风廉政建设和反腐败斗争的深入开展》一文中进一步强调指出：要依靠发展民主、健全法制来预防和治理腐败现象。这是我们一贯要求，也是最可靠的措施。实际上，江泽民继承并发展了邓小平关于反腐败要靠法治的思想，在此基础上强化了治腐的法律保障，提出标本兼治的从根本上消除腐败的新观念。他指出：治标和治本是反腐败斗争相辅相成、互相促进的两个方面。治标，严惩各种腐败行为，把腐败分子的猖獗活动抑制下去，才能为反腐治本创造前提条件。治本，从源头上预防和治理腐败现象，才能巩固和发展反腐败已经取得的成果，从根本上解决腐败问题。

（3）不断建立健全反腐败的监督制约机制。1996年1月26日，江泽民在中央纪委第六次全体会议上的讲话中指出：我们党执政以后，特别是在新的历史条件下，能不能成功地解决党内监督问题，尤其是对高中级干部的监督问题，是加强党的建设需要解决的一个重要问题。在2001年庆祝中国共产党成立80周年大会上，他再次提出：我们手中的权力都是人民赋予的，各级干部都是人民的公仆，必须受到人民和法律的监督。要通过加强党内监督、法律监督、群众监督，建立健全依法行使权力的制约机制和监督机制。2002年，在党的十六大报告中，江泽民又一次强调：要加强对权力的制约和监督，建立结构合理、配置科学、程序严密、制约有效的权力运行机制，从决策和执行等环节加强对权力的监督，保证把人民赋予的权力真正用来为人民谋利益。

（六）以胡锦涛同志为总书记的党中央关于反腐倡廉的思想理论观点

以胡锦涛同志为总书记的党中央高举中国特色社会主义伟大旗帜，全面贯彻落实"三个代表"重要思想要求，在反腐败问题上进一步丰富和发展了党的廉政建设和反腐败斗争理论，提出要把反腐倡廉建设放在更为突出的位置。党的十六大以来，胡锦涛同志多次在中央纪委全体会议上发表重要讲话，深刻阐述了涉及反腐倡廉工作全局的一系列重大问题。2003 年 1 月，胡锦涛在听取中央纪委工作汇报时强调，反腐败斗争的形势依然严峻，反腐倡廉仍然是广大党员、干部和人民群众十分关注的问题。坚决反对和防止腐败是全党的一项重大政治任务。全党同志特别是各级领导干部，务必深刻认识反腐败斗争的艰巨性、长期性和紧迫性，务必以更大的决心、更有力的措施、更扎实的工作，旗帜鲜明、毫不动摇地把党风廉政建设和反腐败斗争深入进行下去。

2004 年 1 月 12 日，胡锦涛在中央纪委第三次全体会议上强调，要大力弘扬求真务实精神，大兴求真务实之风，继续深入开展党风廉政建设和反腐败斗争。他指出，推进反腐倡廉工作，要继续坚持标本兼治、惩防并举。必须继续严肃查处违纪违法案件，特别是要坚决查处大案要案。对腐败分子，发现一个就要坚决查处一个，绝不能姑息，绝不能手软。

2005 年 1 月 3 日，党中央确立了标本兼治、综合治理、惩防并举、注重预防的方针，颁布了《建立健全教育、制度、监督并重的惩治和预防腐败体系实施纲要》（简称《实施纲要》），提出了从源头上防治腐败工作领域的要求，为深入推进反腐倡廉工作奠定了坚实基础。2006 年 1 月 6 日，胡锦涛在中央纪律检查委员会第六次全体会议上发表重要讲话指出，要紧密联系建设中国特色社会主义的丰富实践，紧密联系党的建设，特别是党风廉政建设和反腐败工作的现实需要，认真学习党章，自觉遵守党章，切实贯彻党章，坚决维护党章，努力促进党的执政能力建设和先进性建设，不断解决好提高党的领导水平和执政水平、提高拒腐防变和抵御风险能力两大历史性课题，更好地团结带领全国各族人民为全面建设小康社会、加快推进社会主义现代化而努力奋斗。

2007 年 12 月 18 日，胡锦涛主持召开中央政治局会议，部署反腐败等工作，要求全党以改革创新精神加强党的思想建设、组织建设、作风建设、制度建设和反腐倡廉建设，充分认识反腐败斗争的长期性、复杂性、艰巨性，把反腐倡廉建设放在更加突出的位置，推动党风廉政建设和反腐败斗争深入开展。2008 年 1 月 15 日，胡锦涛在中央纪委第二次全体会议上强调指出，要准确把握党风廉政建设和反腐败斗争面临的形势和任务，充分认识反腐败斗争的长期性、复杂性、艰巨性，坚持反腐倡廉常抓不懈，坚持拒腐防变警钟长鸣，把反腐倡廉建设贯穿于社会主义经济建设、政治建设、文化建设、社会建设各个领域，体现在党的思想建设、组织建设、作风建设、制度建设各个方面，不断把党风廉政建设和反腐败斗争引向深入。

2008 年 10 月，在党中央、国务院颁布实施《关于实行党风廉政建设责任制的规定》10 周年的时候，胡锦涛同志就落实党风廉政建设责任制作出重要指示。他强调，党风廉政建设责任制是深入推进党风廉政建设和反腐败斗争的一项基础性制度。各级党委、政府认真贯彻落实党风廉政建设责任制，在推动党风廉政建设和反腐败斗争方面取得明显成效的同时，也要清醒地看到工作中仍存在的问题。他进一步指出，党的十七大强调要把反腐倡廉建设放在更加突出的位置，旗帜鲜明地反对腐败。各级党委、政府要认真贯彻党的十七大精神，毫不松懈地抓好党风廉政建设和反腐败斗争，严格执行党风廉政建设责任制，扎实推进惩治和预防腐败体系建设，进一步加大解决党风廉政建设方面突出问题力度，为推动科学发展、促进社会和谐提供有力的政治保障。

概括说来，以胡锦涛同志为总书记的党中央关于反腐倡廉的思想理论观点主要体现在以下几个方面。

第一，在反腐败的指导思想上，要坚持以马克思列宁主义、毛泽东思想、邓小平理论和"三个代表"重要思想为指导，紧紧围绕加强党的执政能力建设，紧紧围绕发展这个执政兴国的第一要务，树立和落实科学发展观，把维护和发展人民群众的根本利益作为党风廉政建设的出发点和落脚点。

第二，在反腐败的战略方针上，要坚持标本兼治、综合治理、惩防并举、注重预防的反腐倡廉战略方针，到2010年，建成惩治和预防腐败体系基本框架，再经过一段时期的努力，建立起思想道德教育的长效机制、反腐倡廉的制度体系、权力运行的监控机制，建成完善的惩治和预防腐败体系。

第三，在反腐败的斗争原则上，要坚持以下原则：一是坚持与完善社会主义市场经济体制、发展社会主义民主政治、建设社会主义先进文化、构建社会主义和谐社会相适应。要为完善社会主义市场经济体制，实现社会主义民主政治的制度化、规范化和程序化，发展社会主义先进文化、构建社会主义和谐社会提供保证。二是坚持教育、制度、监督并重。教育是基础，制度是保证，监督是关键。三者统一于惩治和预防腐败体系之中，相互促进，共同发挥作用。既要从严治标，更要着力治本，惩防并举，注重预防。三是坚持科学性、系统性、可行性相统一。理论与实际相结合，立足全党，着眼全局，总体规划，分阶段实施；注重科学合理、系统配套和可操作性，充分发挥惩治和预防腐败体系的整体效能。四是坚持继承与创新相结合。认真运用党反腐倡廉的基本经验，借鉴国外反腐败的有益做法，加强全局性、前瞻性问题的研究，解决新问题，总结新经验，在继承中发展，在发展中创新。

第四，在反腐败的工作重点上，着重强调了以下五个方面。

（1）加强反腐倡廉教育。要以加强对各级领导干部的教育作为重点，引导其坚持党的基本路线与正确的政治方向、政治立场、政治观点，不断提高他们的政治鉴别力和政治敏锐性，促使广大党员干部认真遵守党内各项制度，模范遵守宪法和法律法规，树立正确的权力观。与此同时，反腐倡廉教育要面向全社会，把思想教育、纪律教育与社会公德、职业道德、家庭美德教育和法制教育结合起来。大力加强廉政文化建设，积极推动廉政文化进社区、家庭、学校、企业和农村。

（2）加强干部作风建设，关注群众利益。要全面加强领导干部作风建设，解决党风方面存在的突出问题，纠正损害群众利益的不正之风，大力倡导"八荣八耻"中的良好风气。同时要加强监督检查领导干部作风密切相关的重要环节，例如逢年过节、婚丧嫁娶、岗位调整、住房变动等方面，严格执行公务接待、党政机关修建楼堂馆所等规定，纠正干部贪图享乐、奢侈浪费的现象。广大党员干部要把群众关心的热点难点问题作为工作重点，纠正教育、医药和医疗服务中的不正之风，解决食品药品安全、征地拆迁、企业改制、安全生产、社保基金管理等方面有损群众利益的问题。要健全利益协调机制，畅通群众的诉求表达渠道，积极预防和化解党群矛盾。

（3）加强制度建设。一方面，要建立健全反腐倡廉基本制度：坚持民主集中制这个党的根本组织制度，健全民主集中制的各项具体制度；扎实推进党风廉政建设责任制的执行与落实；建立和完善党内情况通报、情况反映、重大决策征求意见等制度，逐步推进党务公开；建立党的代表大会代表提案制度，建立代表提议的处理和回复机制；完善领导干部民主生活会制度，提高民主生活会质量；制定落实党内监督条例的各项配套措施，建立和完善巡视制度；完善反腐倡廉相关法律和规范国家工作人员从政行为的制度；完善对违纪违法行为的惩处制度；完善反腐败领导体制、工作机制。另一方面，要推进从源头上防治腐败的相关制度改革和创新，如推进行政管理体制、干部人事制度、财政管理制度、司法体制和工作机制、金融体制、投资体制、国有资产经营体制等相关体制的改革与创新。

（4）加强对权力的监督和制约。加强监督是预防领导干部腐败的关键环节。在进一步发展党内民主和人民民主的基础上，加强对主要领导干部以及对人财物管理和使用的监督，对重点环节和重点部位，如财政资金运行、国有资产和金融部门等权力行使，进行有效的监督制约，充分发挥党内监督、人大监督、政府专门机关监督、司法监督、民主党派监督以及社会舆论和大众监督等各监督主体的积极作用，提高监督的整体效能。综合运用多种监督形式，努力形成结构合理、配置科学、程序严密、制约有效的权力运行机制。

（5）加强惩治腐败的力度。从严治党、坚决查处腐败案件，既是惩治腐败的重要手段，又是预防腐败的有效措施。惩治的手段在任何时候都不能放松。要坚决查办领导干部滥用职权、贪污贿赂、腐化堕落、失职渎职的案件，查办官商勾结、权钱交易、权色交易和严重侵害群众利益的案件。对腐败分子，要加大经济处罚和赃款赃物追缴力度。继续治理商业贿赂，既严厉惩处受贿行为，又加大对行贿行为的惩治力度。查办案件既要坚决，又要慎重，务必做到依纪依法、安全文明办案。通过对腐败分子的严厉惩治以及对典型案件的剖析，可以起到敲山震虎、举一反三、堵塞漏洞等在预防腐败方面的积极作用。

（七）以习近平同志为核心的党中央关于反腐倡廉的新理念新思想新战略

发展中国特色社会主义是一项长期的艰巨的历史任务，必须准备进行具有许多新的历史特点的伟大斗争。反腐败是这场斗争的重要组成部分。党的十八大以来，习近平同志从党和国家发展全局的高度提出了一系列关于反腐倡廉的新理念新思想新战略，强调以深化改革推进反腐败斗争，坚决把反腐败斗争进行到底。这些新理念新思想新战略深刻阐述了新的历史条件下我国反腐败斗争的主要任务和基本思路，具有很强的思想性、针对性和指导性。深入学习贯彻习近平同志关于反腐败斗争的重要论述，就要深刻领会其科学内涵和精神实质，以对党、对人民高度负责的政治责任感真抓实干，在新的历史起点上开创反腐败斗争新局面。

深刻领会反腐败斗争重要论述的科学内涵。习近平同志关于反腐败斗争的重要论述内涵丰富，意义重大。深入学习这些重要论述，首先要深刻领会其科学内涵，深刻领会反腐败斗争的基本理念。习近平同志指出，腐败是社会毒瘤，如果任凭腐败问题愈演愈烈，最终必然亡党亡国；反腐败高压态势必须继续保持，坚持以零容忍态度惩治腐败；坚决把党风廉政建设和反腐败斗争进行到底；等等。这些重要论述表明了以全心全意为人民服务为根本宗旨的中国共产党与腐败水火不容的坚定态度和坚强决心。牢固树立反腐败斗争的基本理念，要坚持"抓早抓小，有病马上治"；严格纪律约束，使"纪律成为带电的高压线"；坚持有案必查、有腐必反，坚决查办和有效预防职务犯罪。

深刻领会反腐败斗争的基本任务。习近平同志指出，必须把惩治腐败放在突出位置，坚持"老虎""苍蝇"一起打，既坚决查处领导干部违纪违法案件，又切实解决发生在群众身边的不正之风和腐败问题。这些重要论述深刻揭示了如果只打"老虎"不打"苍蝇"，就不能从根本上消除腐败产生的基础；只打"苍蝇"不打"老虎"，将严重损害党和国家肌体健康。面对当前腐败易发多发的情况，我们要牢牢把握现阶段反腐败的基本任务，坚持以治标为主，为治本赢得时间、打好基础、做好准备、积累经验、赢得主动。

深刻领会反腐败斗争的基本方式。习近平同志指出，要善于运用法治思维和法治方式反对腐败，加强反腐败国家立法，加强反腐倡廉党内规则制度建设。这一重要论述把从严治党与依法治国统一起来，是对历史经验教训的深刻总结，也是依法治国在反腐败斗争中的具体体现。运用法治思维和法治方式反对腐败，就要坚持在纪律、法律面前人人平等；严格规范执纪执法，坚持以事实为依据，以纪律、法律为准绳；完善惩治腐败的纪律、法律规范，夯实反腐败斗争的法纪基础。

深刻领会反腐败斗争的基本方向。习近平同志指出，要把权力关进制度的笼子里，形成不敢腐的惩戒机制、不能腐的防范机制、不易腐的保障机制；要健全权力运行制约和监督体系，有权必有责，用权受监督，失职要问责，违法要追究，保证人民赋予的权力始终用来为人民谋利益。这些重要论述从确保干部清正、政府清廉、政治清明的高度，突出了权力运行制约和监督体系建设的重要性和紧迫性，为更加科学有效地防治腐败、从根本上遏制腐败提供了科学指引，使反腐败斗争的基本方向更加明确。

深刻领会反腐败斗争的履职要求。习近平同志指出，打铁还需自身硬；执法司法是否具有公信力，主要看两点，一是公正不公正，二是廉洁不廉洁。要以踏石留印、抓铁有痕的劲头抓下去，善始善终、善做善成。这些重要论述，对反腐败执纪执法活动提出了新的更高要求。我们要强化自身监督，旗帜鲜明地打好反腐败的攻坚战，坚决清除害群之马，解决"灯下黑"问题。

牢牢把握反腐败斗争的思想武器。坚决把反腐败斗争进行到底，就要深刻领会习近平同志运用马克思主义立场、观点和方法对新形势下反腐败斗争的重大理论和实践问题作出的科学回答。

夯实反腐败斗争的思想基础。习近平同志关于反腐败斗争的重要论述充分体现了辩证唯物主义和历史唯物主义的世界观和方法论，为当前和今后一个时期的党风廉政建设和反腐败斗争指明了方向、提供了遵循。从"空谈误国、实干兴邦"到"踏石留印、抓铁有痕"，从"常抓不懈、长期作战"到"把权力关进制度的笼子里"，以及关于反腐败斗争要处理好一些重大关系等，这些重要论述是从推进中国特色社会主义事业发展全局高度作出的科学论断。我们要以此为指导，历史地、辩证地观察、分析事物，正确地研究、解决问题，不断提高反腐败工作的科学化水平。

突出反腐败斗争的目的归宿。人心向背关系党的生死存亡。习近平同志在一系列重要讲话中明确了反腐败斗争的根本基础是密切联系群众，根本路径是紧紧依靠群众，根本标准是群众满意不满意。这些重要论述充分体现了人民群众是一切社会物质财富和精神财富的创造者、是决定国家前途和命运根本力量的历史唯物主义思想，是党的本质特征的体现。这就要求职能部门牢固树立群众观点、站稳群众立场、践行群众路线、维护群众权益，努力把反腐败工作深深扎根于人民群众之中。

指明反腐败斗争的主要方法。马克思主义法治理论是马克思主义的重要组成部分，是我们党治国理政的方法论。党的十八大以来，习近平同志多次强调坚持依法治国、依法执政、依法行政共同推进，法治国家、法治政府、法治社会一体建设，用法治思维和法治方式反腐败，把权力关进制度的笼子里等。这些重要论述，集中体现了现代法治的普遍性和统一性、稳定性和协调性、治理性和约束性、实效性和强制性等内涵特征，丰富和发展了马克思主义法治理论，把我们党对法治的认识提升到一个新高度。

实现反腐败斗争的与时俱进。习近平同志的重要论述着眼于马克思主义理论的运用，着眼于对实际问题的理论思考，着眼于新的实践和发展，对反腐败斗争面临的形势作出了科学判断，对反腐败斗争基本任务、基本方式、基本方向、价值目标作出了科学概括，明确要求把防治腐败寓于改革开放和各项建设的重要决策和举措之中，统一谋划、整体推进，在服务党和国家工作大局中找准切入点和突破口，通过反腐倡廉建设为党和国家事业发展提供有力保证，通过党和国家事业发展为推进反腐倡廉建设创造良好条件。这是我们党与时俱进的理论品质在反腐败工作中的鲜明体现。要以时代发展的要求审视自己，以改革创新的精神提高和完善自己。

在新的历史起点上开创反腐败斗争新局面。坚持和依靠党的领导，牢牢把握反腐败斗争的正确方向。党的领导是我国各项事业取得成功的根本政治保证。反腐败斗争作为我们党自我净化、自我完善、自我革新、自我提高的重大政治任务，必须坚持和依靠党的领导。坚持把反腐败斗争纳入各级党委、政府的总体工作规划，与经济社会发展和党的建设工作一起部署、一起检查、一起落实、一起考核。正确处理坚持党的领导与依纪依法行使职权的关系，坚持党对反腐败执纪执法工作的绝对领导，完善要案党内请示报告制度，主动向党委汇报重大部署、重大问题和重大事项。充分发挥政治体制优势，有效整合各方面力量和资源，发挥党委核心领导作用、纪委组织协调作用和政法委工作协调作用。

聚焦中心任务，以零容忍态度和高压态势惩治腐败。坚持有案必查、有腐必惩，做到发现一件查处一件，坚决克服和防止选择性执法。要调整办案思路，加强领导机关的领导责任，提倡上级检察院带头办案。突出办案重点，严肃查办发生在领导机关和领导干部中的贪污贿赂、买官卖官、徇私枉法、滥用职权、失职渎职案件；严肃查办发生在组织人事、司法执法和工程建设等重点领域和关键环节的案件；严肃查办侵害民生民利、与民争利夺利的案件。继续开展查办和预防发生在群众身边、损害群众利益职务犯罪专项工作，突出查办基层干部贪污贿赂、失职渎职等职务犯罪案件和民生领域职务犯罪案件，让人民群众切实感受到反腐败的工作成效。

坚持依法反腐，提高惩治腐败的法治化水平。一是坚持以程序正义为基础。加强执法规范化建设，细化办案规程，落实执法责任，提高制度执行力；完善人权司法保障制度。二是坚持以实体公正为主导。坚持"一要坚决，二要慎重，务必搞准"的原则，以事实为依据，以法律为准绳，客观公正地查办案件；贯彻宽严相济刑事政策，坚持区别对待，取得最佳办案效果；坚持罪刑法定、疑罪从无原则，用事实和证据说话。三是以权力规制为关键。通过查办案件，找准引发案件的体制机制漏洞，把权力关进制度的笼子里，实现惩治成果向预防成果转化。四是以群众监督为保障。尊重人民群众在反腐败中的主体地位，健全民意收集、研究与转化机制，探索建立群众投诉及时受理与查究反馈机制；加强反腐官方网站建设，架起与群众沟通的桥梁，积极主动应对和引导舆论。

保障全面深化改革，提高反腐败工作效能。加强对新形势下反腐倡廉与深化改革过程中出现的重大问题的调查研究，突破就反腐谈反腐、就法律谈法律的调查研究模式，把制约反腐败的体制机制问题放在全面深化改革的大局中思考；坚持以问题为导向，在深入调查研究的基础上形成科学的对策预案。面对党的纪律检查体制机制改革创新、党的纪律检查工作双重领导体制具体化、程序化、制度化的推进，以及纪检监察机关转职能、转方式改革措施的出台，检察机关应及时转变思想观念、工作机制、办案模式和侦查方式，加强与纪检监察机关在查办案件中的相互配合、密切协作，把反贪机构建设成为富有战斗力、公信力、震慑力的战斗堡垒。

加强队伍建设，打造公正廉明的反腐铁军。对反腐执纪执法人员在思想上、政治上要有更高的要求。要始终与时代同呼吸、与国家共命运，把坚持和发展党和人民事业作为自己的理想、信念和责任；坚持原则、意志坚定，管得住心中"老虎"，不受权力侵蚀，不被金钱收买，不被美色打倒，真正做到秉公执法、刚正不阿；敢于担当、乐于奉献，对党和人民事业高度负责，危难时刻挺身而出，遇功谦让、遇责担当，工作忘我、乐于奉献；明辨是非、公道正派，敢于坚持真理、修正错误，敢于批评、纠正不良倾向，敢于为坚持原则的同志说公道话，弘扬正气；始终保持昂扬锐气、坚强韧劲，乐于学习、奋发向上，不惧风险、勇于创新。

二、改革开放以来我国的反腐败斗争实践

40多年来，我国的反腐倡廉工作伴随着改革开放的步伐在实践中不断探索、在曲折中不断前进、在创新中不断发展。可以说每一步都充满艰辛，每一步也都绽放着光芒。

（1）不再搞政治运动，端正党纪国法阶段（1978年党的十一届三中全会至1989年党的十三届四中全会）。党的十一届三中全会以后，党和国家工作中心由以阶级斗争为纲转移到经济建设上来，以邓小平同志为核心的党的第二代中央领导集体提出执政党的党风问题是有关党的生死存亡的大问题，要一手抓改革开放，一手抓惩治腐败，探索在不搞政治运动的条件下，依靠改革和制度建设端正党风国法、反对腐败的新途径。

1978年12月8日至22日，党的十一届三中全会在北京召开，会上选举产生了由100人组成的新的中央纪律检查委员会，陈云当选第一书记，邓颖超为第二书记，胡耀邦为第三书记，这标志着中央纪委的正式恢复重建（"文化大革命"期间的1966年纪检监察机关被撤销）。按照党中央的规定，中央纪委的根本任务是维护党规党纪，搞好党风廉政建设。

1979年11月，中共中央、国务院颁发了《关于高级干部生活待遇的若干规定》，同年颁布实施了新的《中华人民共和国刑法》，标志着党中央更加重视通过法律的手段惩处腐败分子。

1980年2月，党的第十一届五中全会通过中央纪委和中央组织部共同起草的《关于党内政治生活的若干准则》（简称《准则》）作为对党章的重要补充。中央纪委于1980年在北京连续召开了三次贯彻《准则》的座谈会，胡耀邦传达和阐述了陈云"执政党的党风问题是有关党的生死存亡的问题"等重要指示，部署贯彻《准则》的具体方案，纠正不正之风工作。

1982年年初，党中央、国务院和全国人大常委会决定打击经济领域严重犯罪活动，要求党的各级纪委成为党委领导这场斗争的办事机构，各级公安、检察、法院等要密切协作。到 1986 年年底，中央决定各级纪委不再作为党委打击严重经济犯罪的办事机构，这项工作交同级司法机关负责协调和管理。中央颁布制定了《关于党政机关在职干部不要与群众合办企业的通知》以及《中共中央、国务院关于严禁党政机关和党政干部经商办企业的决定》等。

1982 年 9 月，党的十二大报告要求各级纪委"对中央以下的同级党委及其成员实行党章规定范围内的监督"，在修改的党章中将各级纪委由同级党委选举产生改为由同级党的代表大会选举产生，领导关系中的双重领导中删去了"以同级党委领导为主"的提法。同时还规定了纪委的三项任务和三项经常性工作，即"维护党的章程和其他重要的规章制度，协助党的委员会整顿党风，检查党的路线、方针、政策和决议的执行情况"；"经常对党员进行遵守纪律的教育，作出关于维护党纪的决定；检查和处理党的组织和党员违反党章党纪和国家法律法令的比较重要或复杂的案件，决定或取消对这些案件中的党员的处分；受理党员的控告和申诉"。

1982 年 12 月 4 日，第五届全国人民代表大会第五次会议颁布施行新的《中华人民共和国宪法》，其中规定："中华人民共和国的一切权力属于人民"；"任何组织或者个人都不得有超越宪法和法律的特权"；一切国家机关和国家工作人员必须"经常保持同人民的密切联系，倾听人民的意见和建议，接受人民的监督，努力为人民服务"，这便为我国反腐倡廉工作提供了最为根本的法律保证。

1984 年 10 月 20 日，中央纪委召开的第四次全会作出了《加强纪律检查工作，保证经济体制改革顺利进行》的决议，部署纠正新形势下出现的不正之风工作。

陈云同志提出，党性原则和党的纪律不存在"松绑"的问题，要求"纪检工作应当研究新情况，适应新情况"，"不仅要对妨碍、破坏改革的人和事坚决纠正和反对，而且要使纪检工作成为促进改革的重要力量"。

1985 年 11 月，党中央、国务院发布《关于解决当前机关作风中几个严重问题的通知》，提出坚决刹住争相购买和更换进口小轿车、巧立名目出国观光、挥霍公款旅游、党政机关领导干部及其子女配偶违反规定经商办企业等六股不正之风，在改革开放以来第一次把上述问题称为"腐败现象"。

1986 年 1 月，党中央召开中央机关干部 8000 人大会，决定首先从中央机关开始端正党风。1986 年 12 月，第六届全国人民代表大会第十八次会议根据国务院的提请，决定恢复并确立国家行政监察体制（同上，1966 年取消），设立中华人民共和国监察部。1987 年 7 月 1 日，监察部正式对外办公，尉健行任监察部部长。1988 年年底，全国县以上各级监察机关组建工作基本完成。

1987 年，国务院颁布《关于违反财政法规处罚的暂行规定》；1987 年 10 月，党的十三大召开，会上明确提出在党的建设上要走一条不搞政治运动，而靠改革和制度建设的新路子；把反腐败寓于建设和改革中；党的各级纪律检查委员会不处理法纪和政纪案件，应当集中力量管好党纪，协助党委管好党风。

1988 年 1 月，第六届全国人民代表大会第二十四次会议发布了《全国人民代表大会常务委员会关于惩治贪污罪贿赂罪的补充规定》。1988 年 3 月，在中央纪委第二次全体会议上，时任中央纪委书记乔石第一次提出了纪检机关要发挥保护、惩处、监督、教育四项职能。1988 年 6 月 1 日，党中央发出《关于党和国家机关必须保持廉洁的通知》，要求"党和国家的各级领导机关，必须把廉政工作作为一件大事摆到重要议事日程上，严肃认真、扎扎实实地抓"。这是改革开放以来第一次在党的文件中出现关于"廉政工作"的概念。通知明确廉政工作是经常性的工作，应充分发挥国家监察机关、审计机关、司法机关和党的纪检机关的作用，不另设办事机构，要通过法律和制度来保证党和国家机关的廉洁。1988 年 7 月，中共中央、中央纪委发布了《党员领导干部犯严重官僚主义失职错误党纪处分的暂行规定》《共产党员在涉外活动中违反纪律处分的暂行规定》《对参与嫖娼、卖淫活动的共产党员及有关责任者党纪处分的暂行规定》。1988 年 9 月，国务院发布了《国家行政机关工作人员贪污贿赂行政处分暂行规定》。1988 年 12 月，国务院发布了《国家行政机关及其工作人员在国内公务活动中不得赠送和接受礼品的规定》。

（2）从注重惩罚遏制到开始强调治本力度阶段（1989 年党的十三届四中全会至 2002 年党的十六大）。党的十三届四中全会以后，以江泽民同志为核心的党的第三代中央领导集体在建立社会主义市场经济体制过程中，提出治国必先治党、治党务必从严，确定了反腐败三项工作格局，筑起思想道德和党纪国法两道防线，形成了反腐败的领导体制和工作机制，实行了党风廉政建设责任制，推动反腐败从注重惩罚遏制转到标本兼治、综合治理、逐步加大治本力度的轨道。

1989 年 6 月，党的十三届四中全会提出，必须在近期办几件使党心民心为之振奋的事情，再经过一定时间的努力，制定防止和惩治腐败的制度，使党风有根本好转，恢复和加强党和群众的密切联系。1989 年 7 月 28 日，党中央、国务院决定在反腐倡廉方面要做的七件事：进一步清理整顿公司；坚决制止高干子女经商；取消对领导同志少量食品的"特供"；严格按规定配车，禁止进口小轿车；严格禁止请客送礼；严格控制领导干部出国；严肃认真查处贪污、受贿等犯罪案件，特别要抓紧查处大案要案。1989 年 8 月 15 日，根据中共中央建议，最高人民法院、最高人民检察院发出《关于贪污、受贿、投机倒把等犯罪分子必须在限期内自首坦白的通告》，规定从 1989 年 8 月 15 日至 10 月 30 日，凡有上述犯罪行为的人，如果限期投案自首，积极退赃，或有检举立功表现的，一律从宽处理。1989 年 8 月 19 日，监察部发出《关于有贪污贿赂行为的国家机关工作人员必须在限期内主动交待问题的通告》。1989 年 9 月 18 日中共中央、国务院、中央纪委发布了《关于在国内公务活动中严禁用公款宴请和有关工作餐的规定》。

1990 年 12 月，国务院颁布了《中华人民共和国行政监察条例》，第一次提出了纪检监察机关用以查处腐败分子的"著名"方式"双规"。条例中明确规定：纪检监察机关在案件调查中有权责令有关人员在规定的时间、地点就监察事项涉及的问题作出解释和说明。

1992 年 1 月 18 日至 2 月 21 日，邓小平视察南方，强调要一手抓改革开放，一手抓惩治腐败，两手都要硬；在整个改革开放的过程中都要反对腐败；廉政建设要靠教育，更要靠法治。1992 年 10 月，江泽民在党的十四大报告中强调，要把端正党风和加强廉政建设作为一件大事，下决心抓出成效，取信于民，要建立有效防范以权谋私和行业不正之风的约束机制。

1993 年 2 月，党中央、国务院决定中央纪委、监察部合署办公，实行"一套人马、两块牌子"，履行党的纪律检查和政府行政监察两项职能。地方各级监察机关与党的纪委合署后，实行由所在政府和上级纪检监察机关双重领导体制。这是在新形势下加强党的纪检工作和强化行政监察机关职能的重大措施，也是我国党政监督体制的一次重大改革。1993 年 8 月 14 日，国务院颁布了《国家公务员暂行条例》，标志着我国的公务员管理步入规范化。1993 年 8 月 20 日至 25 日，中央纪委第二次全体会议对全党加强反腐败斗争作出具体部署，提出了新形势下加大反腐败斗争力度的思路、对策、原则和近期任务，确立了领导干部廉洁自律、查办大案要案、狠刹群众反映强烈的不正之风的反腐败三项工作格局。1993 年 12 月 5 日，国务院签发《关于在对外公务活动中赠送和接受礼品的规定》的命令。

1995 年，中共中央先后发布了《党员权利保障条例（试行）》、《关于对党和国家机关工作人员在国内交往中收受的礼品实行登记制度的规定》《关于党政机关县处级以上领导干部收入申报的规定》；中央纪委出台《关于国有企业领导干部廉洁自律"四条规定"的实施和处理意见》。

1996 年，中央纪委先后制定出台了《中共中央纪委关于建立巡视制度的试行办法》《关于党政机关县处级以上党员领导干部违反廉洁自律规定购买、更换小汽车行为的党纪处理办法》等文件。

1997 年，党中央先后颁布《关于国有企业实行业务招待费使用情况等重要事项向职代会报告制度的规定》《关于领导干部报告个人重大事项的规定》《中共中央纪律检查委员会关于重申和建立党内监督五项制度的实施办法》《中国共产党纪律处分条例（试行）》、《中国共产党党员领导干部廉洁从政若干准则（试行）》《关于对违反党政领导干部选拔任用工作暂行条例行为的处理规定》《中共中央、国务院关于党政机关厉行节约，制止奢侈浪费行为的若干规定》。1997 年 5 月，第八届全国人民代表大会第二十五次会议通过颁布了《中华人民共和国行政监察法》，加强监察工作，保证政令畅通，维护行政纪律，促进廉政建设，改善行政管理，提高行政效能。1997 年 9 月，党的十五大召开，江泽民在报告中指出，坚持标本兼治，教育是基础，法治是保证，监督是关键。通过深化改革，不断铲除腐败现象滋生蔓延的土壤，形成党委统一领导，党政齐抓共管，纪委组织协调，部门各负其责，依靠群众的支持和参与的反腐败领导体制和工作机制。

1998 年 3 月，李金华担任国家审计署审计长，在之后的几年内不断掀起反腐利剑——"审计风暴"，于 2006 年将所有离任的省部级官员都纳入监督范围。1998 年 11 月 4 日，监察部发布了《监察机关审理政纪案件的暂行办法》。1998 年 11 月 21 日，党中央、国务院印发《关于实行党风廉政建设责任制的规定》，明确了党政领导班子和领导干部对党风廉政建设责任制的总体要求、责任内容、责任考核、责任追究的具体规定。

1999 年，监察部、人事部、中国人民银行、海关总署、国家外汇管理局共同发布了《关于骗购外汇、非法套汇、逃汇、非法买卖外汇等违反外汇管理规定的行政处分或者纪律处分暂行规定》。

2000 年 2 月，国务院颁布《违反行政事业性收费和罚没收入收支两条线管理规定行政处分暂行规定》。2000 年 3 月，监察部、国土资源部发布实施了《关于违反土地管理规定行为行政处分暂行办法》。2000 年 8 月，最高人民检察院成立职务犯罪预防厅。

2001 年 10 月，"慕马案"中慕绥新、马向东等人的落马标志着我国惩处省部级高官腐败案件开始形成一个相对固定的模式，即中央纪委依法查办，构成犯罪的先给予党纪政纪处分，后再移交最高人民检察院；不构成犯罪的，给予党纪政纪处分或组织处理。最高人民法院和最高人民检察院为了排除各方关系的干扰，实施了异地侦查和异地审判制度。

（3）进一步加强新形势下的反腐败力度，着力构筑惩治和预防腐败体系阶段（2002年党的十六大至今）。党的十六大以来，以胡锦涛同志为总书记的党中央科学分析新时期、新阶段条件下我国反腐倡廉面临的形势，提出坚决惩治腐败是党执政能力的重要体现，有效预防腐败更是党执政能力的重要标志，确立了反腐败"标本兼治、综合治理、惩防并举、注重预防"的方针，颁布了《建立健全教育、制度、监督并重的惩治和预防腐败体系实施纲要》及其2008—2012年工作规划，拓展了从源头上防治腐败的工作领域，标志着我国的反腐倡廉建设迈入新时期。2002年，中央纪委、监察部开始了对纪检机关派出机构的统一管理试点工作，2004年和2005年，派驻国家机关56个部门的纪检组和监察局由中央纪委、监察部和驻在部门双重领导改为由中央纪委、监察部直接领导。2003年6月19日，中共中央出台了《党政领导干部选拔任用工作监督检查办法（试行）》。2003年12月10日，中国在墨西哥签署了联合国历史上第一个指导国际反腐的法律文件《联合国反腐败公约》，2005年10月27日，第十届全国人大常委会审议批准了公约，并组织协调有关部门全面启动公约与我国法律制度的衔接工作，建立健全了有关执法合作、司法协助、人员遣返、涉案资产返还等方面的工作机制。2003年12月31日，党中央从加强党的建设、健全和完善党内监督制度入手，颁布实施了《中国共产党党内监督条例（试行）》和《中国共产党纪律处分条例》。2004年2月，中央纪委起草了《中共中央纪委监察部关于领导干部利用职权违反规定干预和插手建设工程招标投标、经营性土地使用权出让、房地产开发与经营等市场经济活动，为个人和亲友谋取私利的处理规定》。同年，中央纪委与中央组织部联合制定了《巡视工作暂行规定》，组建了专门的巡视机构，于2007年上半年完成对全国31个省（自治区、直辖市）和新疆建设兵团的第一轮巡视。2004年9月，为了保障《行政监察法》的贯彻实施，国务院发布了《中华人民共和国行政监察法实施条例》。2004年10月，中共中央颁布了《中国共产党党员权利保障条例》，这是在1995年颁布实施的《中国共产党党员权利保障条例（试行）》的基础上修订完善的。2004年12月12日，中共中央纪委、中共中央组织部、监察部、国务院国资委联合出台了《国有企业领导人员廉洁从业若干规定（试行）》。2005年1月，《建立健全教育、制度、监督并重的惩治和预防腐败体系实施纲要》正式出台，提出了拓展从源头上预防和治理腐败工作领域的要求，标志着我国反腐倡廉工作进入了新的发展阶段。2005年2月，国务院发布《财政违法行为处罚处分条例》，1987年颁布的《国务院关于违反财政法规处罚的暂行规定》废止。2005年4月，为了规范公务员的管理，保障公务员的合法权益，加强对公务员的监督，建设高素质的公务员队伍，促进勤政廉政，提高工作效能，我国正式颁布了《中华人民共和国公务员法》。2005年7月，中央纪委制定了《关于纪委协助党委组织协调反腐败工作的规定（试行）》。2005年12月，中央纪委、中央组织部联合发布了《关于党员领导干部述职述廉的暂行规定》。2006年2月，监察部、国家环境保护总局公布《环境保护违法违纪行为处分暂行规定》。2006年8月，监察部、建设部、国土资源部联合发出《关于制止违规集资合作建房的通知》。2006年11月，监察部、国家安全生产监督管理总局发布《安全生产领域违法违纪行为政纪处分暂行规定》。2007年1月1日，开始实行《中华人民共和国各级人民代表大会常务委员会监督法》。2007年2月，中央机构编制委员会办公室（简称中央编办）、监察部联合发布《机构编制监督检查工作暂行规定》。2007年4月22日，中共中央发布了《地方党委委员、纪委委员开展党内询问和质询办法（试行）》。2007年6月1日，《行政机关公务员处分条例》正式施行。2007年6月13日，中共中央纪委出台《关于严格禁止利用职务上的便利谋取不正当利益的若干规定》。2007年9月13日，国家预防腐败局挂牌成立，这是党中央、国务院科学判断形势，为在新阶段深入推进预防腐败工作而采取的一项重大举措，是反腐倡廉建设向纵深发展的必然要求，也是履行《联合国反腐败公约》规定义务的需要。2007年10月，党的十七大召开，第一次把反腐倡廉建设同党的思想建设、组织建设、作风建设、制度建设一起确定为党的建设基本任务，提出"在坚决惩治腐败的同时，更加注重治本，更加注重预防，更加注重制度建设"。2008年1月，胡锦涛在第十七届中央纪委第二次全体会议上强调，必须以完善惩治和预防腐败体系的建立作为今后反腐倡廉的重点，努力形成拒腐防变的教育长效机制、反腐倡廉的制度体系以及权力运行的监督机制。2008年5月1日，《中华人民共和国政府信息公开条例》正式实施。2008年5月13日，中共中央印发了《建立健全惩治和预防腐败体系2008—2012年工作规划》，进一步明确了惩治和预防腐败体系建设的指导思想、基本要求和工作目标，重点对教育、制度、监督、改革、纠风、惩处六项工作整体推进作出部署，努力构筑惩治和预防腐败体系基本框架。2008年7月，中央纪委发布了《关于违反信访工作纪律适用〈中国共产党纪律处分条例〉若干问题的解释》，监察部、人力资源和社会保障部、国家信访局联合发布了《关于违反信访工作纪律处分暂行规定》。2008年7月22日，国家公务员局正式成立。这为我国进一步提高公务员队伍建设和管理的水平，促进服务政府、责任政府、法治政府和廉洁政府建设，提高政府执行力和公信力，提供了坚强的组织保证。2008年7月28日，中央纪委、监察部召开深入推进纠风工作调研座谈会，时任中共中央政治局常委、中央纪委书记贺国强同志强调，坚决纠正损害群众利益的不正之风，是践行党的根本宗旨和执政理念的重要体现，是深入贯彻落实科学发展观、构建社会主义和谐社会的现实需要，也是反腐倡廉建设的一项重点任务。2008年10月21日，中央纪委和中央有关部门召开电视电话会议，学习贯彻胡锦涛同志关于抓好党风廉政建设责任制的重要指示精神，总结交流落实党风廉政建设责任制的经验，对下一步工作进行了研究部署。贺国强在会上指出，落实党风廉政建设责任制要紧紧围绕责任分解、责任考核、责任追究三个关键环节，细化工作责任和目标要求，将责任制落到实处。要着力抓好三项重点任务：一是要加强对贯彻执行党的路线方针政策的监督检查，严肃党的政治纪律，确保中央政令畅通，坚决维护中央权威，切实把中央关于推动科学发展的重大决策部署和保障改善民生的各项政策措施落到实处；二是要认真学习贯彻党的十七届三中全会精神，抓好农村基层党风廉政建设，推动中央农村改革发展方针政策和决策部署的贯彻落实；三是要认真贯彻《建立健全惩治和预防腐败体系2008—2012年工作规划》，着力抓好查处一批腐败案件、整治一批损害群众利益的不正之风、解决一批领导干部违反廉洁自律规定的突出问题、出台一批反腐倡廉制度规定、推进一批改革措施等工作。

党的十八大以来，以习近平同志为核心的党中央对反腐败工作进行全面部署，强调要"坚持无禁区、全覆盖、零容忍，严肃查处腐败分子，坚决遏制腐败现象蔓延势头，着力营造不敢腐、不能腐、不想腐的政治氛围"。2013 年，坚持"老虎""苍蝇"一起打，形成了对腐败分子的高压态势；坚持促进权力规范运行，强化监督，加强和改进巡视工作，畅通人民群众举报和监督渠道，得到了广大干部群众积极评价。习近平强调，在肯定成绩的同时，我们也要看到，滋生腐败的土壤依然存在，反腐败形势依然严峻复杂，一些不正之风和腐败问题影响恶劣、亟待解决。全党同志要深刻认识反腐败斗争的长期性、复杂性、艰巨性，以猛药去疴、重典治乱的决心，以刮骨疗毒、壮士断腕的勇气，坚决把党风廉政建设和反腐败斗争进行到底。习近平指出，建立健全惩治和预防腐败体系是国家战略和顶层设计。中央印发了《建立健全惩治和预防腐败体系 2013—2017 年工作规划》，这是开展党风廉政建设和反腐败工作的指导性文件，各级党委要认真执行，把这项重大政治任务贯穿到改革发展稳定各项工作之中。党的十八大以来，到 2021 年 6 月 28 日，全国已有408.9 万名违纪党员干部被处分，374.2 万人被给予党纪政务处分，刹住了许多人认为不可能刹住的歪风，显示出我们党不论涉案金额大小、官位高低，只要涉腐绝不姑息的坚决态度。

2018 年 3 月 20 日，第十三届全国人民代表大会第一次全体会议审议通过了《中华人民共和国监察法》（以下简称《监察法》）。《监察法》是全面从严治党的制度创新，也是全面从严治党的重要制度成果。2021 年 8 月 20 日，第十三届全国人民代表大会第三十次会议表决通过《中华人民共和国监察官法》（以下简称《监察官法》），这是坚持和加强党对监察工作领导、深化国家监察体制改革的重要制度成果，是进一步健全反腐败领导体制和工作机制、完善党和国家监督体系的重要保障。

纵观我国 40 多年来反腐倡廉的实践历程不难看出，在建设中国特色社会主义的道路上，我国的反腐败工作始终处在不断发展、不断完善的动态前进过程。在此过程中，随着机遇与挑战的并存，我党的风险意识和忧患意识不断增强，党的执政能力、拒腐防变能力和各项事业的建设能力也都得到较大程度的提升，在反对腐败方面取得了一系列显著的成就和经验。这些已有的成果为我国今后反腐败斗争以及惩治和预防腐败体系的构建奠定了坚实的基础，同时也提供了重要的依据和参考。

第二节　我国反腐败体系的职能特点

研究腐败的特征和危害性表现，了解其产生的社会背景及诱发原因，是为了有的放矢地进行反腐败。反腐败的根本目的是预防和减少腐败的发生，最终消灭腐败，构建廉洁政治。如何有效反腐败是摆在全体法学家、政治家和社会学家面前的一个重大课题。这直接影响人民群众对党和国家的信任度，关系社会经济发展和稳定大局。在当前中国现状下，反腐败本质上是一个制度建设过程，即建立国家反腐败体系的过程。不论一个国家处在什么样的发展阶段，采用什么样的社会制度，腐败的程度多么严重，建立国家反腐败体系对于抑制腐败都具有普遍性和适应性。这是最有效的反腐败改革计划，也是人类反腐败智慧的结晶。

　　国家反腐败体系是国家为了抑制腐败而设计的一种权力制衡体系，它能够处理公共部门中的公私利益冲突，有效地分解权力，并限制利益冲突产生或对公共利益产生不利影响的情况出现，其最终目标是使腐败行为变得"高风险"和"低回报"。这是一项庞大复杂的系统工程，它的运行质量取决于国家法制取向、机构设置、职能运行、社会认知度等综合因素作用，不妨称之为"反腐工程"。这里，党的领导力量是工程的"地基"，决定反腐败的法制与政策取向；国家专职反腐败机构是工程的钢筋混凝土结构，是反腐败的中坚力量；其他反腐败力量和相关法制建设，就是它的砖瓦和配套设施，是反腐败体系必不可少的重要组成部分，这项工程的进度和工程质量的优劣，决定反腐败的综合效果。

　　严格意义上说，几乎没有哪两个国家的国家反腐败体系是完全相同的。一个国家的反腐败体系必然是该国文化历史、政治制度、经济发展水平、法律体系和腐败状况等因素共同作用的结果。中国走的是一条与中国国情相适应、有中国特色的廉政建设之路，中国反腐败体系也会作为一种独特的模式供其他国家学习和借鉴。在我国这个人民民主专政国家实行人民代表大会制度的大前提下，反腐败体系在总体职能运行上呈现以下特点。

　　第一，在人民当家作主的国家里，中国共产党作为人民群众根本利益的代表者，从政治上领导着整个国家反腐败体系。党的纪律检查机关对每个党员干部行使权力的行为从组织纪律的角度进行着有力的监督和检查，保证了占国家公务员大多数的共产党干部的廉洁，实质上也就保证了整个国家的廉洁度，为国家反腐败制度的实施建立了宽厚的政治基础。

　　第二，根据我国"党委统一领导，党政齐抓共管，纪委组织协调，部门各负其责"的反腐败领导体制和工作机制，政府内的廉政监督部门为监察部门和审计部门，其中监察部门和党的纪律检查机关合署办公，监督公务员（主要是行政官员）的工作，审计部门则负责各级国家机构财政开支的监督检查。同时，几乎所有部门和单位内部都设有纪检部门或专职纪检书记，对其所辖人员的廉政情况进行日常性的监督和检查。

　　第三，在党的领导下，人民代表大会作为立法机关和权力机关，产生的"一府两院"行使行政权和司法权，行政部门和司法部门对权力机关负责，接受权力机关的监督。法院和检察院作为国家司法部门，负责追究可能或已经触犯刑律的腐败行为。监察委员会对所有行使公权力的公职人员进行监察，调查职务违法和职务犯罪，开展廉政建设和反腐败工作，维护宪法和法律的尊严。

　　第四，新闻媒体在承担着宣传社会主义文明任务的同时，也越来越关注危害社会的腐败问题，并进行有力的监督，因此，舆论监督也是反腐败不可缺少的重要力量。同时，新闻媒体坚持党的领导和正确的舆论导向，积极宣传党的方针政策和反腐败成果，通过正面和反面典型的报道，在社会上和人民群众中营造良好的反腐败氛围，督促和警示公务员廉洁从政，具有重要的现实意义。

第三节　我国反腐败机构取得的积极成果

　　从新中国成立初期开始一直到今天，中国政府不断在采取措施与腐败分子作斗争。逐步建立健全法律法规体系，使我国的反腐败有法可依；深化干部人事制度改革，加强各级监察部门的权威，推行政务公开等，使我国的反腐败工作顺利地进行，取得了可喜的成果。进入新的历史时期，中国政府结合形势发展变化，全面推进了制度化建设，先后颁布廉政法律法规数百件，对规范廉政建设，领导干部的行为规范起到了积极的作用。这里我们仅列出其中的一部分。

2000年，我国出台了《深化干部人事制度改革纲要》，确定了深化干部人事制度改革的基本目标：通过不断推进和深化干部人事制度改革，到2010年，要建立起一套与建设有中国特色社会主义经济、政治、文化相适应的干部人事制度，为建设一支符合"三个代表"要求的高素质干部队伍提供制度保证。基本目标是：建立起能上能下、能进能出、有效激励、严格监督、竞争择优、充满活力的用人机制；完善干部人事工作统一领导、分级管理、有效调控的宏观管理体系；形成符合党政机关、国有企业和事业单位不同特点的、科学的分类管理体制，建立各具特色的管理制度；健全干部人事管理法规体系，努力实现干部人事工作的依法管理，有效遏制用人上的不正之风和腐败现象；创造尊重知识，尊重人才，有利于优秀人才脱颖而出、健康成长的社会环境，实现人才资源的整体开发与合理配置。

2001年至2005年"十五"期间的干部人事制度改革，以推进干部能上能下、能进能出为重点，以初步建立起一套与建设有中国特色社会主义经济、政治、文化相适应的干部人事制度为目标，为实现国民经济和社会发展"十五"规划提供了组织保证和人才支持。

2004年4月，中国政府集中出台了"5＋1"法规文件，"5"即《公开选拔党政领导干部工作暂行规定》《党政机关竞争上岗工作暂行规定》《党的地方委员会全体会议对下一级党委、政府领导班子正职拟任人选和推荐人选表决办法》《党政领导干部辞职暂行规定》和《关于党政领导干部辞职从事经营活动有关问题的意见》五个文件，"1"则是《关于对党政领导干部在企业兼职进行清理的通知》。这六个文件所规定的领导干部公开选拔、竞争上岗、推荐时集体表决、辞职、兼职等，对我国的干部人事制度规范起到了重要的作用。

2005年年初，颁布了《建立健全教育、制度、监督并重的惩治和预防腐败体系实施纲要》。深刻阐述了建立健全惩治和预防腐败体系的重大意义，总结了我国反腐倡廉基本经验，明确了惩治和预防腐败体系建设的指导思想、主要目标和工作原则，提出了当前和今后一个时期深入开展党风廉政建设和反腐败工作的具体措施。

2006年又集中出台了五个法规文件，分别是《党政领导干部职务任期暂行规定》，对党政领导干部的职务任期、连任限制、最高任职年限、任期内保持相对稳定等问题作了规定；《党政领导干部交流工作规定》，对交流的对象、范围、方式、组织实施、工作纪律、保障措施等作了规定；《党政领导干部任职回避暂行规定》，对领导干部任职回避的适用情形、操作程序等作出了规定；《关于对党员领导干部进行诫勉谈话和函询的暂行办法》，规定通过直接谈话或书面询问的形式对了解到的党员领导干部的有关问题作进一步的了解和提醒；《关于党员领导干部述职述廉的暂行规定》，规定党员领导干部要定期报告自己履行职责和廉洁从政等方面的情况。

在地方领导班子换届工作中，各地按照任期制的相关规定，对任期届满的干部不再提名，民主推荐得票不过半数或在全委会述职中获赞成票不过半数的领导干部也不再继续提名。政府的相关规定得到了很好的落实,在一定程度上消除了腐败滋生和蔓延的土壤,在反腐倡廉方面取得了积极的效果。

第四节 我国政府反腐败的实证案例分析

腐败自古有之,反腐败也是一个古老的话题。据专家考证,我国早在夏、商、周三代的地方机构中便有了当今纪检监察官的前身——"方伯"。他们"受命于王,以监察一方,谓之伯"。这表明,古代中国很早就已开始了反腐倡廉的努力。在此后漫长的历史长河中,历朝历代都重视反腐工作,逐步形成了一套防范和惩治腐败的机制,也涌现出了许多让人称颂的反腐人物。这些机制和人物是历史给予我们的宝贵财富,为我们今天的反腐工作提供了借鉴。

与历史相比,新中国对反腐的态度更为鲜明和坚决。1952年,为了阻止腐败的滋生和蔓延,在全国范围内开展了声势浩大的"三反""五反"运动。1952年2月10日,在河北省保定市东关大教场,河北省人民法院临时法庭向两万多名现场群众宣布:"奉中央人民政府最高人民法院令准,判处大贪污犯刘青山、张子善死刑,立即执行!"刘青山、张子善是屡建战功、久经革命考验的老干部,两个人位高权重,对他们的处理在当时引起巨大反响,人们从此看到了中国共产党对反腐败的坚强决心。

党的十一届三中全会后,改革开放政策的实行给我国社会带来了巨大的变化,使我国经济迅速增长,也推动我国社会的进步。同时,它也使我国的体制和人们的观念处于迅速转型过程中。许多国家的发展进程表明,转型期往往也是腐败的高发期。一方面,社会的急速变化导致诱发腐败的因素增长;另一方面,在新旧交替过程中,原有体制和观念难以有效发挥作用,而新的体制和观念又未能确立,这就使抑制腐败的因素被削弱,从而导致腐败的滋生和蔓延。中国的情况印证了这一点。有学者曾经用"总体上表现为易发多发性""集中表现在新旧体制交汇点""呈现出扩散的趋势""对社会各方面的危害极大"四句话来总结改革开放后我国腐败现象的特点。

面对这种新的形势,党和国家反腐的决心没有变,40多年来,惩治腐败从来没有放松过,对腐败分子从来没有手软过。在当今中国,腐败分子不论职位多高、功劳多大,都将受到处罚。在众多贪污腐败的高官中,陈良宇案件发人深省。

在不断推进的反腐败工作中,我国的反腐机制显示出了强大的力量。各级监察机关、司法机关和广大人民群众通力合作,共同编织出一张网,一张让腐败分子难以逃脱的大网。为了打击贪官外逃,中国通过参与《国际反腐公约》、签订司法互助协定、请求国际刑警组织协助、开展国际研讨与交流等途径加强了国际间的合作,目的是切断腐败分子的后路,使我们的反腐网更加严密。

多年来反腐的实践表明,反腐促进了我国的制度建设,推动了我国的现代化进程。随着我国反腐工作的进一步深化,我国社会主义廉政建设也将踏上新的台阶。

第五章　我国腐败犯罪侦查
机制的改革与创新

　　无论是历史还是现实，无论是理论还是实践，都深刻地告诉我们：深入反腐败斗争是全党和全国人民的一项重大政治任务。我们必须深刻认识到腐败犯罪侦查机制改革与创新的重要性和紧迫性，通过强有力的法治措施，遏制腐败的蔓延和发展。

第一节　腐败犯罪侦查概述

　　新时期腐败犯罪呈现行业性、智能化、高层化、群体性等新特点，这就使我国腐败犯罪侦查制度面临着挑战。为应对这项挑战，我国设立了监察委员会，以保障监察机关的独立性与权威性；调整侦查模式，从软件与硬件两个方面入手，使由供到证的侦查模式向由证到供转变，增加技术侦查手段和秘密侦查的手段。

一、腐败犯罪的定义

　　腐败作为一种特殊的社会现象，腐败犯罪应属于国家刑法规制范围内的腐败。《联合国反腐败公约》对腐败犯罪有明确的规定，我国刑法中没有"腐败犯罪"的提法，在分则概括地称为"贪污贿赂罪""渎职罪"等，在司法实践中常有"职务犯罪""经济犯罪"的提法，但概念比较模糊，因为在其前面必须界以"国家工作人员的"的限定，略显累赘，与国际接轨，我们也应称之为"腐败犯罪"，概念就明确得多。那么什么是腐败犯罪呢？这里的腐败犯罪是否等同于检察机关侦查范围内的职务犯罪呢？我们认为腐败犯罪有广义和狭义两种理解，具体如下。

　　广义的"腐败犯罪"是指国家工作人员以及其他从事公务的人员利用职权或职务上的便利或者滥用职权或者不正确履行职责的故意或过失型犯罪，在这里，它等同于检察机关侦查范围内的"职务犯罪"。狭义的"腐败犯罪"仅指上述人员利用职权或职务上的便利谋取私利的故意犯罪，也即《刑法》分则关于"贪污贿赂犯罪"章节的有关规定，不包括其中关于国家机关工作人员"渎职罪"及侵犯公民人身权利、民主权利犯罪的有关规定。当然，渎职、侵权经常与腐败相伴相生，本文所指"腐败犯罪"一般指纯粹意义上的，即狭义的腐败犯罪。

二、腐败犯罪侦查机关

　　2018年3月20日通过的《中华人民共和国监察法》第十一条规定，监察委员会对涉嫌贪污贿赂、滥用职权、玩忽职守、权力寻租、利益输送、徇私舞弊以及浪费国家资财等职务违法和职务犯罪进行调查。第三十三条规定："监察机关在收集、固定、审查、运用证据时，应当与刑事审判关于证据的要求和标准相一致。以非法方法收集的证据应当依法予以排除，不得作为案件处置的依据。"

第二节　我国腐败犯罪侦查的特点

在司法实践中，腐败犯罪侦查与一般刑事犯罪的侦查在侦查方法、侦查手段和侦查技术的运用等方面存在明显的不同，这里从立法和制度完善的角度出发，将其特点整合为以下六点，这也是法学界和司法界长期研究和关注的难点和主要问题。

一、由人到事的侦查

从现行我国整个侦查模式来讲，腐败犯罪案件是由人到事，而一般刑事案件可能都是由事到人。比如说有人被杀或家里被盗了，那么公安机关的任务就是追查作案的真凶，这就是由事到人。而腐败案件在大多数情况下是由人到事，这个人有举报、有反映，或者是在办案中发现或者通过其他社会现象反映出这个人可能不正常，检察机关进而展开初查，整个侦查工作差别是很大的。

二、"由供到证"的侦查

侦查机关掌握了案件线索后，立即进行讯问获取口供，然后根据口供进行立案侦查、收集证据，就像"挤牙膏"，挤一点查一点，挤多少查多少，口供成为事实上的证据之王。按照法律的规定，这种侦查模式必须转变为"由证到供"，即先收集其他证据到基本上确实充分以后，再立案侦查、接触和讯问犯罪嫌疑人，核实、补充其他证据。在实践中，由于相关法律制度的欠缺及其他种种原因，侦查部门在获取口供前很难获取其他有效的证据。

三、智能化程度高

有时候一个腐败案子作案的过程和时间比较长，也很复杂，特别是当前的贪污贿赂犯罪已经不限于钱和物，有时候包括有形的和无形的资产，有时候就直接产生于公司内部，几经变化把一个公司用股份制的形式，几经转手变成个人的公司，犯罪手段隐蔽，智能化程度极高。要掌握其整个流转过程是非常难的。

四、证据搜集难度大

一般刑事案件证据相对容易搜集，通常都留有痕迹，留下物证、书证或其他一些证据，但是贪污贿赂等职务犯罪案件，像贪污、挪用还可能体现在账上，尤其行贿是一对一，手段都很隐蔽，两个人有时候都不相互见面，特别是还不说话、不吭气地把钱放下就走人，说几句话都怕有录音，搜集证据的难度可想而知。这就必然要求提高腐败犯罪侦查中的技术含量。

五、侦查时注重初查

公安机关往往重侦查，因为它有发案现场，必须立案，在不知道犯罪嫌疑人的情况下就立案，立案范围及成案率高得多。而在现行"由供到证"的侦查模式没有根本转变的情况下，初查往往是决定一个案件成败最关键的阶段。《监察法》第四章规定了监察权限，其中谈话、讯问、询问、查询、冻结、调取、查封、扣押、搜查、勘验检查、鉴定、留置等12项措施由监察机关决定和实施。技术调查、限制出境、通缉等措施由监察委员会审批，交由公安机关等其他机关实施。

第三节 构建中国特色国家监察体制

党的十八大以后，党中央作出反腐败斗争形势依然严峻复杂的重要判断，把全面从严治党纳入战略布局，把党风廉政建设和反腐败斗争摆到新高度，反腐败压倒性态势形成并巩固发展。在反腐败实践中，一些体制机制问题显现出来，需要通过改革，为制定法律提供制度保障。

一、《中华人民共和国监察法》

在反腐败实践中发现的问题如下：①反腐败力量分散。在国家监察体制改革之前，反腐败力量分散在纪委、检查机关，党的纪律检查机关依照《中国共产党章程》和党内法规条例等对党员的违纪行为进行审查，行政监察机关依照《中华人民共和国行政监察法》对行政机关工作人员的违纪违法行为进行监察，检察机关依照《中华人民共和国刑事诉讼法》对国家工作人员职务犯罪行为进行查处，反腐败职能既分别行使，又交叉重叠，没有形成合力。检察机关对职务犯罪案件既行使侦查权，又行使批捕、起诉等权力，缺乏有效监督机制；②行政监察覆盖面窄。原有的行政监察主要限于对行政机关及其工作人员的监督，覆盖面窄。检察院主要侦查、办理国家工作人员的职务犯罪，不管职务违法行为；③纪法衔接不畅。一些地方查办职务犯罪案件出现"先移后处""先法后纪"等问题。反腐败必须形成合力。

为了加强党对反腐败工作的集中统一领导，构建集中统一、权威高效的中国特色国家监察体制，实现对所有行使公权力的公职人员的监察全覆盖，以习近平同志为核心的党中央深化国家监察体制改革，2018年3月20日，第十三届全国人民代表大会第一次全体会议审议通过了《中华人民共和国监察法》（以下简称《监察法》）。这是一部对国家监察工作起统领性和基础性作用的法律。《监察法》把党对腐败工作的集中统一领导机制固定下来，设立监察委员会，与纪委合署办公，接受党中央或地方党委统一领导，形成监督合力，构建起集中统一、权威高效的国家监察体系，把制度优势转化为效能优势，确保党和国家赋予的权力真正用来为人民谋利益。

制定《监察法》是全面依法治国的必然要求，是全面从严治党的制度创新，将党的十八大以来全面从严治党的好经验好做法固定下来，为党和国家监督体系提供法治保障，是全面从严治党的重要制度成果。

《监察法》共分9章69条，包括总则、监察机关及其职责、监察范围和管辖、监察权限、监察程序、反腐败国际合作、对监察机关和监察人员的监督、法律责任和附则。

二、《中华人民共和国监察法实施条例》

2021年9月20日，《中华人民共和国监察法实施条例》（以下简称《监察法实施条例》）公布施行。这是国家监察委员会成立后制定的第一部监察法规，共计9章287条，是一部全面系统规范监察工作的基础性法规。

《监察法》在实施过程中出现了一些新情况新问题，例如，对部分监察对象的界定不够明确，监察执法与刑事司法的衔接等都有反映比较突出的问题。坚持问题导向原则，《监察法实施条例》全面系统规范监察工作，对监察监督、以案促改、检察权的行使，对线索处置、初步核实、立案、调查、审理、处置、移送审查起诉等监察工作环节程序要求都作出细化规定，使《监察法》更加细化，可操作性更强。

《监察法实施条例》第十条第一款规定，国家监察委员会在党中央领导下开展工作。地方各级监察委员会在同级党委和上级监察委员会双重领导下工作，监督执法调查工作以上级监察委员会领导为主，线索处置和案件查办在向同级党委报告的同时应当一并向上一级监察委员会报告。这明确了地方监察委员会的双重领导体制，明确了监督执法调查工作以上级监察委员会为主。

《监察法实施条例》第八条规定，监察机关办理职务犯罪案件，应当与人民法院、人民检察院互相配合、互相制约，在案件管辖、证据审查、案件移送、涉案财物处置等方面加强沟通协调，对于人民法院、人民检察院提出的退回补充调查、排除非法证据、调取同步录音录像、要求调查人员出庭等意见依法办理。

《监察法实施条例》第九条规定，监察机关开展监察工作，可以依法提请组织人事、公安、国家安全、审计、统计、市场监管、金融监管、财政、税务、自然资源、银行、证券、保险等有关部门、单位予以协助配合。《监察法实施条例》还明确了配合的方式，即有关部门、单位应当根据监察机关的要求，依法协助采取有关措施、共享相关信息、提供相关资料和专业技术支持，配合开展监察工作。

《监察法实施条例》第二十一条规定，监察机关开展监察监督，应当与纪律监督、派驻监督、巡视监督统筹衔接，与人大监督、民主监督、行政监督、司法监督、审计监督、财会监督、统计监督、群众监督和舆论监督等贯通协调，健全信息、资源、成果共享等机制，形成监督合力。

《监察法实施条例》明确了监察机关调查的范围，列举了监察机关有权管辖的101个职务犯罪罪名。这101个罪名既是监察机关调查职务犯罪的责任清单，又是对公职人员，特别是领导干部履行职责的最底线要求和负面清单，是公权力行使的笼子，有利于教育公职人员依法用权、秉公用权、廉洁用权。

三、《中华人民共和国监察官法》

2021年8月20日，第十三届全国人大常委会第三十次会议表决通过《中华人民共和国监察官法》（以下简称《监察官法》）。出台《监察官法》是加强党对检查工作领导的必然要求，是深化国家监察体制改革的重要举措，是促进检察官依法履行职责的有力保障。出台《监察官法》是一体推进不敢腐、不能腐、不想腐的又一个重要制度性成果。

《监察官法》共9章68条，规定了立法的目的和依据、指导思想、监察官的范围以及对监察官的总体要求，明确了监察官的职责、义务和权利，监察官的条件和选用，监察官的任免，监察官的管理，监察官的考核和奖励，监察官的监督和承接，监察官的职业保障等内容，还规定了衔接条款及施行日期等。

第十九届中央纪委第六次全体会议指出，要"加强规范化、法制化、正规化建设，锻造高素质专业化纪检监察铁军"。《监察官法》强调坚持党的领导，确保监察工作规范化、法制化、正规化建设的正确政治方向，贯彻落实全面依法治国基本方略，从法律角度解决改革实践中的重大问题，完整规范监察官的责任和法定义务，强化对监察官履职全过程监督，对于进一步深化国家监察体制改革，促进监察工作规范化、法制化、正规化，推进国家治理体系和治理能力现代化具有重要意义。

四、《中华人民共和国公职人员政务处分法》

2020 年 6 月 20 日，第十三届全国人大常委会第十九次会议审议通过《中华人民共和国公职人员政务处分法》（以下简称《政务处分法》）。

《政务处分法》共 7 章，68 条，除了总则、附则外，还包括政务处分的种类和适用、违法行为及其适用的政务处分，政务处分的程序，复审、复核、法律责任等。《政务处分法》既注重保障公职人员的合法权利，又强化对公职人员的管理监督，使政务处分匹配党纪处分、衔接刑事处罚，构筑起惩戒公职人员违法行为的严密法网。

《政务处分法》实现监督全覆盖具体化制度化。在出台前，对于有些公职人员，如国有企业管理人员、基层群众性自治组织中的管理人员，国家没有就其应受处分的违法行为出台统一的实体法律，监察机关在给予一些公职人员政务处分时只能依据有关规定作出。《政务处分法》将法定监察对象全面纳入政务处分范围，实现了政务处分法律制度对六类监察对象的全面覆盖，解决了"政纪不适用，党纪管不了"的问题。

《政务处分法》突出对公职人员的权力保障。第六条规定，"公职人员依法履行职责受到法律保护，非因法定事由、非经法定程序，不受政务处分。"第十六条规定，"对公职人员的同一违法行为，监察机关和公职人员任免机关、单位不得重复给予政务处分和处分。"这些条文的目的都是保护公职人员的合法权利，保障和激发公职人员干事创业的积极性。

《政务处分法》第二章和第三章分别规定了政务处分适用规则和情形，对各类公职人员设置了统一的处分规则和处分情形，避免由于处分依据和适用规则不统一导致处分畸轻畸重。

《政务处分法》第五章专门规定对政务处分决定不服提出复审、复核的内容，保障被处分人复审、复核权。第五十六条规定，"公职人员不因提出复审、复核而被加重政务处分"。

《政务处分法》体现了对监察机关依法履职的高标准和高要求。第六十三条规定，监察机关及其工作人员存在对被调查人进行逼供、诱供等行为，或者违反规定处置涉案财物、采取调查措施的，对负有责任的领导人员和直接责任人员依法给予处理。

《政务处分法》是一部规范监察机关的政务处分活动、完善国家监察制度的重要法律，是继《监察法》之后，深化国家监察体制改革的又一重要制度成果。

第六章　反腐工作中的管理科学思维

理论来源于实践，更需要指导实践，应用实践。在前面各章中，本书通过对腐败涵义、腐败类型、腐败原因问题等进行了梳理归纳，本章对目前我国反腐工作的实际情况提出总体设计构想，对实现这些构想应采取的具体措施进行了详细的论述，主要阐述反腐败工作中的管理科学思维。

第一节　目前我国反腐工作的基本思路

我国反腐败工作，在贯彻执行宽严相济刑事政策的前提下，提出了"老虎苍蝇一起打"和"受贿行贿一起抓"的反腐败策略思想。宽严相济刑事政策与"老虎苍蝇一起打"和"受贿行贿一起抓"策略思想的关系问题客观上成为摆在我们面前的重大理论与实践问题。客观而论，"老虎苍蝇一起打"稍有不慎即可能出现背离宽严相济刑事政策的现象：若平均用力搞"老虎苍蝇一起打"，就可能因为打苍蝇而影响打老虎，对打老虎用力不足而导致部分老虎仍然侵蚀国家政治肌体，捡了芝麻丢了西瓜，这将不利于反腐败的良好收效；另外，还可能出现因为过度打苍蝇而对轻微腐败行为依法该宽不宽、依法该放不放，从而也可能导致侵蚀法治肌体和部分人权。"受贿行贿一起抓"同样也有一个公正司法和轻重缓急的问题。可见，单纯强调"老虎苍蝇一起打"和"受贿行贿一起抓"策略思想还不够，还需要在刑事政策上进一步适当权衡，必须使"老虎苍蝇一起打"和"受贿行贿一起抓"策略思想在基本思路上切合宽严相济刑事政策和刑法规定的基本要求。因此，我们必须正确领会"老虎苍蝇一起打"和"受贿行贿一起抓"的反腐败策略思想，必须严格贯彻宽严相济刑事政策精神，切实加强政府诚信建设和反腐败制度建设，在"防"的制度层面上对腐败行为实行零容忍；同时又要注意区别对待、讲求策略，在"打"的层面上将打击重点紧紧盯住"老虎"不放，防止将众多"苍蝇"当作老虎打，因而过度消耗国家的反腐败资源，影响国家反腐败的大局利益。这就需要探讨目前我国反腐败工作的思路和重点。

我国在应对和解决腐败问题上大致有三种思维路向，即政治思维、德治思维和法治思维。总体而言，三者相互交织、彼此渗透、相互作用、各有侧重。从政治思维的路向来看，应对腐败问题的基本思路是教育为主、惩治为辅、反腐倡廉、综合治理，其反对腐败的侧重点和落脚点是多管齐下、倡导廉洁、鼓励廉政，寄希望于执政党性质和宗旨、国家制度优势、社会民主参与、干部廉政楷模以及公仆政治觉悟。从德治思维的路向来看，应对腐败问题的中心思想是以德治国、道德教化、廉洁自律、软性约束，其反对腐败的侧重点和落脚点是教育、感化、训诫、教化，寄希望于公权力者自身的觉悟、觉醒和自律。从法治思维的路向来看，应对腐败问题的核心理念是依法治国、法律至上、反腐治权、刚性强制，其反对腐败的侧重点和落脚点是法治教育、制度规范、法律制裁，寄希望于法律和制度的严密性、权威性、规范性、强制性和他律性。

在应对和解决腐败问题上，法治思维并不排斥政治思维和德治思维。法治思维是政治思维、德治思维的法律化、制度化表现形式，法治方式是和平建设时期政治方式、德治方式的综合运用。事实上，法治思维必须高度重视、依赖并结合政治思维和德治思维，充分发挥政治优势与德治功能，这样才能在反对腐败斗争中真正做到标本兼治。

在政治思维和德治思维下提出的"反腐倡廉"，所凸显的手段和目标是"倡廉"；在法治思维下提出的"反腐治权"，所凸显的手段和目标则是"治权"。腐败现象千变万化，腐败行为林林总总，但归根结底是公权力的腐败，因为"权力不受制约必然产生腐败"，"绝对的权力产生绝对的腐败"，所以各法治国家要依法分权和治权。公权力腐败的表现形式五花八门，公权力腐败的原因不尽相同，但归根结底是掌握和行使公权力的各类主体的腐败，而这些主体基本上都是政府官员和公职人员，所以各法治国家不仅要依法治权，还要依法治官、从严治吏。在我国，依法治权、依法治官是推进依法治国、依法执政和依法行政的必然要求，也是法治思维下反腐治权的必然要求。反腐必须治权，治权必靠法治。

第一，坚持反腐治权，应承认公权力面前"人性恶"这个政治哲学的普遍假定。在"人性恶"的政治哲学假定看来，面对公权力的特性和巨大诱惑，包括政治领袖和政府高官在内的任何人都有人性的弱点、缺点和局限，都有可能犯错误、出问题，甚至滥用权力谋私。亚里士多德曾经说过，人在达到完美境界时，是最优秀的动物，然而一旦离开了法律和正义，他就是最恶劣的动物。如果把行使公权力的国家公职人员、党政领导干部、所有公务员都假定为大公无私、毫不利己专门利人、全心全意为人民服务的公仆和勤务员，都是圣人、完人和君子，那么就不需要任何法治和监督了。政治哲学承认"人性恶"，看到人性的弱点、缺点和局限，有针对性地落实到国家制度设计和公权力配置上，就不能信任或者放任任何公权力主体，而要建立有效的法律制度和法治机制，监督制约所有公权力和每一个公权力行使者。

第二，坚持反腐治权，应更加重视发挥法律和制度对于权力的监督制约作用。通过法治思维反腐治权，就是要强调以制度规范权力，以民主监督权力，建立并完善以法律控制权力、以权力和权利制约权力的制度和机制，最大限度地减少公权力腐败的机会，最大限度地增加公权力腐败的成本。反腐治权的当务之急就是要尽快从制度上和法律上切实解决"谁来监督监督者""谁来监督一把手"的问题。在这方面，认真研究国际上广泛认同的"立法、行政、司法三权分立，相互制衡"机制的合理性，仔细观察我国小朋友玩"锤子、剪刀、布"游戏以及民间饮酒对弈中"鸡吃虫，虫咬棒，棒打老虎，老虎吃鸡"的循环制约原理，都会给我们完善反腐治权的体制机制以深刻的启迪。反腐治权应更加注重法治的"顶层设计"和宪政制度安排，更加注重从法律制度、法治方式和法治机制入手，更加充分发挥法治对于公权力的引导、规范、制约和惩戒作用。在解决公权力腐败的问题上，法治不是万能的，但忽视法治、弱化法治甚至撇开法治，却是万万不能的。

第三，坚持反腐治权，应进一步加强科学民主立法，完善反腐败法律体系。立法权本质上是人民意志的汇集和表达。立法权是提供制度、规范和程序从事反腐治权的第一道防线，如果因为法律的疏漏、程序的欠缺、规范的乏力、手段的不足等造成对某些腐败防治的不力或不能，其体制机制的主要原因就在于立法。因此，一方面，要确保民主立法、科学立法和公正立法，认真解决部门立法、借立法扩权卸责等问题，警惕并有效防止立法腐败；另一方面，应当加强反腐治权的立法力度，加快制定宪法实施监督法、反腐败法、公职人员财产申报法、国家机关编制法、重大决策程序法、政务公开法、行政组织法等法律，修改刑法进一步加大对腐败犯罪的惩罚力度，完善有关行政法（如政府采购法、招投标法）和经济法，从制度源头上堵住或减少公权力寻租的可能。在法治思维下，对公权力腐败的容忍，就是对公正的亵渎；对公权力腐败的手软，就是对人民的残忍。因此，靠法治反腐治权，不仅要有法可依、疏而不漏，还要重典治腐、严刑惩贪。

第四，坚持反腐治权，应坚定不移地推进依法行政和严格执法。行政权本质上是人民意志的执行。行政权是把体现为人民意志和党的主张相结合的立法决策落实兑现的关键，既是反腐治权的重点对象，又是反腐治权的第二道防线。执法作为反腐治权的重点对象，是因为与立法权不直接经管人财物、司法权管辖案件较少接触人财物的特点相比，行政权非常强大，具体掌握着国家绝大多数资源的分配使用权，经常需要与经济文化事业、公民事项、社会事务、企事业单位等打交道，因此具有更多的腐败资源、腐败条件和腐败可能，是反腐治权的重点对象。另一方面，如果行政权切实做到有法必依，执法必严，依法行政，真正做到严格高效公正执法，把反腐治权的各项立法执行好，把反腐治权的各项法律规范严格高效地执行到位，执行到人，执行到权，就能起到反腐治权第二道防线的作用。如果说，无法可依和有法难依的主要责任在立法环节，那么有法不依、执法不严、违法不究、放任贪腐的主要责任就在执法环节。作为执法环节的行政权，不仅要坚持依法自律和控权，做到自己不贪不腐、不滥用职权、不以权谋私、不执法犯法、不权钱交易……还要做到依法防贪、依法治权、依法治官，切实保证行政权依法廉洁高效地行使。

第五，坚持反腐治权，必须毫不动摇地坚持依法独立行使职权和公正司法，充分发挥司法作为反腐治权最后一道防线的作用。司法是公正的象征，公正则是腐败的克星。司法权本质上是人民意志的裁断，它所追求的最高价值目标是公正，为了保证司法公正，必须坚持司法独立原则，保证人民法院、人民检察院依法独立行使审判权和检察权，不受行政机关、社会团体和个人的干涉。实现司法作为反腐治权最后一道防线的功能，一方面，要切实保证司法机关依法独立行使职权，排除各种干预和干扰，明确区分司法权与行政权、立法权的界限。同时，应当尽可能地剥离或者减少司法权的经济、民事、行政和社会活动，避免司法机关自己成为被告，从制度设计和程序安排上最大限度地减少司法腐败的可能。另一方面，司法机关要以事实为根据，以法律为准绳，秉公司法，依法严惩各种腐败犯罪。尤其要坚持法律面前人人平等，切实做到"不管涉及什么人，不论权力大小、职位高低，只要触犯党纪国法，都要严惩不贷"。

第六，坚持反腐治权，应当重点"打老鼠"。反腐治权应当重视"打苍蝇、打蚊子"，然而苍蝇蚊子虽多且令人讨厌，但是容易控制，危害不大；打苍蝇、打蚊子虽然容易见成效，但是难平民愤、难消民怨、难解民恨。因此，在"老虎""老鼠"和"苍蝇蚊子"这三个层级、三种类型的腐败对象中，应当提"老鼠"和"苍蝇蚊子"一起打，把"老鼠"列为反腐治权的重点预防、惩治和打击对象。之所以应当把反腐治权的矛头直指各种"老鼠"（"硕鼠"），是因为：首先，在传统社会道德观念中，老鼠总体上都是负面形象的，

"老鼠过街人人喊打"成为社会的共识,"打老鼠"具有广泛支持的社会基础和道义支持。其次,老鼠在现实生活中偷吃粮食、破坏庄稼、啃咬家具、传染疾病等,老鼠的行为与腐败的现象比较贴切、如出一辙。因此,对于反腐败来说,"打老鼠"的提法更加形象具体、更加目标准确,能够更好地体现我国反腐治权的性质和重点,有利于吸引全社会参与反腐治权斗争。第三,老鼠数量多、繁殖快、发布广,屡除不绝,加之老鼠狡猾诡秘,贼头贼脑,鬼鬼祟祟,见不得阳光,比较符合当下我国腐败活动的表现形式和腐败高发、频发的基本态势。我们应当把反腐治权的矛头对准大大小小的"老鼠们",例如从级别来看,主要是省部级、司局级、县处级和科镇级领导干部;从领域来看,主要是管钱、管物、管人、管工程、管资源等岗位的公职人员,抓住反腐败工作的重点,切实有效地推进反腐败斗争。

第二节　目前我国反腐工作中应坚持的重点

反对腐败,建设廉洁政治,是党一贯坚持的鲜明政治立场,是人民关注的重大政治问题,也是一个地方加快科学发展、推进对外开放的重要条件。在中共中央印发的关于做好元旦春节期间有关工作的通知中,在要求"勤俭过节、文明过节,不得以任何名义年终突击花钱"的同时,要求"保障干部职工按规定享有正常福利待遇",进一步深化了对反腐倡廉建设实践的规律性认识,丰富了中国特色反腐倡廉道路的内涵,也为深入开展党风廉政建设和反腐败斗争指明了方向。党的十八大以来,中央坚持"老虎""苍蝇"一起打,反腐力度不断加大。特别是通过近年来党中央、国务院各级领导部门在反腐工作中紧紧围绕反腐工作的加减法则聚焦问题、突出重点、挖深吃透,取得了明显的成效。

一、反腐工作的重点

腐败好像人体内的毒瘤,如果任毒瘤扩散,那么生命就难以维持;如果任腐败蔓延,那么党的健康肌体就会被侵蚀,党就有丧失执政地位的危险。在新的历史时期,坚决反对腐败,就要善做"加"法。党的十八大后,改革的力度明显加大。"深化改革元年"2013年至2017年,国务院先后取消和下放了9批共618项行政审批事项,废止和修改了不少过时的行政法规。党的十八届四中全会强调"依法治国",在司法领域也推出了重大改革举措。而尤其引人注目的是反腐治吏,将改革的手术刀对准自身,从严治党治军,倡导廉洁公正。2014年11月北京APEC会议由中国主导发表了《反腐败宣言》,开展国际反腐合作,加强国际追逃追赃,切断贪官外逃之路,使官场震慑,民心大快。取得显著成效,主要是因为我们党在反腐败工作中坚持了下列加法法则。

(1)"加"快创新,用"新思路"开创反腐倡廉的"新局面"。面对反腐倡廉的新形势,我们必须与时俱进,大胆创新,对过去的经验进行再认识,作出新概括,形成新思路、新理念、新方法,并用于新的实践,促进新的发展。譬如,在廉政建设的组织上就应做加法。党风廉政建设是一个系统工程,不是一个部门就能把它做好的。如果把反腐倡廉比作一场硬仗,那么要打赢这场硬仗,不是单兵种所能完成的,需要集团军作战。基层党组织的具体工作需要与基层部门有效衔接。

(2)"加"强学习,提高领导干部自身道德水平和拒腐防变的能力。要坚持将学习作为干部能力提升的基础，切实加强党纪条规的学习。可实行集中学习和个人自学相结合，专题辅导与互动交流相结合等多种学习培训方式，定期组织党员领导干部认真学习廉洁自律规定，组织党员领导干部收看反腐倡廉电教片、发送廉政短信，走访参观廉政教育警示基地，教育领导干部要带头执行各项廉政建设法规，不断增强党员领导干部自觉抵制不良风气的意志和廉洁自律意识，营造浓厚的廉洁氛围。

（3）"加"大惩处力度，做好廉政文化建设工作。古语云："严刑重典者成，弛法宽刑者败。"遏制腐败现象蔓延，必须保持惩处腐败的坚定决心和强硬态度，让任何人都不敢碰触这根"高压线"，谁碰谁就粉身碎骨、身败名裂。对腐败分子"露头即打"，绝不允许形成气候，绝不让党内有腐败分子的藏身之地。要严查关键岗位，严肃查办领导干部滥用权力、贪污贿赂、以权谋私的案件，为黑恶势力充当"保护伞"的案件等。要抓住重点领域和关键环节，加强监管力度，发现案件及时查处。要加大对商业贿赂的处罚力度，提高违法成本。只有这样，才能对腐败分子形成强大的威慑力，有力打击腐败分子的嚣张气焰。

（4）"加"大反腐态势。党的十八大以来，党中央高度重视反腐倡廉建设，持续加大反腐败斗争的力度，对腐败分子是真打、狠打、善打，既动真格，又较真劲，坚持"老虎"和"苍蝇"一起打，不论其职务有多高，功劳有多大，只要搞腐败，搞例外，就一查到底，绝不手软，有力保证了改革开放事业的顺利推进。但我们也应清醒地看到，反腐败斗争依然面临着不少新情况新问题，腐败现象在一些领域仍然易发多发，少数领导干部违纪违法问题仍然比较严重。因此，必须始终对腐败保持高度警觉，旗帜鲜明地反对腐败，加大工作力度，努力把教育的说服力、制度的约束力、监督的制衡力、改革的推动力、纠风的矫正力、惩治的威慑力有机结合起来，形成反腐倡廉建设的强大合力，让反腐之剑更加锋利。

（5）"加"强制度建设。制度问题更带有全局性、根本性、稳定性和长期性。制度建设是反腐败斗争最有效、最持久的手段。遏制腐败，必须加大反腐倡廉制度建设的步伐，以建立健全惩治和预防腐败体系各项制度为重点，逐步建成内容科学、程序严密、配套完备、有效管用的反腐工作制度。要围绕重点领域、重点部位和关键环节，建立健全各项制度，切实堵塞制度上的漏洞，让腐败分子无可乘之机。要认真清查现行制度中存在的问题，及时修改和完善，提高操作性，增强针对性和时效性。要加强督促检查和查处力度对执行制度不力的坚决追究责任。只有这样，才能做到有令必行、有禁必止。

相信有了党中央的坚强领导，有了广大人民群众的支持和参与，我们一定能够有效遏制腐败现象滋生蔓延，为早日实现"中国梦"创造更加良好的社会环境。

二、反腐工作的措施

"加法"易做，"减法"难为。这些年来，我们的很多改革都一直在做"加法"，剥离不了利益的羁绊，跳不出既得利益的窠臼，使一些改革半途而废，甚至异化为权力自肥。显然，"减法"往往要由外及内，要触及一些深层次的本质问题，要触痛既得利益者的切身利益。但显然只有敢于做"减法"的改革，才是真正的改革。

（1）"减"少条条框框。在新形势下做好反腐倡廉工作要解放思想，与时俱进。在思想观念上，要突出大局意识，切实发挥好服务和保障作用。在工作方法上，要坚持以人为本，对广大党员干部首先要信任，支持他们锐意改革、大胆创新的积极性，保护他们知难而进、干事创业的主动性。干部有了困惑和疑虑，要及时帮助解除，有了缺点和不足，要及时帮助纠正。要创造宽松的环境，鼓励探索，宽容失误。

（2）"减"少失误和疏漏。反腐倡廉是基层的一项重要工作，但是目前在基层工作中还存在一些失误或漏洞，甚至认为反腐倡廉只是党员干部的事。对此，必须给予纠正，反腐倡廉是全社会人民群众共同的任务与责任，任何人都有可能走上腐败犯罪的道路，同时也都有义务加入反腐的队伍。近些年暴露出来的腐败大案并不代表全部，腐败分子或严重违纪的党员只是极少数，中共党员干部队伍的主流是好的，必须坚定反腐败斗争的决心。在具体运作上，通过"一岗双责"、逐级签订廉洁从业承诺书，坚持高标准严要求，尽可能减少人为造成的失误和疏忽，取信于民，让党放心。

（3）"减"少公费支出。时时事事以促进节支降耗、培育廉洁作风为出发点，减少不必要的支出和浪费，最大限度地减少公费支出，从而减少腐败滋生的土壤。

（4）"减"少党员干部的思想包袱。反腐倡廉是一项长期而艰巨的工作，工作难度大，涉及的问题复杂，对于广大党员干部更是巨大的考验，但是这并不影响胜利成果的产生。党员干部一定要减少心理压力，放下包袱，轻装上阵，只要做到"位尊不泯公仆心，权重不移为民志"即可。

（5）"减"少"一把手"的权力。近年来，由于权力制约不力、监督乏力，一些单位和地方主要领导干部习惯凌驾于班子集体之上、凌驾于组织之上，大搞"一言堂"，甚至一手遮天，成为腐败的"重灾区"。中央纪检监察网站公布的资料显示，在党政机关县处级以上所有受纪律处分的干部中，"一把手"占总数的三分之一以上。由此可见，"一把手"腐败在党政机关是非常普遍的，出台新规则限制、有效分解"一把手"的权力，着力给党政主要领导行使权力套上一个"制度的笼子"，对于加强和改进对党政主要领导行使权力的制约和监督，健全"副职分管、正职监管、集体领导、民主决策"的权力运行机制，让权力运行过程公开透明，促进领导干部廉洁从政都起着有效作用，是反腐败的科学决策。为此，适当分解主要领导干部的权力和责任，加强和改进对主要领导干部的权力进行制约和监督，成为治理腐败的当务之急。当然，要把"一把手"权限落到实处，还需要通过严格的程序和可执行的细则来确保"好的制度"在执行中不走样、不变形。

总之，反腐败既需要用"加法"，通过加大力度，严厉惩治，使其不敢腐败；又需要用"减法"，通过分解权力，注重预防，使其不能腐败。懂得用"加法"和"减法"反腐败，从某种意义上讲，也就懂得了制度反腐。只要我们在反腐工作中勇于创新、善于创新，反腐败工作就一定能与时俱进，有效遏制腐败，让党的肌体始终保持健康状态。

第三节　预防和治理腐败采取的具体十大措施

腐败问题是一个复杂的社会现象，反腐败应该从健全法律体系建设、完善反腐机构建设及加强公务员自身素质建设等方面出发，调动社会上一切积极因素，运用多种手段和措施，实现有效的综合治理。

一、改革国家权力监督体制

中国的经济体制改革取得了巨大的成功，让世人刮目相看。党的十八大以来，以习近平同志为核心的党中央高度重视党风廉政建设和反腐败工作。党的十八届三中全会强调，要形成科学有效的权力制约和协调机制，加强反腐败体制机制创新和制度保障。深化行政审批制度改革，大力推进简政放权，是强化权力运行制约和监督的有效机制，也是筑牢反腐倡廉防线的重要手段。把行政审批制度改革作为突破口和抓手，持续深入推动简政放权，有助于全面推进惩治和预防腐败体系建设，切实实现"改政风、抓源头，严政纪、肃贪腐"。

（一）我国现行权力监督体制的实质和构成

权力监督的实质是民主监督。民主主要表现为一种自下而上运行的权力，它是处于被管理地位的多数人对少数人的制约。这种制约表现在两个方面：一是决定由社会上哪些人充当管理者，这是以选举和授权形式实现的；二是影响政府的决策和决策的执行，这是人们运用政治权利采取选举之外的其他形式实现的，参与和监督是两种主要形式。我国是社会主义国家，人民是国家的主人，国家公职人员都是人民的公仆，公仆接受主人的监督是由社会主义民主政治的本质所决定的。我国现行的监督体制，大体由以下六个方面组成：执政党监督、人大监督、司法监督、行政监督、人民政协监督和社会监督。可以看出，我国现行监督体制是较为系统和全面的，但在实际运行过程中却存在着体制与实际不适应的问题，出现监督不力或"漏监""空监"现象。

（二）纵向分析目前我国改革现行权力监督机制

首先，建立健全监督机制。监督指向应当是自上而下、平行制约和自下而上的有机统一、均衡配置，不能畸轻畸重。自上而下的监督体制决定了下级的主要言行事实上是对上级组织和领导人负责，上级是下级的全权领导者，也是最具权威的监督者。但上级和下级往往不在同一个地域，且易被下级蒙蔽，故常常不能监督到位。其次，进一步加强预防监督。长期以来，我们一直把监督工作的重点放在"查错纠偏"上。偏重于追惩性的事后监督，而忽视社会行为发生前的预防和进行中的控制。如我国各种监督机构在实施监督的过程中，都程度不同地存在"三多三少"的问题，即：监督违法违纪多，监督工作情况少；事后审查多，日常渗透少；具体的微观事项监督多，全面的宏观控制少。这不仅使监督机构陷入头痛医头、脚痛医脚的被动局面，还使监督的作用越来越少，受到限制和削弱。从发生学角度考察，依监督主体介入监督客体的不同发展阶段，可把监督分为事前、事中、事后三种状态。从预防角度来说，监督工作要加强事前、事中的监督。最后，强化权力规范。明确的权力运行程序和完备的国家公务员正确行使权力的制度和法规，有助于对一些组织和人员的越轨行为作出准确判断和及时纠正。监督活动必须有法可依。从监督主体来说，监督机构的权限、职责、对象、范围、工作程序、途径、时效等都要有明确规范，使监督制度化、具体化、标准化，严格按制度办事。从监督客体来说，也要有相应的权力规范。

（三）贯通各类监督

党的十九届四中全会通过的《中共中央关于坚持和完善中国特色社会主义制度　推进国家治理体系和治理能力现代化若干重大问题的决定》要求，健全党和国家监督制度，推进纪律监督、监察监督、派驻监督、巡视监督统筹衔接，健全人大监督、民主监督、行政监督、司法监督、群众监督、舆论监督制度，发挥审计监督、统计监督职能作用。以党内监督为主导，推动各类监督有机贯通、相互协调。

（四）强化监督手段实现有效监督

强化对权力监督的手段，是实现有效监督目的的重要保障。强化对权力监督的手段，应贯彻体现如下原则：一是坚持民主。就是在设定监督形式和手段时，要尽最大可能保证群众参与的广泛性，并赋予群众监督意志的权威和效力。任何权力的行使都要经过人民群众的把关检验，以民主的形式决定哪些能干，哪些不能干。对高层权力的行使也应如此。二是实行公开。公开是一种最好的监督形式。我们把公开作为监督权力滥用的主要手段，主要是针对权力行使"暗箱"操作的神秘化弊端而提出的。如果我国能够达到各级公务员，特别是高级别公务员财产收入彻底公开的程度，腐败行为就会大大收敛。三是规范程序。程序本身也是一种监督，从这个意义上说，坚持程序就是坚持监督。以权谋私者都是通过减少或者免除程序而实现私利目的的。因此，强化监督手段，就必须强化程序意识，坚持程序监督。凡未按程序行使权力办的事，办事的人不管多大的官，都要认真查一查，严格治一治。四是严厉惩治。这是指以惩治的手段强化监督。我们强调惩治"严厉"，绝不是提倡惩治"过火""过头"，而是坚持有法必依，违法必究，执法必严，是"法律面前人人平等"，以公正体现严明，以平等体现严厉，决不让腐败犯罪分子为所欲为，逍遥法外。

（五）放管结合，国家发展和改革委行政审批制度改革取得积极进展

国务院加快转变政府职能、简政放权，把深化行政审批制度改革作为重要抓手和突破口，自党的十八大以来，先后取消和下放了16批共1094项行政许可事项。按照国务院的统一部署，国家发展和改革委深入推进行政审批制度改革，把减少投资审批事项作为重中之重，大幅减少微观事务管理，着力加强事中事后监管，改革创新管理制度，行政审批制度改革迈出重要步伐，为标本兼治加强权力监督、建设廉洁机关创造了良好的制度条件。

1. 行政审批权力实现瘦身健体

2013年以来，国家发展和改革委取消和下放了投资审批、生产经营许可和资质资格认定共计44项审批事项。一是减少投资审批事项。修订出台《政府核准的投资项目目录（2013年版本）》，取消和下放企业投资核准项目39项，需报中央管理层面核准的企业投资项目减少60%。二是减少生产经营活动审批事项。取消了煤炭生产许可证核发、煤炭经营资格审批、地方粮库划转中央直属粮食储备库（站）审批、国际金融组织贷款和外国政府贷款项目国际招标国内中标机电设备进口零部件免征关税审核等4项生产经营活动审批事项。三是减少资质资格许可和认定。取消价格评估人员执业资格认定。与此同时，取消了一批不合法不合理的行政事业性收费和政府性基金项目。2014年上半年，又放开了26项商品和服务价格。部门的权力得到有效"瘦身"，大大减少了"跑部钱进"带来的廉政风险。

2. 行政审批权力运行不断规范

一方面，对已取消的行政审批事项，一律不再审批、审核或认定；对于取消核准改备案的企业投资核准事项，按照属地管理原则，由地方发展改革部门履行备案手续。在国家

发展改革委层面，编制了服务指南、项目申请报告通用文本、主要行业示范文本，更好地服务企业；印发了核准工作规则、核准文件格式文本，明确流程环节和办事规则，规范和约束核准行为。另一方面，按照权力和责任同步下放、调控和监管同步强化的要求，加快建立健全纵横联动协管机制，积极探索和加强事中事后监管。在全系统印发了对取消和下放行政审批事项加强后续监管的指导意见，防止监管不到位，出现管理真空，造成过度投资、重复建设和无序竞争。同时，会同国土、环保、住建、银监会等四部门制定了改进规范投资项目核准行为加强协同监管的意见，防止出现区域性、系统性问题。

3. 行政审批的公开透明度有效提升

阳光是最好的防腐剂。国家发展改革委通过新闻发布会、门户网站、新闻采访、委属报刊等多种平台，向社会公布国家发展改革委已取消和下放的行政审批事项，做到让行政相对人及社会公众知晓。同时，建立了行政审批事项清单制度，在国务院审改办和国家发展改革委门户网站向社会公布国家发展改革委现有的 26 项行政审批事项目录清单，详细列明项目编码、审批部门、项目名称、子项名称、审批类别、设定依据、共同审批部门和审批对象，多方听取意见，接受社会监督。

4. 地方和企业积极性进一步提高

通过大力取消和下放行政审批事项，把不该管、管不好的事项取消或下放给了企业和地方，通过制定具体衔接工作方案和规范管理措施，及时修订出台政府核准或备案的企业投资、外商投资、境外投资项目管理办法，注重加强对地方发展改革部门的业务培训和政策指导，充分发挥了企业和地方贴近市场、贴近实际的优势，较好地调动了市场主体活力，激发了经济发展的内生动力。比如，2013 年 5 月，将"城市快速轨道交通项目核准权限"下放地方以后，重庆、厦门等 14 个城市按照国务院批准的建设规划，批复城市轨道交通项目 25 个，线路总长度超过 500 公里，涉及总投资 3300 多亿元。又比如，境外投资，按照新的规定，92％的企业境外投资项目由核准改为备案管理，有利于大幅提升企业境外投资便利化水平。

（六）探索创新，更好发挥行政审批制度改革制约监督权力运行的重要作用

改革无止境，创新是出路。必须清醒地看到，由于政府职能错位、越位、缺位、不到位造成的廉政风险问题依然存在，持续深化行政审批制度改革的任务仍然较重。要进一步加大力度，注重放管结合，更加自觉、更加主动地深化行政审批制度改革，真正实现权力与责任同步下放，调控和监管同步强化。

1. 加大改革力度，进一步取消和下放行政审批事项

继续修订政府核准的投资项目目录，最大限度缩小企业投资项目核准范围，减少报中央层面核准的项目数量，提高取消下放核准事项的含金量。同时，全面清理非行政许可审批事项，逐项梳理并重新审核现有审批事项特别是非许可审批事项，研究提出新增拟取消下放的审批事项，堵住"偏门"，消除行政审批灰色地带。

2. 加快建立纵横联动协管机制，强化事中事后监管

会同相关部门，同步下放前置审批权限，加强发展战略、发展规划、产业政策、总量控制目标、行业准入等相关标准的制定和实施管理，建立全国联网的行政审批信息系统，实现行政审批和市场监管信息的互通共享，依法强化事中事后监管，确保取消和下放的审

批事项落到实处，防止出现"一放就乱"，防止"翻烧饼"。

3. 严格规范审批行为，切实提高审批效率

对确需保留的行政审批事项，按照规范管理、提高效率的要求，明确审批标准、条件、流程、时限，建立标准明确、程序严密、运作规范、制约有效、权责分明的管理制度，最大限度地消除审批的随意性和自由裁量权。充分利用信息化手段，全面实现在电子政务平台上审批项目，推进审批方式的电子化、阳光化。

4. 创新行政审批方式，进一步强化制度供给

改革创新投资管理体制，减少、整合和规范前置审批及其中介服务，进一步优化流程，减少前置条件，简化审查内容，缩短审批时限，解决好中介评估服务评估环节多、耗时长、收费乱、垄断性强的突出问题。同时，加快建设标准规范统一的信息系统，推行网上申报、网上审批、网上查询、网上监管，切实提高审批效率，真正把审批变成服务。

二、加强和改进党内监督制度

党内监督是党实现自我控制、自我调节、自我完善和自我提高的重要手段。2016年10月27日中国共产党第十八届中央委员会第六次全体会议通过的《中国共产党党内监督条例》（以下简称《监督条例》）正对党内监督存在的突出问题，提出了一系列新的要求和举措，是新形势下党内监督的顶层设计，为全面从严治党打造了新的制度利器。

《监督条例》以党章为根本遵循，全面贯彻习近平新时代中国特色社会主义思想，围绕理论、思想、制度构建体系，围绕权力、责任、担当设计制度。《监督条例》坚持党的领导，坚持问题导向，坚持信任不代替监督，强调党内监督没有禁区、没有例外，同时抓住"关键少数"。坚持民主集中制，坚持务实管用，兼顾必要性和可行性，总结实践经验，提炼管用的实招。

《监督条例》共8章、47条，分三大板块。着力贯彻党的十八大以来党中央提出的新理念、新思想、新战略，强化党内监督的新经验、新做法，结合新的实践提出新观点新举措，体现时代性、创新性。

三、设置专门的反腐败机构

2018年3月由全国人民代表大会产生了国家监察委员会，负责全国监察工作。国家监察委员会由主任、副主任若干人、委员若干人组成，主任由全国人民代表大会选举，副主任、委员由国家监察委员会主任提请全国人民代表大会常务委员会任免。国家监察委员会的主要职责是维护党的章程和其他党内法规，检查党的路线方针政策和决议执行情况，对党员领导干部行使权力进行监督，维护宪法法律，对公职人员依法履职、秉公用权、廉洁从政以及道德操守情况进行监督检查。对涉嫌职务违法和职务犯罪的行为进行调查并作出政务处分决定，对履行职责不力、失职失责的领导人员进行问责，负责组织协调党风廉政建设和反腐败宣传等。

四、改革公务消费制度

所谓公务消费，是指国家公职人员在行使职权、执行公务活动中发生的由公款支付的各种费用，如招待费、通讯费、办公费、差旅费等。长期以来，我国公务消费沿用计划经济的供给模式，公务消费中奢侈浪费、以权谋私、假公济私、侵占挪用等消极腐败现象屡禁不止。

近年来，各级党政机关"三公经费"支出已成为社会各界重点关注的内容之一。除涉及国家机密的少数部门"三公经费"尚未公开外，国务院各组成部门的"三公经费"公开已逐步趋于常态化，省级以下各级党政机关的年度经费预决算情况尤其是"三公经费"的公开也在强力推进之中。2013 年 7 月 10 日，国务院办公厅印发《关于当前政府信息公开重点工作安排的通知》，要求在 2013 年，各省级政府要全面公开省本级"三公经费"，在 2015 年之前实现全国市县级政府"三公经费"全面公开。

"三公经费"支出只是公务消费的一部分而非全部。社会之所以强烈关注"三公经费"的支出情况，不仅仅是因为"三公经费"花的是国家财政的真金白银，每分每毫都是纳税人的血汗，更是由于现行制度不健全、措施不落实、监督不到位等原因，导致"三公经费"的使用存在漏洞和隐患。因此，社会各界有充分的理由需要知晓这些经费的去向是否清楚、用途是否恰当、作用是否发挥，是否存在被侵占、挪用、贪污、浪费等种种不法行为和不良现象。

（一）公务消费过程中存在的突出问题

曾经有段时期，在公务消费行为过程中，存在着诸多问题，造成了大量国家和集体的资财被挥霍浪费。主要存在下列几个问题。

（1）公务消费超标问题严重。我国公务消费曾一度分别占了全部财政收入和支出比例的 10％和 38％以上，严重挤占财政资金，成为各级财政经费支出的一大负担，同时更成了财政支出的一大漏洞。一些地方的公务消费开支曾占其财政开支的一半，有的地方仅公车消费就占其地方财政支出的 1/3 以上，甚至更多。由于过高的支出，有的曾导致财政资金入不敷出。具体而言，主要体现在这样两个方面：一方面是单项超标问题。近年来，中央和各地对公务接待、公车购置使用、公务外出等公务费用开支都有明确的标准。但是在具体公务活动中不按标准接待，不按标准购置乘坐公务用车，不按标准住宿等现象仍时有发生，不少规定在一些地方成了摆设。另一方面则是总额超标。一些单位由于单项公务活动标准把关不严，导致一年下来，公务消费决算总额过高，远远超过年初预算指标。

（2）公务消费的随意性较大。我国公务员的工薪虽然不高，但从公务员公务消费来说，又是很昂贵的。公务消费虽说也制定了一些标准，但有些没有真正落实在行动上。在实际执行中，不少单位超标准接待。少数领导干部还将职务消费以职级定标准，以职级定待遇，互相攀比，大讲排场，导致支出费用膨胀，标准形同虚设。

（3）公务消费漏洞百出。有一段时期，公务消费缺乏明确的政策限定和不透明，成为一些领导干部借公务消费之名行假公济私之实的一条十分隐蔽而又安全的渠道。对很多没有正规途径走账的支出，往往变通为公务费等名义报销，不论个人的什么消费都堂而皇之拿来给公家"买单"，由此衍生出公款旅游、公车私用、公款读书、公款送礼等不正之风。极少数人还以公务消费为名，大搞弄虚作假、虚报冒领，把公务消费变成了一些腐败问题的藏污纳垢处所。

（4）公务消费有效监督难。由于公务消费本身是必不可少的，有其合理合法性，公务消费的主体大都是领导和公务人员，加之公务消费中的问题又带有一定的隐蔽性，难于界定和发现，易形成"管得着的看不着，看得着的管不着；上级监督太远；同级监督太软；下级监督太难；群众监督不敢"的局面，出现监督"死角"。

（5）公务消费浪费现象突出。公务消费由于是公家买单，一些单位和个人乘机慷国家之慨，公务消费过程中追求高档，追求排场，追求阔气，追求奢华，追求享乐，肆意挥霍公款，使国家资财大量地被浪费。

（6）公务消费过程不够透明。不少单位和"一把手"把公务消费看作一种特权、一种待遇、一种身份的象征，对公务消费预算决算情况，使用情况讳莫如深，不愿公开接受监督。公务消费过程暗箱运行的多，公开的少，真公开的少之又少，干部群众无从知晓。

（7）公务消费成为腐败的温床。一些单位和少数干部动机不纯，利用公务消费监管不严等漏洞，公款送礼，私客公待，公车私用，变相公款旅游，用公务消费发票虚报个人费用，虚构公务消费活动，以假发票套取、贪污公款，利用公务消费作为幌子，掩盖其各类违纪违规行为，公务消费逐步成为滋生腐败的温床。

（二）公务消费方面产生腐败现象的主要原因

尽管公务消费是一个国家或地区必要的社交公务活动。但是在现实生活中，一些地区、部门或单位由于公务接待缺乏有效的规范和约束，导致出现铺张浪费、假公济私甚至损公肥私、以权谋私的现象，已成为人们普遍关注的一个热点。虽然国家早就规范公务接待等问题，出台了相关的政策，进行了明确，从中央到地方各级政府都出台了相关的公务管理制度和规定，规定要求也越来越细，但是从现实运行的结果来看，不仅公务接待成本未见下降，而且公务接待的行政文化在政府体内蔓延，在不少地方、部门的公务接待明显已经超出了合理范畴。它不仅损害了国家和人民利益，还败坏了党风和政纪，在社会上造成了极坏的影响。因此，切实遏制公务接待中的不正之风，已成为现阶段党风廉政建设和反腐败工作的迫切需要。

根据国家审计署于 2013 年 6 月公布了 67 个中央部门单位 2012 年度预算执行情况和其他财政收支情况审计结果，首次大范围披露了中央部门单位会议费和因公出国（境）费使用有关情况，揭示了超计划、超标准以及转嫁摊派相关费用等问题。审计发现，半数以上部门单位存在超定额标准列支会议费的问题，以及在非定点饭店召开会议的问题，有的部门还在会议期间安排与会人员参观风景区，并在会议中列支部分费用，有的虚列会议和会议支出，有的部门一年超计划召开会议 200 多个。部分中央单位的出国（境）团组存在经费使用不合规，包括无预算、超范围列支费用等，有的单位超过规定人数、擅自增加出访国家、地区和城市，有的部门一年超范围列支出国费用 1300 多万元。有不少中央部门单位将会议费和出国（境）费转嫁、摊派给下属单位，或接受企事业单位的资助，有的还挤占了其他支出，其中，有的部门仅一个会议就摊派给其他单位费用 100 多万元，有的部门一年转嫁给其他单位的出国（境）费竟达数十万元。由此可见，公务消费已经成为公用经费的支出的重要组成部分，其产生的诸多问题和原因也颇为复杂，主要原因有以下几点。

（1）行政管理体制的一些方面与社会主义市场经济需要不相适应，滋生腐败的空间仍然存在。一是政府机构虽经多次精简，但职能交叉，人员编制失控问题仍很突出。二是会议文件多。各类检查、验收、考核、评比存在过多过滥问题。三是各级政府及职能部门行政审批事项过多，微观社会经济活动管得过细过死，政府管了许多不该管、管不好的事。这样，势必造成管理机构庞大，人浮于事，行政效率低下。

（2）公务消费预算管理制度松弛，消费过程中反复追加，助长了乱花钱不正之风。在计划经济时期，我国的公务消费基本上实行供给制政策，这种做法至目前仍无根本改变。许多地方虽然也搞了定额或年初预算，但是在执行过程中管理不严，追加费用有时超过预算的一至两倍，造成公务员勤俭节约意识淡化。公务接待层层陪同，检查验收随意花钱。不少会议参会人员多、时间长、规模大，另外，一些会议、庆典、仪式、贸洽、纪念等活动讲排场，比阔气，赠送礼品，乱发纪念品。公务用车、通讯工具配备、办公楼装修等，档次越来越高。这些都说明，在公务消费中，严重存在着不计成本、不讲效益问题。

（3）管理方式粗放，监管机制乏力。对于公务消费，过去我们一直比较重视保障需要，忽视支出管理。改革开放后以财政包干制度为核心，各级财政"分灶吃饭"，各地比较注意增加财政收入，但是对如何加强财政支出管理研究较少，因而这方面管理粗放，适应市场经济形势需要的公务消费监管制度尚未完善起来，有的财务规定不切合实际，起不到应有的制度约束作用。例如规定招待费不能超过公用经费的2％，在实际执行中有的单位却没有严格执行。

（4）在公务消费中曾出现过权大于法的现象，使公务消费制度失去约束力。对公务消费的监督主要是事后监督，并未对公务消费的全过程进行监管，缺乏有效的监督机制，公务消费容易滋生腐败。公务消费权多数集中在"一把手"手中，缺乏监督的权力必然滋生腐败。具体表现在一些领导干部在公务消费中暗箱操作，运用职务权力，将公务消费变为个人享受，将公务指向变成个人指向，将法定变成随意性。公务消费在某些方面变成了一些职务享受和假公济私的手段，以至有人用公款赠送礼金，拉关系，走门子，为个人职务升迁搞"感情投资"；有人以职务消费之名，用假发票、白条子报账，虚报冒领，贪污公款等。

（5）公务员工资过低，使一些人产生补偿心理。不可否认，现在公务员的薪资水平是比较低的，与公务员承担的责任、为争取公务员资格而作出的努力及公务员的贡献不相称。一些公务员的家庭收入难以维持一家人中等的生活水平。当公务员在购买住房、医疗保险、子女入学等方面的需求得不到满足时，一些人就会在职务消费中寻求补偿而侵占公共利益。多年来，我们从政治思想角度研究预防腐败问题较多，从经济学角度研究腐败问题不够，对公务员的自身利益关注研究不足，这也是公务消费方面腐败问题滋生蔓延屡禁不止的一个内在原因。

（三）推进公务消费改革的基本思路和主要措施

我国公务消费改革的基本思路应以完善社会主义市场经济体制为目标，改革公务消费管理办法，促使公务消费实现社会利益的最大化；将公务员个人利益纳入合法渠道，予以合理解决：加强财政预算硬约束，变供给制为成本核算、预算控制；把政府集团消费引入市场竞争，变分散的暗箱操作为竞价招标，实行政府统一采购，国库集中支付；对公务员职务消费逐步实行货币化发放、个体化消费，形成节约利益分享机制，变浪费型为节约型。按照上述基本思路，建议推行以下五项具体制度。

（1）实行政府统一采购和国库集中支付制度。主要是采取三项措施：一是全面实行政府采购制度，建立有效的监管机制。凡涉及政府消费的货物类、工程类、劳务类等集团消费项目，都要实行政府统一采购，采取市场竞价公开招标的形式，节约政府集团消费费用。二是全面实行会计集中核算制度，严格审查公务消费票据，严把报销进账关。三是积极推行国库集中支付制度，在条件成熟时，进一步改革目前的会计代理制，管事与管钱彻底分离，通过使用电子货币，直通式结算，实现财政资金效益的最大化。

（2）建立预算管理机制，推进限额消费。一是限定范畴，避免公务消费盲目性。出台统一的公务消费管理办法，明确界定公务接待、公务外出、公车使用等公务消费范畴，对规定没有涉及的，一律不予认可为公务消费，一律不准设立会计科目，所产生的费用一律不准报销入账。在此基础上，将公务接待细分为对上接待、招商接待、会议接待，禁止同城公款吃请、违规吃请。将公务外出，区分为国内和出国（境）两类，细分为考察、培训、参展、招商、出席论坛、友好访问，禁止任何名义外出公款或变相公款旅游。将公车购用，细分为公车购置费、保险费、燃油费、维修费、过境费，禁止超编超标购车、公车私用、私车公养等行为，禁止报销由此产生的费用。二是限定总额，避免公务消费不可控性。由财政部门统一编制公务消费总额预算，细化公务消费科目和单项科目预算指标，报人大表决通过，由人大、纪检、审计、财政等单位监督执行，从法定层面限定各单位公务消费单项和总额上限，实行总额控制。各单位公务消费费用由会计核算中心依据单项和总额指标情况予以核销，节约指标一律不结转下年度，超支部分一律不增加指标，一律不准转入下年度结算报销。三是限定标准，避免公务消费随意性。根据上级精神和有关纪律规定，结合各地各单位实际情况，制定公务消费的各项具体标准，确保公务消费尺度有章可依，有据可行。

（3）建立过程控制机制，推进规范消费。一是实行事前报批制。实行"一把手"不直接分管财务制度，凡公务消费活动必须事前填写报告单，注明公务消费具体名目、标准、方式和总额，由单位办公室主任初核，分管财务副职审查，"一把手"审定后，方可执行。重大公务消费活动提交单位党政班子会集体讨论决定。二是实行事中计划制。建立公务消费政府定点采购和公务消费结算卡制度，严格按照批准计划进行采购和结算。三是实行事后理财制。建立民主理财制度，各单位民主理财小组按月对各项公务消费批准计划执行情况、合理合规情况进行审核，加盖民主理财专章，单位"一把手"方可签报，财政会计核算中心方可报销，源头堵住超标费用入账。

（4）建立民主公开机制，推进阳光消费。一是预算决算公开。各地各单位公务消费财政预算经人大通过后，在年初进行公开。年终，由人大、纪检、审计、财政等部门组成专班，对各地各部门公务消费情况进行决算，将决算结果予以公布。二是支出明细公开。设立公务消费公开周，每月底由单位民主理财小组对本单位公务消费情况按科目以会议、网络、专栏等形式进行公开，其中，公务接待公开到每笔，公车购置运行费用公开到每车，公务外出费用公开到每次。同时，公开单位公务消费的按月累计总额和占本年度预算指标的百分比，适时予以提醒。三是监督评价公开。设立公务消费监督举报电话，建立公务消费年度审计制度，将公务消费公开纳入年度党风廉政建设责任制民主测评之中，通过审计和测评，准确掌握公务消费公开的真实性和群众的满意度，及时发现和查处违规行为，确保公务消费阳光运行，取信于民。

（5）实行相关配套改革。要从源头上根治公务消费中违法违纪问题，改革是出路，制度是保证，严格兑现才是关键。但是只实行职务消费单一的改革还不够，还需要有相关的经济体制改革特别是财政体制改革的同步进行。如改革预算编制方法，积极推行部门预算，将预算内外资金统一纳入预算管理，将部门财政性资金全部置于有效监督之下；严格强化"收支两条线"管理，坚决断绝单位"小金库"来源；要下大气力推动国库集中支付制度，由国库直接掌握公共经费开支，消除弄虚作假、徇私舞弊等违纪行为的"操作空间"。要努力彻底根治除国家工资福利津贴统一发放外的一切单位滥发的各种自定津贴补助。努力形成任何人任何时候在任何单位工作工资福利都一样，这就有效地避免了一些领导干部和职工的乱攀比和导致到不好的单位去工作不安心的心态和意识。

（四）对公务消费行为管理改革的再思考

较为流行的一种改革方法是实行公务消费货币化，得到了绝大多数人的支持，有很多地方都已在进行积极的探索，取得了一定的成效。由于公务消费行为与公职人员权力的行使紧紧相连，使其具有与权力相同的扩张性、模糊性、滥用性等特点。因此，公务消费改革不可能一招制胜，一蹴而就，实行公务消费货币化也并非釜底抽薪之策。货币化模式是按照职务和工作量，把在公务活动中发生的费用，以货币形式包干到个人，无论节余还是不足，全由公务人员自己负责。从理论上讲行得通，但在实际操作中存在很大难度。职务消费种类多、范围广，有的可以折算成现金发给个人，而有的则不行；还有工作量大小、补贴标准怎么科学合理确定等，更重要的是它不仅没有从根本上制约权力的滥用，也没有切断花公共资金为自己办事的渠道。因此，货币化改革的成效在短期内可能比较明显，但是从长远看效用不宜高估。对公务消费不宜搞一刀切，全面推行货币化改革，各地应该从不同的经济发展状况和不同的实际情况出发，不拘一格、步步为营，积极探索，针对公务消费中存在的突出问题切上一刀，绝不能超越现实，脱离实际。特别是经济欠发达地区在财政不富裕、不宽裕的现实情况下，应努力在财政支出制度、监督管理制度等方面改革创新，以遏制其不断膨胀的势头。

（五）探索公务消费行为管理制度创新

结合公务消费的特点，在改革创新现有管理制度方面应注意把握四项原则：一是在制度的设计上，要尽可能让公务消费信息公开，以接受公众监督。二是在范围的界定上，要尽可能清晰限定公务消费项目，以防止公私不分。三是在标准的控制上，要科学合理确定消费定数，以限制消费自由空间。四是在程序的操作上，要建立科学合理有效的审批责任管理制度，以便于责任追究。在具体管理制度中应注意突出以下几点：一是限权，要取消单位"一把手"直接审批发票权。各单位可以明确一名班子成员作为财务审批人，"一把手"主要负责财务支出的领导和监督，从根本上解决多年来单位"一把手"独揽财务审批大权，自支自批，无法监督、无人监督的现象。二是廉审，重要事项要经廉政审核关。对所有参观、学习、考察、培训等需用公款支付费用的，事前要进行申报审批，严格控制各种名义的公费旅游、公费考察活动。三是单列，公务消费要实行财务单独列项。把各项费用支出分别作为一个明细科目单独列项，设立明细账页，坚持一事一记，可以为监督公务消费信息的准确性提供依据。四是公示，公务费用支出要定期曝光。定期将每月所有公务性支出发生情况采取书面或口头形式在本单位公示、通报，并要作为领导干部述廉的一项内容，群众可以点题质询，这样能够有效约束和规范公职人员的日常公务消费行为。

五、建立政府采购监督制度

实行政府采购制度，对反腐倡廉、对促进社会主义市场经济的建设与完善均有着重要的意义。但并非这种制度一经建立，所有相关问题都能迎刃而解。因此，在设立一种新制度时，应该建立起健全的配套制度，以实现新制度真正良性运作，避免出现畸形制度。

（一）政府采购监督制度建立的必要性

认真贯彻党的十八大精神，坚持和完善反腐败领导体制和工作机制，认真执行党风廉政建设责任制，不断取得党风廉政建设和反腐败斗争的新成效，是当前和今后工作的一项重要课题。政府采购是新世纪的"阳光工程"，政府采购中心是反腐败的重要前哨阵地，打造清廉的政府采购中心对于构建清廉政府具有直接的示范作用。由于种种原因，政府采购中心始终处在反腐败的风口浪尖上，政府采购中心要成为政府部门的榜样，必须对反腐败工作常抓不懈，实行"支部统一领导、分管主抓落实、纪检监督推进、部门各负其责、全员积极参与"的工作机制，形成统一共识，以加强反商业贿赂工作力度为重点，把党风廉政建设作为干部考核任用的一个重要指标，切实夯实政府采购中心存在的基础。

（1）政府采购制度中采购权的本质决定必须对其进行严格的监督。政府采购是政府财政支出一个重要方面，资金主要来源于纳税人缴纳税款所形成的公共资金，其目的是使用公共资金实现政府职能和社会公益。政府在使用公共资金于公共目的时，所掌握、使用的仍然是行政权力。政府行使权力的本质既然并未发生变化，那么这种权力的扩张性、占有性与腐蚀性也不会发生变化。因此，在权力行使没有规范化的明确边界，而政府又掌握大量社会稀缺资源的条件下，无法避免以权谋私，权钱交易。在大量社会稀缺资源由政府掌握这个事实在短期内无法更改的环境下，所能做的就只能是规范权力，为其规定明确的界限，并在这个边界上设置监督力量，发挥各种监督主体的作用，强制实现权力的正常运作。

（2）政府采购制度中政府职能的真正实现与发挥，需要监督制度的保障。政府采购的主要目的就是要实现政府职能，这时政府不仅担负合理利用资源，以最小的成本换取最大的效益的重任，更重要的是政府可以通过政府采购实现扶持民族工业、促进国内就业、对市场经济进行宏观调控的目标。按照国际惯例计算，政府采购规模基本占 GDP 的 10% 以上。政府利用这么多公共资金采购货物、服务与工程，无疑会对经济发展带来很大影响。如果政府采购机关、采购人员没有责任感，滥用权力，将可能会给市场主体虚假信号，误导部分产业的发展方向，所以有必要监督政府采购机关与采购人员正确运用权力，同时，政府在扶持民族工业时，往往会与公平竞争原则相矛盾，发生冲突，为了避免政府以强调某个方面为借口，损害利害关系人的合法权益，对政府采购行为予以监督就显得尤为必要。

（3）为保护公民合法权益不受侵害，有必要建立政府采购监督制度。政府采购主要采用公开招标的方法，以实现政府采购过程的透明度。我国政府采购的透明性原则已获得了法律的认可与保障，方便了投标人与社会大众的监督。但是仅此仍不能避免投标人合法权益受损害的可能性，譬如政府采购机关对投标人的歧视性对待，政府采购机关向竞争对手泄露各种秘密的关键性信息等，也严重侵害政府采购相对方的合法权益，因此有必要建立完整的监督制度，保证政府采购符合设立时的目的。

（4）为避免社会公共利益的巨大损失，维护政府形象，有必要加强对政府采购的监督。政府采购主要以集中采购的方法进行，如果控制不严，监督不力，则可能出现权力集中寻租的现象，比起原来的分散采购可能带来的权力分散寻租，其恶果更为可怕，会给社会的健康发展带来灾难性的打击。政府采购的本质决定了其并非仅存在于购买这样一个简单的环节，必须有立项、作计划、招投标、签订合同、合同履行、合同完成并验收等一系列环节。尤其用公共资金购买工程与服务的政府采购活动，履行与实施更为重要。如果缺乏监督，合同不能按质按量地完成的话，尤其是大型工程建设，那么带来的社会危害将相当巨大，严重影响政府在老百姓心中的形象。这与政府采购设置时的初衷相违背，所以有必要建立健全监督制度。新制度要发挥制度优势，必须形成严密的制度体系。监督制度是政府采购制度得以正常运转的一个重要支撑点，在政府采购制度的建立过程中有重要、具体的现实意义。只有包含监督制度的政府采购制度，才能称得上是一个完整的制度。

（二）政府采购监督制度的范围

现在许多省市已经制定了政府采购条例，规范各类政府采购行为。但是大部分政府采购条例局限于对招投标过程的规范，没有实现对政府采购整个过程的规范，也就是说在招投标之前、之后的行为未能纳入法治的轨道，造成了监督乏力、监督范围狭窄这样的结果。因此，有必要明确监督范围，以实现对政府采购全方位、全过程监督。

（1）当政府采购货物时，监督主要集中在两个阶段。一个是在政府采购之前，使用单位申报采购物品与采购主管部门根据经批准的预算与其他财政性资金使用计划编制和公布采购计划阶段；一个是政府进行采购阶段。针对不同的阶段采用不同的监督方式。购买货物时，不存在一个长期的合同履行期，货物交付即告结束。因此，一般不需要在采购之后设立监督程序。但是如果货物在使用过程中出现的质量问题是由采购机关与采购相对人合谋造成的，或者是由采购机构故意或过失造成的，那么就存在一个对采购机构监督的问题。由哪个机关着手调查，由哪个机关提出诉讼，其追溯时效是多久，都需要法律对其明确规定。

（2）当政府采购工程和服务时，对其监督范围相对广泛些。因为工程和服务的提供并不是一个瞬时的动作，需要有一个合同履行的期限。在这个履行期内，直到验收结束，均由行政机关与采购相对人发生关系。因此，对这个阶段的监督就成为必要。对政府采购工程与服务的行为进行监督，主要集中在三个阶段：一是招投标之前采购主管部门编制采购计划并公布采购计划阶段；二是政府采购机关主持采购招投标、直接磋商、邀请报价阶段；三是合同履行与验收阶段。

应该注意的问题是，监督主体在进行监督时必须以保障政府采购工作正常运行、防止政府采购主体滥用职权为目的，不能随意干预采购内部事务，阻碍政府采购的正常开展。对监督主体也须设置必要的责任机制，以免使监督成为政府采购活动的负累。

（三）政府采购监督制度之框架

所谓政府采购可以实现节约财政支出，调节经济，提供公共产品等功能，政府采购行为应在法律规范的框架下进行，接受监管。我国的《政府采购法》在监管制度的设计方面存在很多缺陷，应当予以完善。只有建立高效的监督机制，才能防止权力寻租，使政府采购真正成为"阳光采购"。因此，应从政府采购监管法律法规体系、政府采购监管的统一立法原则、设置统一的监管机构的角度，构建一种内部监管与外部监管、公权监管与私权监管、事前监管与事中、事后监管有机结合的监管体系。

（1）加强人大监督。人大及其常委会的监督权从本质上说是人民当家作主的权利。对于通过纳税而获得的公共资金，人民当然有权利监督政府行使委托权的正确性。但是鉴于人大及其常委会的性质，并非事无巨细，一切均为监督对象，只对政府采购计划予以审议。以监督政府实现宏观调控功能的目的。

（2）设置透明的采购程序，方便社会大众、新闻媒体以及政府采购相对人的监督。通过设置这种程序使政府采购机关必须将采购信息、采购法规、采购文件定期向社会公布，使公众及当事人获得广泛的了解权，可以有效地减少工作人员进行寻租的冲动与欲望，以促进采购的廉洁，维护政府形象。

（3）设置不同的诉讼途径，以实现司法权对行政权的监督。首先，针对政府采购相对人来讲，如果其认为政府采购机关在采购过程中，包括合同的履行期间，侵犯了其合法权益，就应当获得诉讼权，提起诉讼，将司法权引入监督制度。其次，设置行政公诉制度，监督政府采购的全过程。在有些情况下，没有明确的受害人，而政府采购行为又违法，侵害社会公共利益或国家利益，如果没有明确监督机关对其进行监督，任由违法行为存在的话，法治建设将受到极大的危害。在这种情况下，提起公诉主体由谁来承担，具体的运行规则如何等问题，应进行研究并作出合理规定。最后，人民检察院对政府采购过程中的刑事犯罪进行立案、侦查和提起公诉。前面谈到的两个方面均是指行政违法行为，不涉及犯罪行为。如果其违法行为已严重到犯罪程度，对其进行制裁，实现更有力的监督势在必行，人民检察院的性质与职能决定了由其担当此任。

（4）建立政府采购制度组织管理体系中的内部监督机制。政府采购机构与政府采购管理机关——财政部门必须分家。政府采购机构与政府采购管理机关分家后，要划清职能。财政部门负责政府采购监督管理事务；集中采购机构作为执行机构，受采购人委托，按照规定开展采购活动，不具有政府采购的行政管理职能。集中采购机构人员主要从社会招聘。集中采购机构通过招投标方式进行政府采购，将竞争机制引入财政支出使用过程，不断推进政府采购公开的程度，对公开内容求"真"，凡涉及政府采购的事情全部向社会公开，实现从办事结果公开到办事过程的公开；在公开形式上求"活"，通过报纸、电视、网络等各种载体将政府采购的信息方便快捷地向社会公布，科学合理地改进工作流程，提高政府采购的透明度；在公开效果上求"实"，加强政府采购项目的制约机制、不搞人情标、假开标，对内部财务、人事、基本建设等重大事情及时通报，严格遵守民主公开的法则，摆到中心会议上讨论，才能使制度得到落实，决策更加规范，民主化建设得到进一步加强，个人的私欲才能得到克制。在建设社会主义和谐社会的进程中，构建行为规范、运转协调、廉洁高效的政府采购中心，促进社会公平正义，化解政府采购中的各种矛盾，促进社会稳定。

六、完善公务员家庭财产申报登记制度

公职人员尤其是官员阶层控制着大量的社会资源，不公开他们财产的变化，便不能证明他们是否廉洁自律。实行国家公职人员财产收入申报制度被公认为防止利益冲突的行之有效的方法之一，是从源头上预防和治理腐败的重要措施之一，也是世界上许多国家和地区通行的做法。在我国公职人员财产公开的讨论已经持续多年，探讨得越深入，社会的共识越趋于一致，财产早一日公开，对于公职人员的腐败便可以早一日进入更加有效治理的状态。

（一）构建公职人员财产申报制度的必要性

孟子曰：徒善不足以为政，徒法不足以自行。主要意思是说，除了规范以外，要真正发挥法律的作用，离不开主体的素质、法律体制、人们的法律意识等。同理，要让一个制度在实际生活中发挥应有的效用和功能，仅仅"就制度论制度"是不够的。单独实施公务员财产申报制度缺乏可操作性，例如，在公务员申报自己的房产、银行存款、大笔日常支出之后，如果没有房产登记制度、金融账户实名制、电子化交易制度等，如何审查财产申报内容的真实性，如何在发现问题之后进行取证便成为非常困难的事情。虽然有一些公务员财产申报制度的相关配套措施早已存在，但是实践证明配套机制并不完善，暴露出很多问题，严重影响其实施效果。如今，由于公务员腐败现象较为严重，且腐败行为日益隐蔽，财产公开要想获得良好的综合效果，除了这项改革自身的设计和推行合理到位之外，还有赖于其他措施的配合。为了增强公务员财产申报制度的可操作性与有效性，快速准确地审核财产申报材料，应当重视相关配套机制的建立与完善。建立科学的资产评估制度，完善金融账户实名制，实行金融电子化和完善社会信用机制等，都有利于监督公务员的财产状况。具体而言，主要表现在如下几个方面。

（1）财产申报制度对腐败人员具有强大的警示作用，在世界许多国家都取得了很好的效果。财产申报制度对于腐败人员可以起到早期警报的作用。根据申报情况可以看出一个公务员的持续消费水平和生活方式是否与其之前或现有的收入水平相符，从而便于及早发现潜在的腐败行为。这样，既给欲腐败公务人员心理上造成无形的压力，增大腐败行为的风险和成本，使他们心存忌惮，不敢轻易尝试腐败，又能使有关单位尽早发现公务员的腐败行为，尽早解决，减少腐败分子的腐败行为对国家和人民公共利益的侵害。

（2）构建和完善公务员财产申报制度，是有效查处违法、违纪案件的需要。让公务员定期申报个人及家庭财产，使腐败分子的赃款无所遁形，可以为更好地惩处腐败分子提供制度支持。使公务员个人及其家庭的财产状况能够置于公众的监督之下，那么一旦有公务员出现与其正当收入水平严重不符的财产变动情况，相关部门就可以立即要求申报人作出解释，如果作不出合理的解释就可以以此为由追究其相应责任。

（3）构建和完善公务员财产申报制度，有利于我国社会主义民主政治建设。我国是无产阶级领导的人民民主专政的社会主义国家，国家的一切权力都属于人民。政府的权力是人民赋予的，代表人民行使权力，必须接受人民的监督。因此，政府一切活动的目的只能是为全体人民谋福利，而绝不是为某些团体、组织或某些个人牟取私利。

（4）建立和完善公务员财产申报制度是社会主义市场经济健康发展的重要保障。市场经济是竞争的经济，是法治经济。而腐败现象的滋生和蔓延却会严重地破坏公平、公开、公正的市场竞争原则，阻碍社会资源优化配置的进程，造成社会不公平，严重阻碍社会主义市场经济的健康发展。因此，实行公务员财产申报制度，从法律上增加欲腐败者腐败行为的风险和成本，就可以减少甚至遏制腐败行为的发生，同时也有利于净化社会风气，稳定市场秩序，优化经济环境，保障市场经济的健康协调发展。

（5）建立和完善公务员财产申报制度，可以有利补充我国行政监督体制。权力天生具有被滥用的潜在可能性，因此对权力及拥有权力的人进行监督是必要的。建立和完善公务员财产申报制度，以财产及其变动状况作为切入点，对公务员进行切实有效的监督，将是对行政监督体制的一个必要且有力的补充。

（6）构建和完善公务员财产申报制度，可以维护国家公务员形象，保护其合法财产权益。公务员的财产申报可以更加全面地反映公务员任职期间的经济状况，特别是其任职以来的财产增加情况。通过财产申报，可以保护公务员的合法财产，维护某些在任职前就拥有大量财产的公务员的声誉和利益。

（二）国外公职人员财产公开立法

自 1989 年全国人大代表首次提出了财产申报法立法建议以来，我国仍然没有出台一部规范公职人员财产申报的法律。2008 年新疆维吾尔自治区阿勒泰地区纪检、监察局及预防腐败办公室联合出台了《县（处）级领导干部财产申报规定（试行）》，决定公示领导干部财产状况。该规定公布以后，再次引发了人民群众对我国公职人员财产申报制度立法工作的广泛热议和持久关注。党的十八大以来，习近平总书记多次指出，国家正在积极准备建立"不走过场的公职人员财产申报制度"，使人民群众对此产生了殷切的期待。当前我国反腐败工作形势严峻，加快公职人员财产申报制度立法进程的紧迫性不言而喻。公职人员财产申报制度，是一种根据国家的法律和有关规定，要求公职人员或者特定情况下公职人员的家属如实登记并且向社会公示其财产状况的法律制度。当前不少国家已经确立了较为完善的公职人员财产申报制度，对预防腐败和树立政府形象起到了积极的效果。

（1）国外公职人员财产申报制度的立法概况。公职人员财产申报制度可以追溯到1766 年的瑞典，当时瑞典公民就有权查阅官员乃至首相的财产和纳税状况。到 1776 年，瑞典开放政府记录，允许民众查询公职人员的财产状况。1883 年的英国议会通过《净化选举与防治腐败法》，首次以法律的形式确立了该项制度。美国、日本、波兰、罗马尼亚、阿根廷、智利、法国、澳大利亚、新加坡、泰国、韩国、印度、墨西哥等国都以法律的形式确立了该项制度。例如，1978 年美国国会通过《政府行为道德法》，泰国于 1981 年颁布了《关于官员申报资产和负债的王室法令》，韩国于 1981 年颁布《韩国公职人员道德法》，法国于 1988 年制定了《政治家生活资金透明度法》，菲律宾于 1989 年通过了《公共官员与雇员品行道德标准法》。俄罗斯也将公职人员财产申报制度作为净化国家政治生活的重要举措，1993 年 12 月前后俄罗斯联邦立法机关曾先后两次制定反贿赂法草案。虽然因为涉及众多官员的利益至今仍未通过生效，但 1997 年 5 月叶利钦以总统令的形式确立了财产申报制度。2008 年 12 月 25 日俄国时任总统梅德韦杰夫批准了国家杜马和联邦委员会相继通过的《反腐败法》草案，正式签署了这项联邦法律。2009 年 3 月 10 日，俄罗斯总统在总统反腐败委员会会议上宣布，已经起草了要求包括总统在内的所有国家公务员每年都要向利益冲突调解委员会申报个人收入的命令，敦促公务员遵守财产申报制度。

（2）国外公职人员财产申报制度的申报主体。申报主体即承担需要向国家申报并向社会公示其财产的义务主体。在如何界定申报主体问题上，根据是否区分申报主体的职务级别，公职人员财产申报制度可以分为级别申报制和无级别申报制；根据公职人员的家属是否需要申报财产，可以分为个人申报制和家庭申报制。

公职人员无级别申报制的代表有俄罗斯、尼日利亚、新加坡、泰国、巴基斯坦等。这些国家的法律或者总统令要求所有关于不区分级别地都要申报和公示财产。例如俄罗斯总统令规定，包括总统在内的所有国家官员必须公开每年的收入、私有资产的数额和房产状况。级别申报制的代表有法国、韩国、埃及、美国、墨西哥等。例如美国《政府行为道德法》规定，包括总统、副总统、国会所有议员、武装部队官员等在内的立法、行政和司法三部门职薪相当或超过 16 职的人员，均须申报财产。韩国法律规定 4 级以上的公务员需要进行财产登记。法国《政治家生活资金透明度法》主要是要求总统候选人、国民议会和参议院的议员、中央政府成员、大区区长、海外省议会议长和较大城市市长依法申报财产。

个人财产申报制的典型代表是英国。英国法律规定，只有政府官员本人负有申报财产和收入的义务。当前各国财产申报基本采取家庭申报制，只是在家庭的界定范围上还存在不同的规定。例如泰国《国家公职人员财产与债务申报国家法令》规定，公职人员对其在国内和国外的财产和债务，以及申报人应得的与夫妻或其他人共有财产中的部分，都须按规定如实申报。美国《政府行为道德法》将家庭的范围明确延伸到子女，规定行政、司法、立法部门的官员必须公开本人、配偶及受其抚养子女的财产状况。不过，为了尊重个人隐私，某些国家和地区的法律允许申报人配偶或与申报人有事实婚姻关系者独自填交申报书。各国之所以普遍采取家庭申报制，在于最大限度地防止公职人员将黑色或者灰色收入转移到其配偶或者子女名下。

（3）国外公职人员财产申报制度的申报范围。申报范围是指法律要求申报主体申报的财产名目。就申报范围而言，其主要包括资产、负债和开支，但是并非所有国家法律都规定此三项均属于申报范围。

第一，财产申报范围的首要名目就是资产。这里所说的资产通常包括薪金收入、劳务收入、存款、动产和不动产、有价证券、无形财产权和好处以及接受的馈赠、款待和谢礼。但是某些国家法律规定只有超过特定价值限额的财产才属于申报范围，或者根据公务员的职务不同而对申报的范围也有不同的规定。英国《净化选举防止腐败法》规定，议会议员在申报财产时需要如实填写工资、奖金、补贴、津贴、福利和免费旅游等事项，如果议员还从事咨询、授课、创作或者参与经营活动，那么需要将这些活动的收入如实申报；而议员以外的公务员，负有将其获得的任何与职务关系有关的实物、现金和其他好处都如实向政府申报的义务。但是韩国法律对申报范围规定了申报起点，例如现金、存款、股票、公债、公司债券等有价证券和无形财产权的申报起点为 1000 万韩元，对黄金、白银、宝石、古董和艺术品的申报起点为 500 万韩元。此外，比较有特点的是日本法律并不要求公布现金财产。

第二，某些国家法律规定，申报主体的债务也被认定申报范围。美国 1978 年的《政府行为道德法》和 1985 年的《众议院议员和雇员道德准则》对国家行政、议会和司法机关等公务员及其配偶、抚养子女申报财产的范围作了十分详细的规定，要求申报主体如实申报自己的债务，这些债务包括各种贷款和任何非公经营所负债务。例如申报主体必须申报本人及其配偶和抚养子女任何超过 1 万美元的债务，含申报期间从 1 万美元降到 1 万美元以下的债务。泰国法律也要求申报主体如实申报其债务状况。

第三，某些国家法律规定，申报主体的开支状况也被认定为申报范围。例如乌克兰法律规定，公务员应在每年的 4 月 1 日前向工作单位提交一份载明上年度国内外取得的所有收入、开支，财产及涉及金融事项的清单。

第四，国外公职人员财产申报制度的申报项目。申报项目即申报主体在填写申报清单时所应填写的详细内容，例如申报主体持有股票的发行者、发行时间、发行价格等信息是否属于申报项目，诸如此类问题都是申报项目需要回答的。由于不同名目财产的项目构成没有统一的标准，因此申报项目通常是因财产而异。但是根据财产申报制度的立法目的，申报项目应该以详细为原则，以便于公民掌握详细的线索监督申报主体财产来源的合法性。例如各国法律通常要求申报主体如实填写其现金资产的存放地点、存款资产的开户行名称和存折账号等信息；如实填写其不动产的类型、区位和获得所有权或者使用权的时间、方式和费用等情况；如实填写诸如私家车等特殊动产的登记号码、商标、型号、获得所有权或者使用权的时间、方式和费用；如实填写金银珠宝等贵重动产的名称、成分、标志和估价；如实填写股票或者公债的发行人、发行号、持有数量和价值；如实填写所欠债务的债权人信息、债务数额和债务日期甚至债务发生事实等信息。

第五，国外公职人员财产申报制度的申报时间。申报时间主要包含两项内容，即公职人员申报财产的周期和申报财产的起止时间。国外公职人员财产申报时间通常有三种形式，即初任申报、日常申报和离职申报三种形式。初任申报即申报主体在首次担任公职或者成为公职人员候选人时申报财产的形式，例如美国法律规定，首次任职者必须在任职 30 天内提交财产申报，成为提名或选举候选人的在 30 天内、最迟不得晚于选举前 7 天提交财产申报书；法国法律规定，两院议员上任 15 天内必须向议院办公厅提交准确、真实的财产状况申报单；所有政府成员和地方官员上任 15 天内必须向申报受理机构提交个人财产状况申报清单。日常申报是指申报主体在担任公职期间定期或者不定期向受理机构申报财产的形式。例如，新加坡法律规定，申报主体必须在每年 7 月 1 日向受理机构申报财产；俄罗斯的总统令要求公务员联邦和地方政府官员必须在每年 4 月 1 日前向其常住地税务机关申报自己名下的收入和财产。但是韩国还有不定期申报形式，其法律规定申报主体财产状况发生变动时需在一定期限内申报自己的财产变动。离职申报是指申报主体在卸任公职后的申报形式。例如，美国法律规定，离职官员和雇员在离职后 30 天之内递交离职财产报告，埃及法律规定公职人员离任后需在 2 个月内申报自己的财产。

第六，国外公职人员财产申报制度的受理机构。申报受理机构是指接受申报主体申报财产的登记和审查机关。由于各国国家权力设置不同，所以各国的受理机构也各不相同。通常有专门受理和兼任受理两种形式。一般来说，财产登记机构即为审查机构。例如美国法律规定，廉政公署受理总统、副总统、须经参议院同意任命的官员和雇员以及公共机构官员的财产申报；其他行政公职人员向其供职机构申报；国会秘书受理联邦众议员及其候选人以及参、众议员的财产申报；司法会议设立的司法廉政委员会受理司法官员和雇员的财产申报。新加坡法律规定，内阁廉政署受理申报事宜。有些国家的财产登记和审查机构还实行分离制，例如韩国公职人员所属系统的行政处负责财产登记，但是国会、大法院、宪法裁判所、中央选举管理委员会、各级政府分别设立的公职人员道德委员会，负责财产审查事务。俄罗斯的税务部门兼任受理财产申报的登记工作，但是国家机关的干部部门为其审查机构。

第七，国外公职人员财产申报制度的财产公示。根据各国法律对公职人员财产状况公示的程度不同，可以分为完全公示、有限公示、不公示和保密四种形式。财产完全公示是指国家将以公开的形式公布公职人员的财产或者给公民提供无障碍的查询系统。例如法国采取了完全公示形式，所有申报主体的财产状况都公布在《政府公报》，公报向全体国民公开，任何国民可免费、自由查询。美国采取的是有限公示形式，即除了法定的高级官员财产需要在报刊上公开，公开的范围和详细程度也有所区别，其他公职人员的财产状况资料放置于法定场所，公民可以办理相关的登记手续进行查阅。新加坡采取的是不公示形式，即申报主体的财产状况并不公示，只有受理机构掌握申报材料，而公民或者其他机构不能查阅。泰国的财产申报制度是很有特点的，其采取的是保密形式，即申报主体依法将申报材料密封后直接寄给反贪局，除非其涉及经济犯罪或者财经违纪，任何主体包括反贪局本身都无权拆开信封查阅申报材料。

第八，国外公职人员财产申报制度的违法责任。一部完善的法律必然有合理而严格的法律责任规定。墨西哥于2002年通过的《信息公开法》，规定所有墨西哥公民有权监督国家公务员的收入状况，以杜绝腐败现象。该法实施后第7天，一些官员由于未重视该法，没有及时申报财产，结果约1万名公务员受到处罚，起到了积极的效果。一般而言，各国财产申报法律都有对诸如不提交申报书、伪造申报书、或不据实申报而有非法所得财产等行为追究责任的条款，如美国法律规定，若发现公职人员有非法所得财产，有关机关可依法作出剥夺非法财产、归还不合法取得的财产、降职、削职或令其辞职，或者按贪污贿赂罪论处等决定。英国法律规定，如果官员个人财产与其正常收入之间存在差距，就必须作出解释和说明，如不能提供合法所得的证据，将承担刑事责任。各国高官因违反此法而丢乌纱的案例实不鲜见。

第九，国外公职人员财产申报制度的配套措施。光有完美的财产申报制度是不够的，仍无法比较完整地反映公职人员财产状况，一些国家由于没有与该制度配套的措施，反腐效果仍然不明显。保障财产申报顺利实行的关键措施有金融实名制、完善的纳税制度和举报保护制度。例如法国法律规定，居民在银行开户时必须出示身份证，其中姓名、地址等个人信息须同警察局的登记信息一致，这些信息还将被用于租房、购车等所有个人商业活动。

（4）国外财产申报制度的立法启示。腐败最害怕的就是阳光，国外公职人员财产申报制度已经成为各国反腐斗争的有力武器，总体而言效果是积极的。我国当前反腐败形势严峻，公职人员犯罪日趋隐蔽和复杂。我国公职人员财产申报的立法工作，经历20余年而未见雏形。虽然党内出台了相关的文件，但是由于不具有法律强制性以及规定的漏洞较多，效果甚微。国外财产申报法出台伊始，多数官员的抵触情绪也是常见的，但是在国民呼吁和政治家的决心支撑下，法律还是得到了实施。因此，国外财产申报制度的首要启示就是充分认识制定公职人员财产申报法律的紧迫性，以坚定的政治决心对付多数官员的抵触情绪，甚至为了挽救更多易腐公职人员，可以研究短期的豁免规定，以便于尽快推进立法和执法。作为社会主义国家，应该有信心制定更为完善的财产申报法律。参考国外财产申报制度和审视我国当前党内关于财产申报的相关规定，立法时尤其需要注意如下几点。

第一，申报主体不应局限于县级以上领导干部和省部级现职领导干部，从我国当前办理的一些公职人员犯罪案件的实践看来，各级非领导干部犯罪不属鲜见，犯罪还呈现家庭化的特点。故宜把申报主体扩大到《刑法》中职务犯罪主体国家工作人员及其家属。由于我国特殊的家庭文化，对于是否可以把家属扩大到父母也值得深入研究。第二，申报的财产范围从收入扩大至所有财产并且详细填写财产信息，例如不动产和贵重动产，工资以外的从事证券和金融事务获得的收益、继承和知识产权创作获得的收益、贵重饰器以及重大债务和开支，具体标准可以展开调查研究。针对我国当前公费旅游和出国留学热的现实，笔者认为应该将这两项内容纳入申报范围。第三，申报时间设计应该更科学，完善初任申报、定期申报和离职申报的规定，可以研究特定职务公职人员离任后的数年内仍然申报财产的规定。第四，申报的受理机构是我国当前立法工作的一个难点。我国人民行使权力的机关是各级人民代表大会，笔者认为宜在全国人民代表大会下设立类似于廉政署的机构，授予其必要的权力，负责申报登记和审查事宜，每年向全国人大报告工作，接受审议。为了使廉政署公正从事公务，可以采取抽签等方式吸收普通民众参与其工作。第五，对于公职人员的财产应该通过公报或者网页等方式向社会发布。第六，建立完善的责任追究制度，尤其是注意法律的可操作性，减少宣誓性条款，同时加重职务违法和犯罪的处罚力度。第七，完善与财产申报相关的制度和措施，例如个人身份认证、所得税申报监管、金融实名审查、不动产登记制度、反洗钱措施、利益冲突审查、巨额财产来源不明罪的刑罚、公民举报安全保障措施、信息公开与保存等法律制度。此外，还有必要研究个人隐私与公共利益之间如何保持适度平衡。国外财产申报制度不少内容是符合市场经济条件下廉政建设规律的，值得在我国政治、经济和文化特殊性基础上为我所用。

（三）我国现阶段公职人员财产申报存在的缺陷及原因

反腐败是一个世界性的课题，需要整个政治共同体的共识与行动。党和政府一直高度强调并积极推进反腐败工作，取得了一定的成绩，但腐败现象仍呈现易发多发的态势，腐败的花样还在不断翻新。我国当前反腐败机制依旧不健全，反腐败工作与政府人民所期望的还存在明显差距。反腐败机制不健全的一个重要原因是我国还未建立公职人员财产申报制度。公职人员财产申报制度是国际公认的反腐倡廉最为根本的制度保障，是最有效、最廉洁的反腐办法。目前，我国已经颁布实施的申报制度主要有：1995 年的《关于党政机关县（处）级以上领导干部收入申报的规定》、2001 年的《关于省部级现职领导干部报告家庭财产的规定（试行）》（以下简称《规定》）。这些制度的实施，在一定程度上增强了部分国家工作人员家庭财产收入的透明度，对强化国家工作人员的经常性监督，发挥了积极作用。但是严格地说，无论在立法层面，还是在技术操作层面及其内容都存在很大的问题，不算是真正意义上的财产申报制度。主要是由于《规定》本身还存在一些缺陷和不足，因而弱化了家庭财产申报登记制度应有的权威，导致家庭财产申报流于形式。现行《规定》主要存在以下几个问题。

（1）申报主体范围过窄。《规定》第 2 条将申报主体范围确定为"各级党的机关、人大机关、行政机关、政协机关、审判机关、检察机关中的县（处）级以上领导干部，以及国有大、中型企业的负责人"。这与 1997 年修订的《中华人民共和国刑法》第 395 条规定的"国家工作人员巨额财产来源不明罪"的犯罪主体范围不一致。根据我国现行刑法的规定,"巨额财产来源不明罪"侵犯的直接客体就是国家的财产申报登记制度。如果只规定一部分国家工作人员作为财产申报的主体,既不符合法制平等原则,又与现行刑法的规定严重脱节,从而造成法制的混乱。一般来说,县(处)级以上领导干部"位高权重",理所当然是财产申报的主要对象,但在许多情况下,还存在着"位不高权也重"的现象。如法官、检察官、公安、税务、证券、工商、海关等特殊职业或部门国家工作人员以及乡(镇)党委书记、乡(镇)长等,虽然他们的级别够不上处级,但他们有时甚至握有很大的权力。另外,国家工作人员在离退休后一定期限内的财产收入也应申报,从而不给"事后受贿"留下空隙。实践表明,国家工作人员,尤其是掌握实权的负责人员,在离退休后的相当时期内,仍然具有一定的影响力。因此,将此类人员排除在财产申报登记的范围之外,将会影响法规应有的效力。

(2)申报财产范围不周延,给规避财产申报留有余地。《规定》第3条列举了申报的范围:一是工资;二是各类奖金、津贴及福利费等;三是从事咨询、讲学、写作、审稿、书画等劳务所得。《规定》只称为"收入申报",而不是称为"财产申报",表明申报的只是申报主体个人的部分收入,而非全部收入,更非申报主体的整个家庭财产状况。显然,"收入"与"财产"是两个不同的概念,"财产"包括"收入",而"收入"却不能涵盖"财产"。《规定》列举的申报范围,既没有包括申报主体收入的全部,比如继承的遗产、受赠、偶然所得以及从事证券、股票等风险投资所得收入,更没有包括申报主体财产的全部。根据我国《民法通则》规定,财产包括动产和不动产,也包括债权与债务。仅仅申报个人的部分收入,而对个人的债务偿还、不动产的产权以及整个家庭的全部财产不予申报,这容易给规避申报者以可乘之机。

(3)申报种类单一,制度设计不严密。《规定》第4条规定为一年申报两次、半年申报一次的日常申报登记制度。而通观国外立法例,国家公职人员的财产一般设有初任申报、日常申报和离职申报三种制度。初任申报,即出任国家工作人员之初的一定日期(比如说一个月或者二个月)内,就其现有的财产状况进行申报;离职申报,是指国家工作人员或者因特定职务任期届满,或者不再从事国家公务活动,或者因年龄等原因而离退休时,必须申报其全部财产。仅仅规定日常申报,而不规定初任申报与离职申报,其不足之处非常明显:不能将申报主体的财产状况自始至终置于监管之下。

(4)财产申报受理机构缺乏权威与监管力度。《规定》第5条授权各单位组织人事部门负责接受本单位申报人的收入申报。按理说,各单位组织人事部门最了解干部的财产状况,完全可以很好地完成这项工作。但是实践的结果表明,组织人事部门一般只对干部的工资性收入进行登记,对工资以外的其他收入和财产,由于缺乏相应的职权和手段,具有随意性,难以真正承担起财产申报登记的稽核职能。

(5)对违反者的责任规定过轻,处罚措施缺乏刚性。《规定》第6条对申报人不申报或者不如实申报收入的,由所在党组织、行政部门或者纪检监察机关责令其申报、改正,并视情节轻重给予批评教育或者党纪政纪处分。不难看出,对违反《规定》的申报人,主要采取批评教育为主、纪律处分为辅的责任制度。这种责任制度过于"理性"和"温柔"。而国外立法例对违反者除规定了相应的纪律、行政处分外,还规定了严格的刑罚制裁措施,这种惩罚刚性更强。

（四）建立健全家庭财产申报登记制度的建议

建立我国家庭财产申报制度是一项庞大而系统的工程，应当制定一项中长期的立法规划，具体目标可以分解为：短期内尽快制定并实施《公务员家庭财产申报法》。待时机成熟后再制定我国的《税收基本法》，解决除公务员以外的普通公民财产申报问题。对于普通公民而言，家庭财产申报制度最重要的意义体现在税法上。在实际执行过程中，可以允许省（自治区、直辖市）制定地方性法规或者政府规章，对本辖区公民的具体情况区分处理：先组织城镇居民申报，再组织农村居民申报；先组织高收入家庭申报，再组织中低收入家庭申报。等到全国范围的家庭财产申报基本完成后，制定实施《遗产与赠与税法》和《社会保障与福利法》，修订实施《个人所得税法》等法律。这也许是我国在今后一段时期内建立健全家庭财产申报的基本路径。

（1）确定合理的财产申报主体范围。在国家《财产申报法》没有出台以前，根据干部管理的权限，中央组织部、国家人事部应协调一致，将财产申报的主体范围扩大到一些特殊行业的干部。国家在正式立法时，应将财产申报的主体包括所有的"国家工作人员"，即与《中华人民共和国刑法》第 395 条第 1 款规定的"巨额财产来源不明罪"的主体范围相一致。为严密法网，不给任何人留下可乘之隙，还应将下列人员纳入申报主体范围：一是各级党的机关、人大机关、政协机关和行政机关以及社会团体、国有企业、事业单位县（处）级以上领导干部或者负责人离休、退休后五年内的；二是各级人民检察院、人民法院从事检察、审判工作的检察官、法官离休、退休后五年内的；三是各级公安、财政、工商、税务、海关等国家行政机关中的所有公务员离休、退休后五年内的。

（2）适当扩充申报的财产范围。澳大利亚《公务人员行为准则》规定，一切公务员都必须登记本人及其配偶和全部或主要依赖其供养子女的有关钱财收益，这些收益的登记内容大部分是可被公众和新闻机构公开查阅的。借鉴国外的经验，我们认为在现行《规定》的基础上，我国家庭财产申报的范围首先应包括公务员个人所属的下列各项财产：①不动产（如房产）；②交通工具（如汽车、船舶）；③存款、有价证券；④价值在 500 元以上的物品（包括金器、古董、名字画、家具、电器等）；⑤500 元以上的债权、债务、投资或者偶然所得；⑥工资；⑦各类奖金、津贴、补助、福利费及从事咨询、讲学、写作、审稿、书画等劳务所得；⑧事业单位的领导干部、企业单位负责人承包、承租经营所得；⑨境外存款；⑩其他收入。除本人上述财产外，还应包括公务员近亲属（父母、岳父母、妻子、子女以及与其共同生活的其他家庭成员）所属的上列各项财产。否则，公务员的非法收入，只要转归于亲属名下，就可以堂而皇之地规避法制监督，留下明显的疏漏。公务员在任期内及退休后五年内，私人财产增量如与其收入明显不相符合，必须说明其合法来源，否则就有不当得利的嫌疑，应该受到追究。

（3）完善申报的种类，明确申报的时限。墨西哥《公务员职责法》规定，任职后 60 天内及卸任后 30 天内，在任期间每年 5 月向联邦总审计部如实申报本人及配偶私人财产的变化情况，提交财产状况报告并附有交税年度申报单的副本。美国《政府行为道德法》也作了类似规定。因此，我国国家工作人员的财产申报也应引入初任申报和离职申报，将他们的财产状况自始至终置于有效的监督之下。具体为：任职 60 天内和卸任 30 天内，以及任期内每年 12 月向财产申报机构如实申报本人及家庭成员财产的变化情况，提交财产状况报告，并附有交税单据的复印件。

（4）设置受理财产申报登记的专门机构，增强受理机构的权威。在目前情况下，先由各单位组织人事部门受理财产申报，逐渐过渡到在各级国家行政监察机关中设立财产申报的专门机构，以加强财产申报工作的力度。为防止受理机构对同级党政主要负责人"网开一面"，或者解除人民群众对党政高级干部财产申报的疑虑，同级党政一把手、检察院检察长、法院院长、行政监察部门主要负责人的财产申报由上一级受理机构受理。党和国家领导人的家庭财产申报，可以考虑由全国人大内务司法委员会设立特别受理机构，或者单独设立专门的受理机构，负责党中央总书记、国家主席、副主席、国务院正副总理、全国人大常委会正副委员长、全国政协正副主席、中央和国家军委正副主席的家庭财产申报。

（5）保护家庭财产申报人的隐私。义务的履行是以权利的实现为前提。保证家庭财产的申报资料和隐私不被泄露和挪作他用，是提高家庭财产申报人自觉履行申报义务的必要措施。国家公职人员是特殊的群体，他们的包括家庭财产状况在内的部分隐私权受到公民知情权的监督和限制，因此国家公职人员的家庭财产申报资料一般是公开的。但普通公民的申报资料应当得到严格的保护。为了加大财产申报资料管理与监督的力度，我国应当设立专门统一的申报资料的监督与管理机构，各个金融机构的个人财产资料要在这个机构备案。为保证监管机构的独立性、权威性和便于管理的要求，可以在各地区、行政部门、司法系统设立分支机构进行专门的监管。如果由于国家机关及工作人员利用职权或者渎职造成公民的申报资料泄露、隐私权被侵犯，国家应当承担赔偿责任。

（6）增强惩处力度。对拒不申报或者不如实申报财产的公务员，采用党纪、政纪等处分；对于多次谎报者，应免去其领导职务。借鉴国外通行做法，可以考虑条件成熟时在我国刑法中增设关于国家工作人员拒不申报或不如实申报财产罪等项，可以强化行为人依法申报的责任。

（7）完善配套制度建设，建立"体制联动"执行网络。①实行听证程序。召集双方当事人对被执行人所申报的财产进行对质，是完善对财产申报配套制度的关键。申请人具有当然查明被执行人财产状况或财产线索的当然义务，法院具有查清被执行人财产状况的当然职权。在被执行人申报财产后，如何核实被执行人所申报的财产的真实、全面？除了将被执行人申报的财产与申请人所提供的被执行人财产状况及法院查清的财产状况进行对比核实外，法院可组织被执行人与申请人进行庭前听证，申请人可就被执行人申报的财产状况进行询问，并由被执行人提供证据证明自己申报财产的真实性和全面性，被执行人如无法证明，法院可以据此认定被执行人虚假申报或隐瞒不申报，被执行人应当承担一定的法律后果。此外，被执行人如确实无财产可供执行或不足以供执行，实行听证也可以让申请人了解被执行人的状况，法院可据此促成双方和解，达到案结事了人和。②强化法律责任。对被执行人不履行或不完全履行财产申报义务的依法追究法律责任，必要时，可以追究被执行人的刑事责任，刑事责任、民事责任衔接有助于增强执行震慑。被执行人拒绝申报、隐瞒申报、虚假申报其财产状况之所以称为司法实践的常态，主要是因为现有法律对被执行人不履行或不完全履行财产申报义务处罚较小、较轻，以及法院在实践操作中也一般选择避免运用这些强制性措施，未对被执行人形成一定的执行威慑。现有2012新民事诉讼法将被执行人的处罚金额进行了提升，但是在司法拘留上仍无法构成威慑。根据现有法律，对被执行人不履行或不完全财产申报义务，完全可以处以更长时间的司法拘留，严重者，甚至可以依法追究其刑事责任。要做到"查得到，控得住，罚得了，严肃执法"。③加强司法征信建设。落实好财产公示登记制度，辅之于媒体、社会监控，构建社会诚信体系。2012年新民事诉讼法将司法诚信作为民事诉讼的基本原则，在执行阶段，也应当加强诚信建设。被执行人不履行生效法律文书，或不配合人民法院实行执行措施，都是不诚信的行为。对此，法院可以建立债务人名册，或拒不申报、虚假申报财产规避执行名册，通过登记征信系统，或公布于网络、报纸、电视等新闻媒体，扩大社会影响力，影响被执行人信誉，以此强制被执行人履行债务。此外，针对法院"难查"被执行人财产状况情况，应当完善并落实到财产公示登记制度，针对公民所拥有的具有一定价值数额的动产、不动产，相关部门都应有据可查。由此，也可以进一步增强执行威慑。④平衡执行强制力。以柔克刚，做好被执行人的自动履行工作和申请人与被执行人的执行和解工作。当被执行人主动申报财产时，如若被执行人所申报的财产可供执行到位，法院可据此促成被执行人自动履行债务，为避免浪费司法资源，法院可以适当免除被执行人的执行费，或积极促成被执行人与申请人协调解决案件，尽量避免采取罚款或拘留等强制措施。如被执行人申报的财产中无财产或财产不足以清偿债务，法院可以知会申请人对被执行人现有财产进行清点或予以重整，清点或重整应当让申请人知道，甚至可以让申请人参与被执行人财产的处分，据此增添申请人的精神与情感的慰藉。由此达成执行和解，也在一定程度上暂时解放被执行人履行法律义务的压力，让其轻装上阵，或许能通过自己的努力，尽快实现对申请人的债权。⑤设立执行风险基金。通过债权转嫁方式，为被执行人暂时免于履行生效法律文书所确立的义务，实现申请人的合法权益。具体而言，设立执行风险基金是指由国家机构设立执行难困助基金，法院或相关部门参与被执行人与申请人之间的财产申报听证，在对申请人及被执行人情况了解的基础上，对经济困难、债权无法实现的申请人予以执行救助，对相信被执行人暂时无经济困难但以后有能力支付完欠款情况等被执行人暂时垫付执行款项以尽快执结案件。长期的执行实务可知，法律所确立的债权人的权利一般都可实现，关键是实现的时间有长有短，而作为单个的申请人，其没有精力与时间去承担几年，甚至是十几年的诉讼之累。因此，对一些坏账被执行人，申请人确实急需执行款救命，基金组织可以转接这一部分债权，先行给付被申请人涉案执行款，但获得该申请人所拥有的法律文书所确立的债权，基金组织可以依法随时向人民法院进行主张，要求恢复执行。这样，即可以尽快实现申请人的合法权益，同时也能够让无力支付债务的被执行人暂时免除被执行压力，积极进行生产创造生活，恢复活力，以期尽快实现债权。

七、完善领导干部任（离）职审计制度

对领导干部任（离）职的经济责任进行审计，是加强对领导干部管理和监督，促进领导干部勤政廉政的重要举措。正确评价领导干部任职期间的经济责任，既为领导干部的任免提供考核评价依据，又对维护财经秩序和推进党风廉政建设具有重要的意义。面对社会主义市场经济的新形势和领导干部监督管理中出现的新情况、新问题，笔者认为可从以下几方面完善制度、创新制度，以不断提高审计质量，加强对领导干部的管理和监督。

（1）实施专项审计制度。从目前情况看，普遍实行的是分期分批的审计方式，因而任期审计相对周期较长，特别是碰到换届或较大范围内的领导干部职务变动，往往不能及时、准确、全面了解领导干部的经济责任。而专项审计则具有"短、平、快"的优势，能有效地弥补其不足。这样，上级党委、专门机关在监督管理干部过程中一旦发现某位领导干部存在经济责任上的问题，就随时可以按指定内容实施专项审计，通过审计及时进行监督。因此，对领导干部不仅要搞好任期审计，还要从实际出发，不定期地开展专项审计，以强化对领导干部有针对性的监督。

（2）审计问题即时报告制度。在经济责任审计过程中，凡发现领导干部有较大的经济问题，审计机关要随时向干部监督管理部门主要领导报告。这样有利于及时采取对策措施，掌握工作主动权。如果发现违纪违法问题，应及时与纪检监察机关和司法机关联系，以便提前介入，加大审计力度，提高工作效率。

（3）审计谈话制度。审计结束后，干部监督管理部门要与被审计对象进行谈话。审计机关应及时提供有关材料，提出谈话建议内容。经审计，发现有经济问题的，要指出其具体问题和提出整改要求；对没有发现问题的，要予以肯定和鼓励。

（4）审计结果公示制度。为适应基层民主政治建设和多管齐下加强干部监督管理的要求，审计结果在一定范围内以一定的方式向干部群众公示，接受干部群众的监督。

（5）审计人员廉政监督制度。干部监督管理部门应对审计工作实施全程监督。开展审计时，干部管理部门要派人与审计人员一起赴审计单位，召开必要的会议，重申有关纪律；同时，发放《审计人员廉政监督卡》，审计结束时由被审计单位报送监督机构，以防范审计人员在审计过程中发生不公不廉的现象。

（6）严格做到"先审计、后离任"。中办发〔2013〕20号文件对领导干部要求坚持"先审计、后离任"的原则，把审计结果作为对干部表彰、奖励、提拔使用的依据之一。但是目前有的地方和部门还存在着先离任、后审计的情况，使审计工作和对干部评价任用相脱节。有的干部到新岗位上任后，即便审计出问题，也往往事过境迁，不了了之。今后应严格做到"先审计、后离任"，保证对领导干部的监督落到实处。

八、建立"穷籍"制度

新加坡律政部将检讨破产制度，允许破产者在一定的时期内脱离穷籍。所谓"穷籍"者，指的是那些生意失败、负债无力偿还的破产者。一个入了"穷籍"的人，其衣食住行等诸多方面都会受到各种各样的限制：生活不能有任何豪华享受，不能拥有任何资产、经营任何事业，也不得乘坐小轿车，更不许出国观光或探亲，不能参加宴会，不能大吃大喝或购置高档物品，薪资收入的半数应偿还债务，直至全部偿清为止。否则，遭到检举，将被视为欺诈，据以治罪。破产者入"穷籍"后，所有银行户头都会被关闭。其后，官方委托人会协助其开设另外一个储蓄户头，以便其雇主将薪金存入其银行户头。

他山之石，可以攻玉。这个招数，如果用来对付现在中国那些欠钱不还的私企所有者、"穷庙富方丈"的国企经营者，以及那些因侵犯公私财产触犯刑律者，肯定十分有效。国内已有这样的判例。

九、加强反腐败国际合作

随着我国改革开放的不断深化以及国际交往和国际合作的日益频繁，反腐败国际合作已摆上反腐倡廉工作的重要日程。纪检监察机关在妥善处理反腐败国际事务、加强反腐败国际合作、营造良好的反腐败国际环境方面，承担着重要的职责。

充分认识开展反腐败国际合作的重要性和紧迫性。腐败是世界各国都必须面对的一个社会问题。随着经济全球化和区域经济一体化的发展，腐败日益成为一种跨国境的犯罪行为，反腐败也成为一个国际性课题，加强反腐败国际合作更加重要和迫切。反腐败国际合作在世界范围内达成共识和潮流。20世纪90年代以来，联合国就开始关注反腐败问题，制定了《反腐败的实际措施》，以联大决议的形式通过了《公职人员国际行为守则》《反对国际商业交易中的腐败和贿赂行为宣言》等文件。2003年10月，第58届联合国大会通过了《联合国反腐败公约》，为国际社会反腐败合作提供了基本的法律指南和行动准则。已有140个国家成为这个公约的签署国或成员国。2001年11月，亚太地区反腐败会议制定了《亚太地区反腐败行动计划》，包括我国在内的25个亚太国家和地区签署加入。面对这种形势，我们加强反腐败合作，能够尽快熟悉反腐败方面的国际规则和国际惯例，根据我国反腐败斗争的需要，积极参与有关国际事务和国际规则的磋商与制定，充分反映合理主张，坚决维护我国的权益，从而掌握反腐败国际事务的主动权，更好地贯彻执行党和国家的对外方针政策。

反腐败国际合作是形成有利的反腐败国际环境的需要。中国的反腐败工作在党中央和国务院的领导下，紧紧围绕经济建设这个中心，坚持服务于改革发展稳定的工作大局，积极依靠人民群众的参与和支持，确立了正确的反腐倡廉的指导思想、基本原则、领导体制和工作机制，逐步摸索出了一条符合中国国情的有效的反腐败路子，取得了明显成效，积累了有益经验。但是也必须看到，国际上有些人对我国的反腐败情况不够了解，有的甚至存在误解和偏见，敌对势力也借反腐败问题对我国进行恶意攻击。一些国际舆论对我国反腐倡廉工作的决心、努力、成效没有给予客观公正的评价。加之收集的信息、数据不完整，因此，得出的结论不客观、不全面，发布的评估结果对包括我国在内的许多发展中国家不利。加强同有关国际机构的交流，加大反腐败对外宣传的力度，客观如实地介绍和报道我国反腐倡廉的工作及成效，有助于形成对我国反腐败工作有利的国际舆论环境。

反腐败国际合作是借鉴国际反腐败经验的需要。反腐败是全世界面临的一大难题，尽管各国和各地区的政治体制、社会制度、社会基础千差万别，但是在反腐败方面仍存在一些共同的规律，值得我们认真研究和借鉴。一方面，当前我国在反腐倡廉方面遇到的许多新情况新问题，是在发展社会主义市场经济过程中出现的。西方发达国家在长期的市场经济实践中，建立了较为完善的管理和监督的机制与制度，对于预防腐败发挥了作用，可以借鉴和参考。因此，我们要以更加开放的态度、更加宽广的眼界，积极研究借鉴国际反腐败的经验，进一步增强社会主义市场经济条件下有效预防腐败的能力和水平。另一方面，加强反腐倡廉工作必须深入研究特定历史时期反腐倡廉的规律。从不少国家的发展进程看，当一个国家处在经济结构转换、经济快速增长的变革阶段，往往是社会问题的凸显时期，同时也是腐败现象的高发期。积极研究和借鉴这些国家的相关情况与治理措施，有助于我们认识和运用这个特定历史时期反腐败的规律，推进我国现阶段的反腐败工作。

反腐败国际合作是严厉打击跨国腐败犯罪的需要。为了打击外逃的腐败分子，我国做了大量的工作。2000年12月颁布了《中华人民共和国引渡法》，截至2018年2月，我国先后同50个国家签订了引渡条约；加强与国际刑警组织的合作，通过国际刑警组织发布了"红色通缉令"。特别是党的十八大以来，我国利用《联合国反腐败公约》平台开展反腐败追逃追赃国际合作取得积极进展，加大了追逃缉捕的力度，引渡了部分潜逃国境外的涉嫌腐败犯罪嫌疑人，追回了一些涉案资产。但是必须看到，打击跨国腐败犯罪，引渡外逃的腐败分子，涉及不同国家的政治制度、法律体系以及文化背景等，情况十分复杂；从我们自身工作看，追逃的经验还不丰富，对反腐败国际合作的情况特别是国外刑事、民事法律了解把握还不深，有关的专门人才还比较缺乏等，打击外逃腐败分子的措施还不适应形势的发展。但是遗憾的是，与西方发达国家缔结的引渡条约数量偏少，一些腐败犯罪逃犯隐匿在未与我国签订双边引渡协议的发达国家，企图逃避法律的追究。此外，很多国家规定，他国就腐败犯罪事宜向其提出引渡等刑事司法协助请求时，要受到双重犯罪原则、特定性原则、政治犯罪不引渡原则或死刑不引渡原则的限制，从而为引渡腐败犯罪嫌疑人带来了种种困难。这促使包括我国在内的世界各国在积极缔结引渡条约的同时，不断探索引渡的替代措施，利用多种途径实现对外逃腐败犯罪分子的有效惩处。因此，迫切需要加强反腐败国际合作。

坚持反腐败国际合作的基本原则。2005年9月，国务委员兼国务院秘书长华建敏在亚太地区反腐败行动计划第七次指导小组会议暨第五次亚太地区反腐败会议上，代表中国政府提出深入开展反腐败合作的三项建议：第一，尊重主权，平等互利。各国在互相尊重主权的前提下，自主决定反腐败的体制机制制度以及具体的策略和措施，在此基础上开展互利互惠的合作。第二，尊重差异，共享成果。承认并尊重各国的不同国情尤其是政治制度、法律框架等差别及反腐倡廉工作的特殊性。彼此交流、相互借鉴各自在反腐倡廉中积累的有效经验和做法，共同分享反腐倡廉的成果。第三，循序渐进，注重实效。既关注合作的需要，又考虑合作的可行性，注重合作的实际效果。在合作的领域、内容和方式上，突出重点，稳步推进，不断加以深化。我们在反腐败国际合作中，必须坚持上述原则和要求。同时，还要做到以我为主、为我所用，根据我国国情和反腐败工作的实际需要，确定一个时期、一个阶段反腐败国际合作的目标和重点，不断拓宽合作领域、深化合作内容、更新合作方式。积极宣传我国反腐败取得的重大成果，妥善应对国际社会的关注，注意借鉴国外的有效做法，不断拓宽眼界和思路，为进一步做好我国反腐败工作创造条件。

拓宽反腐败国际合作的重点领域。当前，要着重在反腐败能力建设、将腐败分子绳之以法、追缴和返还涉及腐败案件资产等方面加强国际合作，建立健全执法合作、司法协助、人员遣返、涉案资产返还等方面的工作机制，不断取得实质性成果。具体应当重点关注以下几个方面的内容。

有效预防腐败的措施。注重预防已经成为国际社会治理腐败的基本理念。《联合国反腐败公约》中设立专章，对预防腐败的措施作出了系统规定，要求缔约国在预防腐败方面承担义务，主要涉及公共部门、私营部门、社会参与和预防洗钱四个方面。《公约》还建立了反腐败的五大法律机制，包括预防机制、刑事定罪与执法机制、国际合作机制、资产追回机制、履约监督机制，其中首要的是建立预防机制。应该说，随着反腐败工作的深入开展，随着预防腐败工作力度的不断加大，预防腐败方面的任务将越来越重，对预防腐败工作的要求将越来越高。国外在这方面有不少成功的经验和做法，我们应当积极学习、借鉴和吸收。

公务员从政道德的法规和制度。国外对公务人员从政道德的立法，主要包括两种形式，一种是在公务员法则中规定廉洁自律的条款，另一种是制定专门的廉政立法的主要内容大致有以下几方面：限制接受礼品的规定，限制政府官员兼职的规定，严禁假公济私和铺张浪费的规定，限制工资以外收入的规定，对政府官员离职后利用原职位的影响获得不正当利益的限制规定等。我国一贯重视对公务人员从政道德的规范，从纪律方面作出了许多规定。目前，我国通过立法规范公务人员从政道德的条件基本具备，我们要认真研究国外在从政道德方面的规范及相关立法，不断完善我国的从政道德规范体系。

公众参与反腐败的机制。我国的宪法和法律法规对人民群众参与反腐败有明确的规定，在反腐败实践中形成的领导体制和工作机制中也包括"依靠群众的支持和参与"的内容。这充分表明，在我国，人民群众有充分的权利和畅通的渠道参与反腐败斗争。我们有必要向国外人士积极宣传人民群众在反腐败方面的民主权利、公众参与反腐败的渠道以及我们对公众举报投诉等的处理等情况。同时，我们也要注意学习和借鉴西方国家在实行政府信息公开和注重保护举报人权利等方面的做法，不断完善公众参与反腐败的机制。

腐败犯罪嫌疑人的遣返、移送以及犯罪资产的追回。腐败案件涉案人员外逃和犯罪资产流失，是当前我国反腐败工作中的一个难点问题。为此，我国采取了一系列国际合作措施，但是在司法协助、人员引渡、与国际刑警组织合作等方面还有很多工作要做。当前，迫切需要在《联合国反腐败公约》等国际公约框架下，加强与有关国家和国际组织的交流和合作，综合运用政治、外交、司法以及个案处理等手段，努力在司法协助、执法合作、人员遣返、资产追回等方面取得实质性的进展。

反腐败信息资料的收集和交流。要密切关注国外关于我国反腐倡廉工作的报道、评论等舆情信息，全面了解和掌握国外反腐倡廉的实践及理论动态，为领导决策提供有价值的参考。要加强与国外反腐败机构的信息交流，共享反腐败的经验，及时通报反腐败的情况，建立经常性的信息沟通与工作交流机制。

发挥纪检监察机关的职能作用。反腐败国际合作涉及面广、政策性强，要在党委和政府的领导下，各有关部门协调配合，形成合力。纪检监察机关要创造性地开展工作，充分发挥职能作用。

深化双边交流与合作。截至 2020 年 12 月，中央纪委、监察部已经同 180 个国家建立了友好合作关系，开展交流合作的内容越来越深入，形式越来越多样，希望以合作备忘录的形式与我国建立稳固合作关系的国家越来越多。通过开展双边交流，达到了宣传我国改革开放和反腐倡廉巨大成就、加深相互理解、增强我国影响力的目的。今后还要继续拓宽领域，扩大双边交流，深化交流内容，争取更多的国际合作和支持。

参加和举办反腐败国际会议。参加和举办反腐败国际会议有助于了解和掌握国际反腐败领域的最新情况，宣传我国反腐败工作的经验和成效，促进多边交流。中央纪委、监察部非常重视参与反腐败国际会议，通过参加反腐败国际会议，不断宣传我国反腐败工作的成效，树立我国良好的国际形象。

开展与反腐败国际组织的交流与合作。近年来，各种反腐败国际组织在国际反腐败领域非常活跃。中央纪委、监察部先后与联合国、世界银行、经合组织、亚太经合组织、透明国际、亚洲监察专员协会等国际组织开展了多方位的交流与合作。2014 年以来，中国相继推动形成了《北京反腐败宣言》《二十国集团反腐败追逃追赃高级原则》《廉洁丝绸之路北京倡议》等系列国际反腐败文件，旗帜鲜明地提出反腐败追逃追赃合作和跨境腐败治理主张。通过这些工作，我国反腐倡廉取得的成效得到了一些国际组织、国家和地区的客观认识和积极肯定。

搞好国际反腐败项目合作。这些年来，我们与联合国开发计划署签署执行了"中国廉政建设"合作项目，与澳大利亚发展署签署执行了"建筑领域廉政建设"合作项目等，取得了积极成果。

做好国（境）外缉捕追逃联络协调工作。目前，我们在加强对外逃腐败犯罪分子的缉捕以及追赃方面的国际合作，还是基于个案协作，缺乏制度安排，没有形成双边反腐败执法合作的长效机制。对此，我们要认真研究，掌握有关国家的批约和适用情况，在《联合国反腐败公约》的框架内，进一步拓展国际合作的空间，逐步建立双边开展反腐败合作的长效机制，探讨在禁止贪官入境、遣返腐败犯罪嫌疑人、追回和返还腐败资产及反洗钱等方面形成具体合作机制与办法。

加强反腐倡廉对外宣传。切实加强对外宣传，对于世界各国客观、正确地评价我国反腐败工作，形成有利于我国发展的国际环境，有着非常重要的作用。要通过"请进来""走出去"等多种方式加大对外宣传的力度，尤其要大力宣传我们党和国家反腐败的坚定立场和战略方针，宣传我国反腐败斗争的基本经验和主要成果，让世界更好地了解我国反腐败工作取得的明显成效，以争取客观友善的国际舆论环境。

进一步做好纪检监察干部国（境）外反腐倡廉培训工作。自2000年以来，在国家外国专家局的大力支持下，中央纪委、监察部已成功组织了几十期国（境）外培训班，进行公务员行政行为监督、政府及公务员廉政建设、预防腐败制度建设等专题培训，取得了良好的效果。今后国（境）外培训工作要继续加强并进一步规范，培训内容要更加贴近党风廉政建设和反腐败斗争的需要，争取更好的培训效果。

无论是各国的反腐败行动，还是全球性反腐败行动，都是一项艰巨、复杂的任务。由于各国情况不同，利益不同，反腐败行动也不可能完全一致。但是有一点可以肯定，腐败现象的泛滥已经使越来越多的国家在经济、政治上遭受到巨大损失，同时也使越来越多的国家和人民意识到反腐败的重要性，积极投入反腐败斗争。

中国共产党历来重视反腐败工作，在长期的反腐败斗争中建立了一系列反腐制度，反腐败工作更加科学，更加规范。中国的反腐败工作也取得了较大的成绩，特别是党的十八大召开后，党中央高度重视反腐败工作，要求加大腐败查办力度，提出"打铁还需自身硬""老虎、苍蝇一起打""猛药去疴、重典治乱、刮骨疗毒、壮士断腕"等一系列反腐败新主张。

在反腐败斗争顺利开展的同时，我们也还存在一个反腐败的薄弱环节，那就是腐败分子潜逃出国（境），寻求庇护。腐败分子外逃出国，不仅带走大量国内因腐败所得资金，逃避国家法律惩罚，还对国内一些心存侥幸的腐败分子以幻想，企图通过外逃海外以逃脱法律制裁，所以对外逃海外的腐败分子要坚决说不，补上这块反腐短板。不补上这块短板，就意味着我国的反腐败制度还不够完善，也会对我们国家反腐败制度有不好的影响。

近年来，中国在国际多边机制下开展反腐合作也取得积极进展。根据中央纪委监察部网站显示，截至 2022 年 7 月，我国已与 69 个国家签订有民商事和刑事司法协助的双边条约。截至 2020 年 11 月与 81 个国家缔结引渡条约。我国在加强国际合作方面，虽然已经取得了一定成绩，但是还远远不能满足打击外逃腐败分子的现实需要。今后要继续深化与腐败分子主要潜藏国合作，尽早签订双边引渡协议。还要加大对领导干部出国（境）事项的审批和跟踪，严格执行好干部有关事项报告制度，做到事前知道，事后能找到。另外要强化干部的财产公开和监管，加大对"裸官"的监督，逐渐形成完备的预防和追查腐败官员外逃出国（境）行为的规范制度。

总之，通过上述 10 个具体的反腐措施的阐述可以看出，在改革与发展中反腐败，在反腐败工作中求发展，以经济发展为反腐败提供雄厚的物质基础，在经济发展中发现、揭露和遏制腐败。挑战腐败，中国任重而道远。我们坚信：随着执政兴国第一要务的实施，我国社会主义市场经济体制的逐步确立，各项反腐败措施的落实，特别是与社会主义市场经济体制相适应的法制体系的逐步确立，腐败现象必然逐渐减少。到了社会主义现代化实现之日，由于生产力水平的大大提高，人民生活水平和思想觉悟水平也将有较大的提高，一个法制社会的完全实现，腐败将被控制到最低限度，中国必将呈现更加政廉风清的景象。

第七章　大数据让贪腐无处藏身

从反腐败到廉政管理，离不开舆情监督，也离不开大数据。创新性地对计量反腐学学科体系、内容、研究方法、学科建设目的等进行探讨，在综述国内外大数据时代反腐败相关研究文献的基础上，用数学方法特别是用大数据手段研究腐败发生的原因、特点、趋势、规律，从而提出构建反腐败的科学有效机制，实现对腐败问题的标本兼治。

第一节　通过互联网及其引起的社会舆论效应

反腐舆情是我国政府加强反腐廉政建设关注的新渠道，也是民众在新媒体时代监督政府行为的重要途径。

反腐舆情是通过互联网及其引起的社会舆论效应对执政行为的监督和对权力的约束，从而达到有效预防、遏制、惩戒腐败行为的一种方式，是反腐败事业管控的新领域。反腐舆情作为社会科学与自然科学交叉的新兴研究领域，涵盖了新闻学、传播学、社会学、政治学、管理学、信息技术等多个学科，引发了国家政府部门的高度重视，国内众多领域的专家学者们也开始对其进行关注。

马克思曾经强调，"一门科学只有在成功地运用数学时，才算达到了真正完善的地步"。

腐败是社会的恶性"肿瘤"，是人类共同的敌人。反腐败，既是工作，又是科学。应该努力使用现代数学工具和手段，以达到更加精准和有效的要求。腐败是人性贪婪与制度缺失的结果，世界各国都有，表现形式多种多样，但是其本质是公权私用。通俗地说，"腐败就是滥用国家权力谋取个人私利的行为"，是用公共权力为自己捞好处、谋利益的行为，如权钱交易、权色交易、权权交易等。科技反腐是国际发展趋势，越来越受到各国政府和组织的重视，取得了显著成效。科技反腐的重点不是网络举报，而是数据收集、存储、分析，开展相关性研究，通过计量和计算找到各类数据（现象）之间的必然关系。计量，简单地说就是计算、量化、定量、计数等，既有传统方法，也有现代方法。计量反腐学是一门用数学方法特别是用大数据手段研究腐败发生特点、趋势、规律以及如何预防、惩治、根除腐败的学科，有其自身的概念、方法和原理，目的是铲除腐败存量并抑制腐败增量，最高目标是让腐败无处藏身，永远绝迹。

一、云计算与物联网结合，反腐进入 DT 时代

当今社会增长最快的不是物质财富，而是各类数据。据说，到 2050 年数据量将达到非常恐怖的 100 万 Zetabit，一个 Zetabit 是 1 万亿 GB，由此进入的时代叫 Zeta 时代。大数据是极其庞大的数据量和相当规模的数据类型，是无法用传统方法储存和处理的数据量。更准确地说，大数据是指无法在可承受的时间范围内用常规软件工具进行捕捉、管理和处理的数据集合，是需要用新处理模式才能获取强大决策力的海量的、高增长和多样化

的信息资产。在大数据处理中，关键是云计算。在信息领域，"云"是一些可以自我维护和管理的虚拟计算资源，通常是一些大型服务器集群，包括计算服务器、存储服务器和宽带资源等。云计算可以让人体验每秒 10 万亿次的运算能力。拥有这么强大的计算能力可以模拟氢弹爆炸、预测气候变化和市场发展趋势，用于研究腐败现象当然可行。

2015 年 9 月，国务院印发了《促进大数据发展行动纲要》，系统部署了大数据发展工作，明确要求推动大数据发展和应用，在未来 5~10 年打造精准治理、多方协作的社会治理新模式，建立运行平稳、安全高效的经济运行新机制，构建以人为本、惠及全民的民生服务新体系，开启大众创业、万众创新的创新驱动新格局，培育高端智能、新兴繁荣的产业发展新生态。未来的时代将不是 IT 时代，而是 DT（Data Technology）时代，即数据处理技术的时代。

在计量反腐学中，如果把云计算与物联网结合，就能发挥更大监督和预防作用。物联网是新一代信息技术的重要组成部分，是"感知中国"的重要内容。物联网是指通过传感设备，把需要监控、连接、互动的物体或过程的信息与互联网结合，形成一个巨大的网络，其目的是实现物与物、物与人，所有的物品与网络的连接，从而方便我们进行识别、管理和控制。智能标签很重要，例如在生活中我们使用的各种智能卡、二维码、条码标签，其基本作用是用来获取对象个体的识别信息。人类可以用更加精细和动态的方式来管理生产和生活，达到"智慧"状态，提高资源利用率和生产力水平，改善人与自然间的关系。但是我国射频标签的芯片和读写器的核心模块仍然依赖进口，射频标签自主技术标准也严重缺位，必须加大创新力度。

二、大数据发现腐败痕迹，"见不见光都得死"

我们的社会已经进入"数据文化"时代，让"大数据说话"成为潮流。几乎每一部智能手机都可以定位使用者一天的行迹，通过对海量数据信息的分析，就能探寻个人行为特征，进而有针对性地管理。在大数据、云计算和物联网视野里，一切透明，没有隐私和暗箱。因此，对腐败现象的研究，有特殊价值。腐败的特点是"见光死"。只要透明，就没有腐败；只要有监督，就没有腐败。利用大数据可以发现腐败痕迹，寻找腐败特征和规律，进而找到预防对策。可以说，大数据就是阳光，就是自动跟踪器，能预防和消除腐败。各个部门特别是组织、纪检、公安、法院、银行、房管、工商、电信等部门的数据要交换、共享、整合、分析，发挥电子政务的作用。

当然，这里必须界定哪些数据是由纪检监察机构掌握的，因为这涉及干部个人隐私。目前，中国最需要进行数据立法，出台《数权法》，与《物权法》一样，保护个人数据。对于个人数据要进行保护，没经本人同意或相关部门批准，不准泄露和使用。

在中国，我们希望构建"不敢腐、不能腐、不想腐"的体制机制。"不敢"是外压问题，"不能"是制度问题，"不想"是道德问题，三者层次不同，采用的方法也不同，但是共同点都是抑制腐败发生，关键是引入高科技手段，剖析腐败发生的根源及其扩散规律。数学与物理学已经为此做好了思想和工具的准备。比如，传统数学中的非线性扩散方程、统计分析、动力系统等可以用于研究腐败发生的趋势和规律。为什么腐败分子都是"两面人"？可以用数学的"莫比乌斯环"或"克莱因瓶"来描述。窝案、串案如何形成？可以用数学物理中的 DLA（扩散限制凝聚）模型来描述，从而找到形成过程。腐败的蔓延可以用扩散方程或传染方程来描述。从小腐败到大腐败直至"出事"的临界点和分叉点，可以用"中心流形定理"来描述。腐败从有序到无序的发生过程可以用动力系统的 KAM 定理来判断。大数据主要用于研究数据现象之间的相关性，具有很强的预判功能，对于构建"不敢腐、不能腐、不想腐"的体制机制具有特别重要的意义，可以解决传统方法不能解决的难题。

三、关键是要树立"大数据思维"，总能从中找到答案

大数据可以用于各种社会或自然关系的分析，能够使未来更加清晰、更加靠谱，减少随机性或不确定性，使人们在已知的道路上前进。关键是要树立"大数据思维"，就是遇事就想大数据，相信总能从海量数据中找到答案。本质上，这是一种整体的系统思维，相信世界上任何事物都是相互联系的，就像人体各个器官都是有机联系的，总能由表及里，挖出内容。过去没有互联网、物联网、大数据储存设备和云计算，无法让反腐败工作插上科技的翅膀，因此反腐败难以成为一种科学。现在都有了，于是诞生了计量反腐学，能够进行精准反腐。这是科技的力量、智慧的映照、大数据的威力。

当代社会的显著特点是学科交叉融合，文理渗透，新的学科和理论不断涌现。计量反腐学就是横向交叉学科，用上了高级数学、大数据、物联网和云计算，是一门实用科学，也是一门战略科学，世界上没有先例，是中国人自己创造的学科。在计量反腐学视野中，大数据就是照妖镜、显微镜，物联网就是报警器、手术刀，能使腐败无处藏身并手到病除。计量反腐学的诞生符合"创新、协调、绿色、开放、共享"的发展理念，顺应了时代潮流，回应了社会期盼。我们正走在大数据和物联网的路上，我们坚信，未来必定是一个清廉光明的新世界。

第二节　大数据时代的来临

信息通信技术的飞速发展以及互联网新媒体的深入普及使全球数据信息量飞速增长。世界著名的 ID 市场研究公司在研究报告中指出，全球通信总量每两年会增长一倍，2011年全球被复制和创建的数据总量已达到 1.8ZB（约 1.98 万亿 GB）。随着数据量的不断增长，整个世界开始进入大数据时代。为了赶上大数据发展浪潮，金融、电信、能源、证券、物流、电商、广告等许多行业都开始研究挖掘大数据在其各自领域的应用价值。但是大数据应用在公共事务管理方面的研究却较少有人涉及，在反腐领域的研究更是屈指可数。本节从大数据的特性着手，结合中国反腐败的发展现状，探讨大数据给中国反腐败带来的机遇和挑战，以期给中国反腐败的发展添砖加瓦。

一、大数据的含义及特点

"一切让数据说话"。随着大数据浪潮的推进，大数据无疑已经替代物联网和云计算，成为时代发展的又一讨论焦点。当人们在使用手机、电脑、电视、传感器、GPS 时，在浏览网页、关注朋友圈、刷新微博、观看视频、上网购物、在线交友、上传文件、发送邮件时，一个个不经意的动作其实已经被智能设备用文字、图片、声音、数字等各种形式记录下来，转变成相应的数据资源。据统计，facebook 在全球拥有 9 亿名用户，日常活跃用户高达 5.26 亿名，每天新增 25 亿条分享、32 亿条评论、27 亿个"赞"、3 亿张照片。淘宝网最高单日独立用户访问量超 1.2 亿次，页面浏览量达到 20 亿次。百度公司每天会抓取 3000 亿个中文网页，把数以亿计的人们的普通操作收集起来将是一个巨大的数据。专业研究机构 Gartner 则从描述数据整个系统过程的角度对大数据作出了如下定义：大数据是需要新处理模式才能具有更强的决策力、洞察发现力和流程优化能力的海量、高增长率和多样化的信息资产。可见，大数据不仅数据量大，更多的是数据背后的巨大潜力和巨大价值。如果说物联网拓展了数据的存储空间，云计算拓展了数据处理的维度，大数据则完全从本质上拓展了数据的定义与价值，让社会科学研究也可以在丰富数据的支持下脱下"准科学"的外衣，跨进科学的神圣殿堂。

大数据有如下特点：①数据类型多样。大数据不仅包括结构化数据，还包括半结构化数据和非结构化数据。社会化媒体数据（社交网络、博客）、网络日志数据（互联网点击流量数据）、事件数据（实时业务消息）、空间数据（GPS 数据、地图坐标数据）、传感器设备、视频、音频等不同类型的数据都是大数据的重要来源。②数据量增长快速。据统计，在短短 60 秒内，YouTube 用户会上传长达 48 小时的视频；Google 会收到 200 万次搜索请求并能极快地回馈结果；Twitter 需要处理 100 万条 Tweets 信息；AppStore 有4.7 万次的应用下载；全球新增网页达到 571 个。③相关而非因果。传统的研究非常重视因果联系，在大数据时代相关关系变得比因果关系更加重要。大数据让社会放弃它对因果关系的渴求，而仅需要关注相关关系，也就是说只需要知道是什么，而不需要知道为什么。④价值密度低。大数据的数据量虽然巨大，但是数据不会自己说话。海量杂乱的数据需要挖掘、整合、分析才能得出有价值的结论。

二、大数据给中国反腐败带来的机遇

在大数据时代，各行各业都在发掘并利用大数据的潜在价值。制造商可以利用数据流优化物流、库存和生产，进而提高利润；电商可以利用大数据来判断消费者的偏好，从而进行个性化购物推荐。同样，政府也可以让大数据在反腐倡廉中发挥重要作用。

（一）大数据可以用来揭示腐败发生发展的规律

"一年的数据、一个地区的数据看不出太多的章法，随着跨年度、跨地区的数据越来越多，群体的行为特点会呈现出一种秩序、关联和稳定，会有更多的规律浮出水面。"通过收集各方面的数据，利用大数据来探查社会事件背后的规律，以此调整政策执行，无疑可以提高现有的公共管理水平。一切腐败现象背后都存在着一定的规律，都有腐败的共同"密码"可寻。找到这个密码，无异于找到了一把反腐败的钥匙。随着中国反腐败工作的不断深入推进，反腐数据的积累也越加丰富。透过这些数据发现一些共性和特性无疑会为反腐工作的顺利开展提供巨大的便利。

如巡视制度是中央纪委发现、查实腐败的有效途径。巡视组多次巡视，结果发现矿产资源、土地出让、房地产开发、工程项目、惠民资金和专项经费管理等方面都是"腐败的重灾区"。中央通过总结"腐败重灾区"，将此次发现的"腐败重灾区"作为下一轮巡视的重点，给各个小组细化"派单"，以便有重点地巡视，大大提高了反腐工作的效率。由此可见，通过腐败行为的共性分析，发现腐败发生发展的规律，不仅可以为反腐利剑的指向提供参考，还可以为编织制度的笼子提供服务。反腐败既要治标，又要治本。对反腐大数据进行科学分析，找出腐败规律，既是要找到治标之策，又是走向治本的重要一步。

（二）大数据可以为反腐舆情监测提供支持

大数据还可以用来监控和预测反腐舆情。随着网络的发展以及公众民主意识的提高，越来越多的人选择通过网络来表达自己对反腐败的观点，这种表达是网民思想情绪和群众利益诉求在网上的集中反映，更是公众信念、态度、意见和情绪的体现。由此可见，通过大数据及时了解公众对反腐的态度并准确预测反腐舆情发展态势是非常重要的。早在2010年中央就有这方面的部署，第十七届中央纪委第五次全体会议提出："要拓宽群众参与反腐倡廉工作渠道，加强反腐倡廉舆情网络信息的收集、研判和处置，积极回应社会关切"。大数据在反腐舆情监控和预测上的重要作用主要包括：一方面，大数据为反腐舆情监控提供了可能。大量网民通过网站、微博、微信、新闻客户端等各种途径关注反腐动态，他们的搜索方式、行为痕迹、浏览、转发、评论等都可以作为结构或半结构化的数据被记录。这些数据反映了人们的态度、意见和诉求，在一定程度上大数据成了人们心理变化的记录仪。政府可以利用搜索引擎、社交网络、网络新闻等互联网服务中的语义分析和关键词分析，及时掌握公众对反腐败的态度，监控反腐舆情，以便及时回应公众关切。另一方面，大数据也可以为反腐舆情预测提供支持。传统的研究往往是依托理论前提建立假设，然后收集数据，最后验证假设得出结论。但是在大数据时代，这种自上而下的决策思维被完全颠覆了。大数据的应用逻辑是通过现实数据，在没有假设的前提下挖掘数据背后的意义，去发现相关关系，发现、预知联系或趋势，这种自下而上的认识过程展示了大数据强大的预测潜力。2009年，谷歌曾通过对其浏览器上用户关于流感的搜索准确预测出流感源，这种预测比官方部门预测报告要早2～3周。

人们也可以利用大数据的强大预测功能，通过监控网络关注热点、分析各种消息的传播路径以及传播方式，当下一次类似热点出现时就可以提早预测出它的变化趋势并采取措施。在经历"微笑局长""房叔房姨""情妇艳照"等一系列网络反腐事件后，一些地方政府也应开始总结网络舆情发展规律、预测舆情发展态势并学习如何引导网络舆情，努力通过各种途径引导舆论，避免事态进一步恶化。

（三）大数据时代中国反腐败的对策

打破信息孤岛，让反腐数据连通起来。为了打破信息孤岛，让反腐数据联通起来，要求政府在大数据战略指导下设立大数据应用顶层平台，建立跨地区、跨领域、跨部门的大数据分享云。不仅要在纵向上把中央、省级、市级、县级乃至乡镇级的政府信息资源连通起来，还要把横向上的政府行政、司法、工业、农业、税务、城建，必要时加上银行系统，都连通起来。只有这样，才能将每个官员的每个行动都置于数据信息的监控之下，时刻把握官员行为动态，将潜藏在暗处的腐败交易利用数据相关性使其浮出水面。这样不仅可以监测一个地区的经济社会发展情况，还可以对一个官员的政绩能力作出考核评价，对其廉洁程度进行监控评估，必要时作为搜集其腐败证据的线索资源库。

加强数据安全防范，充分保障数据安全。为了有效保障数据安全，应该在各方面做好准备。第一，在规划上，应该将反腐大数据划分类别，将涉及国家机密、国家安全及官员个人安全的数据进行专门管理，为其使用和查看设置权限。第二，在立法上，可以根据法学界和一府两院系统的调查研究，共同出台关于保障网络信息安全的相关法律制度，填补数据安全保护的法律漏洞，切实保护反腐数据库的信息安全。第三，在技术上，防范内外部风险。反腐大数据面临着黑客的恶意攻击和内部管理不善两方面的风险。在外部防范方面，可以采用备份建设、防火墙、防毒软件、入侵检测技术、加密技术，特别是纪委举报平台、政府信息平台、网民反腐言论发布平台等都应该加强技术投入，切实保护举报人的个人信息安全。在内部管理方面，应该进行漏洞监测、身份识别，个人隐私敏感数据做标记谨慎处理，设置用户权限限制访问、增强加密系统和安全培训等。第四，在安全意识上，可以通过公益广告、微电影、网络电视等途径宣传教育，提高公民个人安全意识，提高个人数据保护技能。

纪检监察机关应建立专门的反腐大数据处理机构。管理大数据如同管理企业一样，企业部门越多、员工量越大、流程越复杂、技术更新越快，管理起来也就越复杂。反腐大数据在纵向上涉及多级政府机构，横向上跨越多个政府职能部门，对象上涉及中国700多万名政府公务人员，流程上涉及线索搜寻、案件查证、立案审判等多个环节，在技术上又需要根据需求在短时间内不断改进创新，其中的管理难度可想而知。为了有效发挥大数据的优势，有必要建立一个反腐大数据机构来完成各项工作。通过这个机构统一规划、纵横协调连通各项反腐数据，进而建立反腐大数据库，通过对资金、人员、设备等资源进行统一调配来维护数据库的顺利运行，力求发挥大数据在腐败苗头发现、腐败证据查找、反腐舆情监控、反腐倡廉教育等方面的作用。反腐大数据机构作为一个为反腐服务的信息化机构，应该充分发挥自己的技术优势，通过现代科技不断创新为中国的反腐败服务。

第三节　民间反腐败的关切受到国家的重视

只有让民间反腐有个制度化出口，才能把民间反腐力量更好地纳入整个反腐资源配置的序列之中，从而使其成为一种重要的反腐力量。在对各级官员的工作、生活等方面的"阳光"监督中，近几年来经常可以见到我国民间反腐力量的身影。

我国民间反腐已从传统的举报、信访等方式，逐渐转变为以网络为平台进行反腐，并形成体制外一支重要的反腐力量。而从另一种视角看，这样的网络民间反腐，虽然有公开、透明、快捷、影响面广等明显优势，但是因为在法律规范上存在诸多缺失，也招致不少质疑和指责。

很多专家学者认为，在我国反腐形势越来越严峻的情况下，如何在整合官方反腐资源的同时，有效地规范、调动和发挥民间力量参与反腐败行动，使官方资源与民间资源形成良性互动，应成为有关部门深入研究的一个新课题。

一、"民间反腐"力量勃兴

网络盛行前的民间反腐，多少有些个人的悲壮色彩。那些单枪匹马的民间反腐人士，面对的是掌握着公共权力和丰富社会资源的当下权贵。

陈荣杰就是其中一位让人敬佩的老人。自1981年从湖南娄底地区公路局退休后回到长沙定居，时年64岁的陈荣杰老人把自己的主要精力几乎都用在举报官员的腐败问题上。2003年3月，湖南女巨贪、原湖南省第六建筑有限公司党委书记兼副总经理蒋艳萍被判处死缓，就是陈荣杰老人历时12年不懈举报的结果。

在退休后的20年里，这位被百姓称为"反腐斗士"的老人，总共将20多名敛财贪色的腐败官吏检举揭发。而陈荣杰老人也因"损害"了某些人的利益，曾被人报复，多次遇险。

随着网络的发展和普及，这样"独行侠"式的传统反腐已渐渐远去，而网络为民间反腐开辟了一条更安全、更便捷的新通道——民间反腐人士或自建网站，或利用各大网站论坛，把手中的证据、资料等全部呈现，直接号召、凝聚民间力量推动官方介入对腐败案件的查处。

其中轰动一时的是，2004 年 6 月，被人称为"民间舆论监督第一人"的李新德在自己创建的"中国舆论监督网"上贴出《下跪的副市长——山东省济宁市副市长李信丑行录》，详述了李信涉嫌贪污、受贿、绑架、故意伤害等违法违纪行为，还附有数张李信向举报人李玉春下跪的照片。检察机关介入查实后，李信最终受到法律制裁。

值得注意的是，目前网络民间反腐在深度和广度上已有所推进，民间反腐人士除了自建网站外，更多的则是在各大知名论坛发帖制造轰动效应，最大限度地为纪检部门、检察机关、监察部门提供有关腐败行为的线索。

"民间防腐反腐"得到官方的认可与支持，是一种制度上的返本归元，理念上的常识回归和与时俱进。逐步有序地让公民参与防腐反腐这一事关政府公共服务质量的大事，是我国政治基本制度的具体体现。从我国廉政管理的现状来看，反腐工作遭遇了诸多新的命题，亟须广开监督渠道，打一场防腐反腐的人民战争。

人民群众参与越广泛，留给腐败的空间就越小。开门防腐反腐是大势所趋，有着四两拨千斤的神效。防腐不能再单靠自上而下的常规监督，举报信早已不再只是传统意义上的纸质邮件。市井之中、巷议之间、网络论坛和微博之上，无不传递着丰富的防腐反腐信息。这些都可谓民间防腐反腐的生动体现。只要纪检监察部门顺应潮流、转变思路、改变工作方式，重视并回应来自草根的信息与呼声，反腐利剑定能真正震慑那些欲伸手者、惩戒那些硕鼠们。

二、冲击传统反腐格局

我国的民间反腐力量，已经引起高层重视。早在 2001 年，最高人民检察院就建立网络举报平台。2005 年 12 月 28 日，中央纪委、监察部也首次公布了中央纪委信访室、监察部举报中心的网址。

据统计资料显示，中央纪委网上举报中心仅开通半年，就受理举报 32500 件。全国已有 18 个省级纪检监察机关相继开通举报网站，这些都标志着网上举报已经正式纳入了官方权威反腐渠道。

民间反腐人士喜欢利用网络反腐，是因为网络有传播广泛、交流便捷、身份虚拟以及风险小等不少优点。虽然官方已提供了网上举报腐败的途径，但是不少人还是选择在网上爆料。他们之所以选择网络反腐，不少人是担心遭到被举报人的报复打击，而网络隐蔽性强，正好可以保护自己。当然，也不排除有些人是因为不清楚官方的举报途径。

据了解，目前我国还没有专门的保护举报人的法律。虽然有些相关的规定散见于各部门法当中，但是缺乏实际可操作性，所以举报人遭到打击报复的事情层出不穷。以网络作为平台的民间反腐，可以说是一种公开举报，它给予负有监督责任的部门以巨大的压力。按传统的举报方式，反腐部门是否进行了查处、结果怎样，举报人都不清楚。通过网络反腐，监督部门在舆论压力下，要时时作出反应，民众能及时了解到案件的进展情况。

目前以网络为平台的民间反腐，正以其快捷、有效且廉价的优势开辟了反腐新渠道，但是由于在法律方面的诸多缺失，民间反腐也暴露出不少问题，以至也受到不少质疑和指责。

民间反腐是一把双刃剑，反腐部门只有充分认识到这点，才能用好民间反腐力量。由于民间反腐是在网上大张旗鼓地公开信息，这样容易打草惊蛇，让举报对象及早准备，事先串供或销毁证据，这样不仅会加大查处难度，还会使举报人陷于被追究诽谤责任的被动地位。

目前的网络民间反腐大多数属于匿名举报，与传统的匿名举报方式相比，其影响力更大、传播范围更广。不过，民间反腐败在打击了一批腐败官员的同时，也出现了一些以讹传讹、民意审判，甚至网络暴力等问题。

打击腐败必须严格依法办事，既要对公民反腐热情给予肯定，又要认识到人肉搜索、群众审判不能代替正规的司法程序。民间反腐是公民行使监督权利的一种方式，但是可能出现"媒体审判"现象。一些个案由于舆论的过早介入，发展成为波及全国的公共事件，在舆论压力下可能影响司法公正。由于民间反腐难于监督、管理，容易造成信息失实，导致对被公开者的隐私权的侵犯，甚至民间反腐的平台，还为某些居心叵测的人打击、陷害、报复别人提供了便利。

据了解，对民间反腐的规范也在紧锣密鼓中。2008年12月23日，十一届全国人大常委会第六次会议再次审议《侵权责任法草案》，其中对利用网站侵害他人名誉权、隐私权等合法权益，网络服务提供者应当承担的连带责任作了明确规定。

在这样的背景下，我国目前的民间反腐，无疑正处在法律的刀尖上，不管是发动者还是参与者，或是网络平台的提供者，都有可能侵犯他人隐私权，承当着巨大的法律风险。

三、与制度反腐无缝对接

现有的纪委、监察部门、反贪局、检察院和法院，已经形成了一套完整的监督和司法体系。民间反腐与制度反腐如何有效对接已经成为一个无法回避的现实问题。

不论是我国反腐败职能机构，还是专家学者，都普遍认为，除个人反腐外，一些民间组织，比如社团、行业协会、商会等，应在促进我国依法行政、防范公共权力滥用、惩治和预防腐败中发挥更大作用。

要增强社会的民主氛围，扩大公民参与、推进基层民主、推行政务公开，为民间组织参与反腐败创造良好的条件。政府要为民间组织反腐设计一套科学合理的评价机制和激励机制，提高其反腐的主动性和积极性。作为民间组织必须保持自身的清廉，加强从业人员的行为准则和职业道德规范教育，提升民间组织形象，增强民间组织反腐倡廉的能力。

要实现民间反腐与制度反腐进行有效对接，关键是要既能让网民反腐的热情和积极性找到制度化出口，又要让官方所具备的侦查和威慑能力得到更好的发挥。一是支持和保护举报人。尽快出台举报法或举报人权益保护法，完善举报人保护启动程序规定、污点证人制度以及具体保护措施规定。除了对反腐举报依法查处外，官方反腐机构应理直气壮地支持举报人的行为，保障举报人的人身安全。二是建立举报补偿制度。当公众为反腐作出了贡献并支付了成本后，政府应及时给予认定和补偿。

民间反腐要有利于国家稳定，有利于社会和谐。作为反腐部门，对民间提供的腐败线索，要谨慎对待，认真核查，冷静处理，不能冤枉任何一个好人。但是也要最大限度地提高民间反腐收益，保障民间反腐者的权益和鼓励更多的反腐行为。

对民间反腐的法律制定，前提是确保公民宪法权利不受损害。要保证公民有对国家机关和政府官员提出批评建议的权利，更有对丑恶现象举报揭露的权利。引导公民行使正常权利，不断提升民间反腐的理性水平，是建立和谐社会的一项系统工程。

第八章　国家治理研究的管理科学思维

思维方法是指人们为了实现特定的思维目的所凭借的途径、手段或办法，是思维过程中所运用的工具和手段。科学的思维方式或思维方法有助于人们真实客观地认识事物的本质和规律，在指导实践的过程中会取得事半功倍的预期效果。习近平新时代中国特色社会主义思想蕴含着丰富的思维方法，深入学习研究这些思维方法，可以帮助广大党员干部用马克思主义科学思维方法思考问题、指导实践，对于深入推进新时代中国特色社会主义建设，具有重要而深远的意义。

2013 年，党的十八届三中全会《决定》提出，全面深化改革的总目标是，完善和发展中国特色社会主义制度，推进国家治理体系和治理能力现代化。2019 年，党的十九届四中全会《决定》进一步提出，坚持和完善中国特色社会主义制度，推进国家治理现代化，由此把国家治理现代化上升到国家建设和发展的重大战略任务层面。我们党两次以中央全会决定的形式宣示推进国家治理现代化，显示了国家治理现代化对于中华民族伟大复兴事业的重大意义，引发了对国家治理现代化议题的研究热潮。系统梳理既有的研究成果可见，我国学界关于国家治理现代化的研究成果虽然已经相当丰富，但是相对于构建中国特色国家治理理论体系的需求，在基本概念和基本理论方面，尚需深化并达成共识。有鉴于此，有必要遵循马克思主义唯物史观，从共产党执政规律、社会主义建设规律和人类社会发展规律的有机结合上，从中国共产党领导人民有效治理国家的实践中，研究和阐述中国语境下"治理"和"国家治理现代化"的基础理论，为我国的治理现代化事业提供学理支持。

国家与地方治理研究课题是为落实中央对推进国家治理体系建设、促进国家治理能力现代化的重大决策，而专门打造的国家与地方治理研究平台。宗旨是展开国家与地方治理研究，将成果应用于国家治理实践，培养典型并向社会推广。

课题架构以"国家治理现代化与法治中国建设"为主题，围绕经济治理、政治治理、文化治理、社会治理、生态治理、民主协商、制度构建能力、科技发展能力、改革创新能力等议题，深入探讨国家治理体系建设和国家治理能力现代化的理论与实践问题。

课题从社会建设领域着手，以人的行为和社会形态出发，运用行为科学的一般原理和方法研究法学及法律实施的一般规律为学术研究进路展开研究工作。自 2014 年 11 月 29 日在人民大会堂成功举办首届国家治理现代化论坛以来，通过发布课题、出版文丛、创办杂志社、合作共建博士后科研工作站等多种方式拓宽活动领域，提升学术影响力、社会影响力和决策影响力，推动国家的法治进程。

2021 年是我国现代化建设进程中具有特殊重要性的一年，历经风雨久经考验的中国共产党迎来百年华诞，全面建成小康社会之后，我们要乘势而上，开启全面建设社会主义现代化国家新征程，向第二个百年奋斗目标进军。

2021 年，立足中华民族伟大复兴战略全局和世界百年未有之大变局，把握新发展阶段，贯彻新发展理念，构建新发展格局，对国家治理体系和治理能力现代化提出了新的任务。面对复杂严峻的国内外形势，课题架构应该关注重要会议讲话、重大工作部署、重要政策文件，并以此为课题抓手，深入研究，实现国家治理领域重大理论和重大调研实践，及时为党中央决策部署提供重要参考，促进调研成果转化为实践成果、制度成果和理论成果。服务于我国全面建设社会主义现代化国家开局起步，确保我国实现经济行稳致远，社会安定和谐。

《人民日报》旗下的《国家治理》周刊先行先试并作出了榜样。人民智库依托人民论坛全国理论调研基地，通过电话、邮件、微信等方式向 130 余位各领域的专家学者进行深度访谈，以问卷调查等形式推出了 2021 年国家治理领域的十个课题，引起了学界的更多关注和深入探讨。

当然，中国国家治理基本理论包含多方面内容和问题。而以下三个元问题，即何为当代中国语境中的"国家治理"，何为中国的"国家治理现代化"，如何推进中国国家治理现代化，将是课题组循序渐进展开的工作。

第一节　沿着科学的进路研究，探索建立治理的范式

科学技术是第一生产力，也是实现治理现代化的强大推力。现代国家治理体系的建构过程，其实质也是一个科学化的过程。学术界在研究国家治理理论中注重汲取人类科学文化和制度科学、政策科学、管理科学所创造的成就，将建设治理科学体系和提高科学治理能力作为研究的出发点，在科学研究的路上不畏艰难，奋勇攀登。

现代治理是在国家社会公共事务集成化、复杂化、不确定化的环境中生成的。治理体系、治理方式、治理能力能否适应构成严峻挑战的环境，能否适用所面临的公共难题及所有情景，在很大程度上取决于方法论和认识论的转型。这就是以科学的思维范式取代传统的思维范式，按照新范式来重构治理，实现治理科学的革命。比如，治理现代化有一个显著标志，就是强调多样性和动态性。因此，要建立基于"多行动者—多机制—多属性—多结构—多目标"的治理体系，以及构建治理的动态演进和空间调适能力。

治理范式要建立在整个治理系统优化的基础上。科学的治理范式不是众多领域术语的简单抽象和要素的无序堆砌，而是根据一定内在规律建构起来的权威、规范的系统。中国特色社会主义治理的科学性不仅体现在理论基础的科学性上，还体现在实践体系的有效性上。

从沿着科学的进路研究治理的成果中我们可以看出，学术思考、理念发展、现实践行以及理论联系实际，交汇于科学范式的建立、成长和成熟。根据目前的研究状况，提取和概化治理的范式正在经历总体谋划、框架勾勒、边界确定、细节描述等环节，逐步推展到理性转化、实证检验、人机对话等领域，为国家治理现代化提供了学理上的支持。可以展望，实现人类第一次描绘中国特色社会主义国家治理体系的"图谱"，将对新时代中国国家建设具有重大的意义。

推进国家治理体系和治理能力现代化，是中国共产党关于治国理政特别是全面深化改

革的最新认识。党带领人民建立治理现代化的理论思维体系、实践工作体系、话语文本体系和概念范畴体系，将对治理的学术产生深刻影响，使研究者的视野更加开阔，同时，治理研究对其他领域的学术理论创新也会产生辐射推动作用。

沿着这条进路继续深化治理研究，必将进一步展现中国特色社会主义制度和国家治理体系优越性，增强制度自信，推动制度理论、制度执行力和治理有效性的理论创新，更好地为推进国家治理体系和治理能力现代化提供治理学术支撑。

政治思维方式就是善于从政治上看问题，站稳立场、把准方向。反腐败的政治思维方式，就是对腐败毒瘤予以坚决铲除和彻底根治的鲜明态度；也是坚持党要管党，从严治党，确保党始终成为中国特色社会主义事业坚强领导核心的根本立场；是保障人民赋予的权力永远为人民谋利益的价值考量。

运用政治思维方式，把握反腐败工作的性质和方向，是凝聚反腐败共识、营造反腐败良好氛围的重要前提。随着反腐败斗争持续深入，社会上出现了一些值得注意的舆论倾向和氛围。比如，反腐同群众利益无关，反腐让干部不作为，反腐影响经济发展，反腐是权力斗争，反腐应当缓缓等。对于这些模糊认识和错误言论，我们必须增强政治警觉性和政治鉴别力。坚信反腐败斗争是我们党战胜"四大考验""四种危险"等风险挑战，确保党始终成为中国特色社会主义事业的坚强领导核心的自我净化、自我完善、自我革新。

运用政治思维方式，强化反腐败执法司法功能，是为反腐败斗争提供坚强有力法治保障的内在要求。在当下，司法反腐功能发挥有些不尽如人意，司法反腐在理念、环境、方式、效果等方面有待加强和改进。为此，必须强化党对反腐败司法工作的全面领导，明确党委对职务犯罪侦查、起诉、审判工作的领导责任，明确纪委、政法委对职务犯罪侦查、起诉、审判工作的组织协调责任，健全反腐执纪与反腐执法相互配合的工作衔接制度，把党委领导督查腐败犯罪案件与领导个人干预司法办案严格区分开来，确保腐败违法犯罪能够得到及时揭露、有效证实和法律追究。

运用政治思维方式，更新反腐败执法理念，是实现反腐败执法司法政治意识的必然选择。一些职务犯罪表面上看是经济问题，实质上是政治问题，是西方敌对势力对我国推行和平演变策略的社会基础。反腐败斗争在政治层面要强调法治思维方式和法治方式，在执法司法层面则要坚持政治思维方式和政治原则。应突破传统的刑事司法模式，确立腐败犯罪与普通犯罪分开治理的司法理念，强化反腐执法的政治性，从重从严惩治腐败犯罪。

第二节　运用历史思维方式，传承反腐败基本经验

政治思维方式就是善于从政治上看问题，站稳立场、把准方向。反腐败的政治思维方式，就是对腐败毒瘤予以坚决铲除和彻底根治的鲜明态度；也是坚持党要管党，从严治党，确保党始终成为中国特色社会主义事业坚强领导核心的根本立场；是保障人民赋予的权力永远为人民谋利益的价值考量。

一、运用政治思维方式，把握反腐败工作方向

运用政治思维方式，把握反腐败工作的性质和方向，是凝聚反腐败共识、营造反腐败良好氛围的重要前提。随着反腐败斗争持续深入，社会上出现了一些值得注意的舆论倾向

和氛围。比如，反腐同群众利益无关，反腐让干部不作为，反腐影响经济发展，反腐是权力斗争，反腐应当缓缓等。对于这些模糊认识和错误言论，我们必须增强政治警觉性和政治鉴别力。坚信反腐败斗争是我们党战胜"四大考验""四种危险"等风险挑战，确保党始终成为中国特色社会主义事业的坚强领导核心的自我净化、自我完善、自我革新。

运用政治思维方式，强化反腐败执法司法功能，是为反腐败斗争提供坚强有力法治保障的内在要求。在当下，司法反腐功能发挥有些不尽人意，司法反腐在理念、环境、方式、效果等方面有待加强和改进。为此，必须强化党对反腐败司法工作的全面领导，明确党委对职务犯罪侦查、起诉、审判工作的领导责任，明确纪委、政法委对职务犯罪侦查、起诉、审判工作的组织协调责任，健全反腐执纪与反腐执法相互配合的工作衔接制度，把党委领导督查腐败犯罪案件与领导个人干预司法办案严格区分开来，确保腐败违法犯罪能够得到及时揭露、有效证实和法律追究。

运用政治思维方式，更新反腐败执法理念，是实现反腐败执法司法政治意识的必然选择。一些职务犯罪表面上看是经济问题，实质上是政治问题，是西方敌对势力对我国推行和平演变策略的社会基础。反腐败斗争在政治层面要强调法治思维方式和法治方式，在执法司法层面则要坚持政治思维方式和政治原则。应突破传统的刑事司法模式，确立腐败犯罪与普通犯罪分开治理的司法理念，强化反腐执法的政治性，从重从严惩治腐败犯罪。

二、运用历史思维方式，传承反腐败基本经验

历史思维方式是在理解事物发展脉络的基础上，建立起来的"世界观"，注重把对象和事物置于历史发展过程中进行思考，注重揭示事物发展的必然进程及其内在逻辑。反对腐败、建设廉洁政治，保持党的肌体健康，是我们党一贯坚持的政治立场，并在长期的实践中积累了一系列宝贵经验。

运用历史思维方式，传承"跳出历史周期律"的执政使命。习近平总书记在十八届中央政治局第五次集体学习上指出，我们都知道，1945年，毛泽东同志在回答黄炎培提出中国共产党如何跳出中国历代王朝兴亡的历史周期律时说："只有让人民来监督政府，政府才不敢松懈；只有人人起来负责，才不会人亡政息"。习近平总书记进一步指出，人民群众最痛恨各种消极腐败现象，最痛恨各种特权现象，这些现象对党同人民群众的血肉联系最具杀伤力。这些论述充分体现了我们党反腐倡廉的一贯立场和鲜明态度。

运用历史思维方式，传承重典惩腐、从重从严的法治思想。我党从重从严、重典惩腐的历史可以追溯到建党初期。1926年8月中共中央扩大会议制定《坚决清理腐化分子》的通告，明确了将腐化分子清除出党的党内法规依据。党的十八大以来，修改《刑法》《刑事诉讼法》等法律法规，严肃查处各类腐败案件，受到广大人民群众的衷心拥护和国际社会的广泛赞誉。历史的经验证明，只有依法严厉惩治腐败违法犯罪，才能使不敢腐的震慑作用充分发挥，不能腐和不想腐的机制才有可能形成。

三、运用系统思维方式，强化反腐败整体效能

系统思维方式就是把认识对象作为系统，从系统和要素、要素和要素、系统和环境的相互联系、相互作用中综合地考察认识对象的一种思维方式方法。党的十八大以来，习近平总书记就党风廉政建设和反腐败斗争发表了一系列讲话。从形势判断、立场态度、任务目标、战略重心、方式方法、内生动力、国际合作等方面，形成了相互联系的思想体系，是新形势下指导我们做好反腐败工作的世界观和方法论。

运用系统思维方式，完善反腐败监督体系。习近平总书记指出，党要管党、从严治党，"管"和"治"都包含监督。党委监督是全方位的监督，纪委监督重点是履行监督执纪问责的职责。我们要完善反腐败监督体系，一要做好监督体系顶层设计；二要加强巡视监督；三要加强批评和自我批评监督；四要加强对"关键少数"的监督。以此形成监督合力，推进国家治理体系和治理能力现代化。

运用系统思维方式，完善反腐败制度体系。习近平总书记指出，要建立不敢腐的惩治机制，要坚持用制度管权管事管人，抓紧形成不想腐、不能腐、不敢腐的有效机制，让权力在阳光下运行。在不敢腐的制度体系构建上，重点完善对违纪违法行为的惩处制度。在不能腐的制度体系构建上，推进从源头上防治腐败的制度改革和创新，把权力关在制度的笼子里。在不想腐的保障机制上，要把反腐倡廉教育纳入党的宣传教育总体部署，做好经常性的反腐倡廉教育工作。

四、运用战略思维方式，担当反腐败职责使命

战略思维方式就是对根本性、全局性、长远性问题进行科学谋划的思维方式。高瞻远瞩，统揽全局，把握事物发展总体趋势，是战略思维方式的核心。我国新时期反腐败斗争是在中国进入世界政治舞台中心的国际格局中，在中国特色社会主义道路上，围绕"中国共产党如何有效防治腐败，实现干部清正、政府清廉、政治清明"目标的政治任务和职责使命。

坚定不移地贯彻党中央战略决策。党的十八大以来，习近平总书记洞察时代风云、把握前进方向，不仅规划了中华民族伟大复兴"中国梦"的宏伟蓝图，而且谋划了全面建成小康社会、全面深化改革、全面依法治国、全面从严治党的战略布局。面对反腐败盘根错节的利益链条和错综复杂的利益调整，制定了目标明确、计划周延、程序科学、方法得当的顶层设计方案。当下，反腐治标正以破字当头、破中有立、破立并行的态势向前推进，我们要以维护党和国家政治安全的政治责任感，坚定不移地贯彻党中央全面从严治党的决策。

坚持把反腐败融入党和国家大局思考。深刻把握反腐败战略判断，就是要坚持把反腐败斗争融入党和国家大局中思考。在全面建成小康社会的关键阶段，腐败犯罪高发多发，反腐败形势依然严峻的情况下，打击犯罪在任何时候都不能放松。在执法办案中，既要有打击的手段，又要有保护的措施；既要运用侦查谋略查证职务犯罪，又要准确把握法律政策界限；既要大胆使用侦查强制措施，又要防止侵犯犯罪嫌疑人合法权益；既要坚决果断地"打虎拍蝇"，又要避免给发案单位造成负面影响；既要使犯罪者受到法律制裁，又要使无辜者受到法律保护。要充分发挥预防功能，找出风险点，推动预防立法。

五、运用辩证思维方式，提升反腐败执法水平

辩证思维方式是指人们通过概念、判断、推理等思维方式对客观事物辩证发展过程的正确反映，即注重矛盾双方的对立统一；注重全面、联系和发展地看问题。习近平总书记反腐败战略思想，贯穿着辩证唯物主义认识论和方法论，指导我们从"四个全面"战略布局的内在要求出发，把握和处理好内外两个方面的各种重大关系。

在反腐败外部关系上，要处理好反腐败与全面建成小康社会的关系，认清前者是后者的重要前提，后者是前者的价值基础，自觉把反腐败斗争融入经济社会发展的国家大局之中，为全面建成小康社会创造良好的经济发展环境和政治生态环境。要处理好反腐败与全面深化改革的关系，认清二者是建设中国特色社会主义的两个战略要素，反腐败斗争为全面深化改革清障开路、保驾护航，全面深化改革清除权力滥用的体制弊端，铲除腐败滋生的土壤。要处理好反腐败与全面依法治国的关系，认清反腐败是依法治国的重要内容，依法治国是根治腐败的基本方略，坚持用法治思维方式和法治方式治理腐败。要处理好反腐败与全面从严治党的关系，认清前者是后者的重要组成部分，后者是前者的重要体现。

在反腐败自身关系上，要处理好作风建设与惩治腐败的关系，认清前者是固本强基之举，后者是刮骨疗毒之策，都是全面从严治党的客观要求。要处理好反腐治标与治本的关系，认清前者不敢腐的惩治效能，后者不能腐的防范作用。要处理好拍"苍蝇"和打"老虎"的关系，认清只打"老虎"不拍"苍蝇"就会养痈遗患，只拍"苍蝇"不打"老虎"就会越反越腐。要处理好建章立制与制度执行的关系，认清前者是反腐的基础，后者是反腐的关键。要处理好国内反腐与国际反腐的关系，认清腐败是全世界的共同敌人，我国反腐是全球腐败治理的一部分，国外不是腐败分子的避罪天堂。

六、运用创新思维方式，实现反腐败与时俱进

创新思维方式是指以新颖独创的方法解决问题的思维方式，通过这种思维方式能突破常规思维方式的界限，以超常规甚至反常规的方法、视角去思考问题，提出与众不同的解决方案，从而产生新颖的、独到的、有社会意义的思维成果。

党的十八大以来，在我们党的发展史上是一个极其重要的历史时期。中华民族伟大复兴中国梦的新征程由此开启，"四个全面"战略布局统筹实施，党风廉政建设和反腐败斗争以前所未有的力度、广度向前推进，反腐败斗争压倒性态势初步形成。新时期反腐败时代特征集中表现为：一是反腐败的理念更加清晰；二是反腐败目标更加明确；三是反腐败方式更加科学；四是反腐败责任更加强化。

运用创新思维方式，实现反腐败与时俱进，就要适应形势发展的客观要求，不断推进反腐败体制机制创新。党的十八大以来，党中央深入研究探索，汲取全党智慧，坚持依规治党和以德治党相统一，坚持高标准和守底线相结合，把从严治党实践成果转化为道德规范和纪律要求，党内法规制度体系更加健全。我们党研究依规治党这一重大课题，坚持纪严于法、纪在法前，实现纪法分开，修订《中国共产党廉洁自律准则》《中国共产党纪律处分条例》《中国共产党巡视工作条例》等党内重要法规，制定党委（党组）落实从严治党责任的意见。针对干部管理监督中的薄弱环节，完善领导干部报告个人有关事项、加强"裸官"管理等规定，推动制度建设与时俱进。

第三节　运用系统思维方式，强化反腐败整体效能

系统思维方式就是把认识对象作为系统，从系统和要素、要素和要素、系统和环境的相互联系、相互作用中综合地考察认识对象的一种思维方式方法。党的十八大以来，习近平总书记就党风廉政建设和反腐败斗争发表了一系列讲话。从形势判断、立场态度、任务目标、战略重心、方式方法、内生动力、国际合作等方面，形成了相互联系的思想体系，是

新形势下指导我们做好反腐败工作的世界观和方法论。

运用系统思维方式，完善反腐败监督体系。习近平总书记指出，党要管党、从严治党，"管"和"治"都包含监督。党委监督是全方位的监督，纪委监督重点是履行监督执纪问责的职责。我们要完善反腐败监督体系，一要做好监督体系顶层设计；二要加强巡视监督；三要加强批评和自我批评监督；四要加强对"关键少数"的监督。以此形成监督合力，推进国家治理体系和治理能力现代化。

运用系统思维方式，完善反腐败制度体系。习近平总书记指出，要建立不敢腐的惩治机制，要坚持用制度管权管事管人，抓紧形成不想腐、不能腐、不敢腐的有效机制，让权力在阳光下运行。在不敢腐的制度体系构建上，重点完善对违纪违法行为的惩处制度。在不能腐的制度体系构建上，推进从源头上防治腐败的制度改革和创新，把权力关在制度的笼子里。在不想腐的保障机制上，要把反腐倡廉教育纳入党的宣传教育总体部署，做好经常性的反腐倡廉教育工作。

整体设计、系统规划、跟进监督，是党的十八大以来党中央领导党风廉政建设和反腐败工作的显著特点，也是新形势下反腐倡廉建设的重大战略。2013年年底，党中央印发了《建立健全惩治和预防腐败体系2013—2017年工作规划》。建立健全惩治和预防腐败体系是国家战略和顶层设计。这一指导性文件的显著特点，就是系统反腐，强调在解决突出问题的同时，系统推进反腐倡廉建设。在总的工作原则上，提出"坚持标本兼治、综合治理、惩防并举、注重预防，以改革精神加强反腐败体制机制创新和制度保障，坚定不移转变作风，坚定不移反对腐败"；党风廉政建设和反腐败工作"与经济建设、政治建设、文化建设、社会建设、生态文明建设和党的建设一起部署、一起落实、一起检查""惩治和预防腐败体系建设牵头单位和协办单位要切实负起责任，密切配合，多措并举，整体推进，形成工作合力"。

在具体工作部署上，强调围绕"建设廉洁政治，努力实现干部清正、政府清廉、政治清明"这个总目标，既坚决查处腐败案件，坚持有腐必反、有贪必肃，"老虎""苍蝇"一起打，又做好预防腐败工作，把权力关进制度的笼子里，形成不想腐、不能腐、不敢腐的有效机制；既加强党的作风建设，贯彻落实中央八项规定精神，坚持不懈纠正"四风"，又坚持改革党的纪律检查体制，完善反腐败体制机制；既加强对党员干部的思想政治教育，筑牢廉洁从政思想基础，又严明党的纪律，坚决克服组织涣散、纪律松弛现象；既充分依靠人民群众，又发挥执纪执法专门机关的作用，加强巡视工作，强化监督；既做好国内的反腐倡廉建设，又注重做好国际追逃工作，不使外国成为一些腐败分子的"避罪天堂"。这一切清楚地表明，党中央坚持把党风廉政建设和反腐败斗争作为一个系统工程来对待，因而特别强调"整体设计、系统规划"。只有坚持整体设计、系统规划，才能保证宏观指导正确，避免"顾此失彼""挂一漏万"，做到"纲举目张"，整体推进党风廉政建设和反腐败各项工作。

第四节　运用战略思维方式，担当反腐败职责使命

战略思维方式就是对根本性、全局性、长远性问题进行科学谋划的思维方式。高瞻远

瞩，统揽全局，把握事物发展总体趋势，是战略思维方式的核心。我国新时期反腐败斗争是在中国进入世界政治舞台中心的国际格局中，在中国特色社会主义道路上，围绕"中国共产党如何有效防治腐败，实现干部清正、政府清廉、政治清明"目标的政治任务和职责使命。

坚定不移地贯彻党中央战略决策。党的十八大以来，习近平总书记洞察时代风云、把握前进方向，不仅规划了中华民族伟大复兴"中国梦"的宏伟蓝图，还谋划了全面建成小康社会、全面深化改革、全面依法治国、全面从严治党的战略布局。面对反腐败盘根错节的利益链条和错综复杂的利益调整，制定了目标明确、计划周延、程序科学、方法得当的顶层设计方案。当下，反腐治标正以破字当头、破中有立、破立并行的态势向前推进，我们要以维护党和国家政治安全的政治责任感，坚定不移地贯彻党中央全面从严治党的决策。

坚持把反腐败融入党和国家大局思考。深刻把握反腐败战略判断，就是要坚持把反腐败斗争融入党和国家大局中思考。在全面建成小康社会的关键阶段，腐败犯罪高发多发，反腐败形势依然严峻的情况下，打击犯罪在任何时候都不能放松。在执法办案中，既要有打击的手段，又要有保护的措施；既要运用侦查谋略查证职务犯罪，又要准确把握法律政策界限；既要大胆使用侦查强制措施，又要防止侵犯犯罪嫌疑人合法权益；既要坚决果断地"打虎拍蝇"，又要避免给发案单位造成负面影响；既要使犯罪者受到法律制裁，又要使无辜者受到法律保护。要充分发挥预防功能，找出风险点，推动预防立法。

要从根本上解决腐败问题，不仅需要从政治、经济、文化、社会各领域建构一系列反腐败的有效机制，还要打好社会整体进步和全面发展的基础。基础不牢，腐败难消。

坚持科学发展。发展是解决当今中国一切重大社会矛盾和问题包括党风廉政问题的基础。这里所讲的发展，必须以人为本，坚持社会发展与人的发展的统一；核心是先进生产力的发展，始终如一地坚持以经济建设为中心；是经济、政治、文化、社会协调发展、全面发展，又是人与自然的和谐发展、可持续发展。只有坚持科学发展，实现经济又好又快发展，才能为解决腐败问题创造最重要的经济基础和物质条件。

发展民主政治。没有民主就没有社会主义，也不可能有反腐败斗争的根本性胜利。一要增强政治定力。发展社会主义民主，必须紧紧围绕坚持党的领导、人民当家作主、依法治国来进行。二要从我国实际出发。我们应该而且必须吸收人类民主建设的文明成果，但是对别人的东西不能照抄照搬。三要有改革创新精神。民主政治只能在人民民主的创造性实践中实现。要更加注重健全民主制度、丰富民主形式，从各层次各领域扩大公民有序政治参与。四要在完善民主的根本制度、基本制度方面下功夫，如选举制度、罢免制度、决策制度等。五要坚持民主的法律化、制度化。民主政治建设的成果只有靠相关的法律、制度才能巩固下来、推广开去，必须全面贯彻依法治国基本方略。六要坚持中国共产党领导，保证民主进程的正确方向和健康、有序。民主政治局面的形成将从根本上起到预防腐败的作用。

建设先进文化。腐败是腐朽没落思想的反映，历来与先进文化格格不入。反腐败，必须针锋相对地倡导新思想、新道德、新风尚，始终坚持先进文化的前进方向，坚持中国特色社会主义文化发展道路，全面建设社会主义文化强国，增强国家文化软实力。其中最重要的，一是培育和弘扬社会主义核心价值体系和核心价值观，巩固马克思主义在意识形态领域的指导地位，巩固全党全国各族人民团结奋斗的共同思想基础。二是坚持以人民为中心的工作导向，坚持把社会效益放在首位、社会效益和经济效益相统一，以激发全民族文化创造活力为中心环节，进一步深化文化体制改革。先进文化的大建设，必将带动廉政局面的大发展。

构建和谐社会。构建民主法治、公平正义、诚信友爱、充满活力、安定有序、人与自然和谐相处的和谐社会，是预防腐败的基础。要充分发扬社会主义民主，推动法治中国建设，使各方面积极因素得到广泛调动；妥善协调社会各方面利益关系，正确处理人民内部矛盾和其他社会矛盾，使社会公平正义得到切实维护和实现；倡导和引导全社会互帮互助、诚实守信，平等友爱、融洽相处；着力健全社会组织机制，完善社会管理，创新社会治理，营造安定团结和良好的社会秩序，使人民群众安居乐业；积极发展生产，提高人民生活水平，建设良好生态环境。可以相信，有了这样的社会基础，系统反腐的目标一定能够早日实现。

第五节　运用辩证思维方式，提升反腐败执法水平

辩证思维方式是指人们通过概念、判断、推理等思维方式对客观事物辩证发展过程的正确反映，即注重矛盾双方的对立统一；注重全面、联系和发展地看问题。习近平总书记反腐败战略思想，贯穿着辩证唯物主义认识论和方法论，指导我们从"四个全面"战略布局的内在要求出发，把握和处理好内外两个方面的各种重大关系。

在反腐败外部关系上，要处理好反腐败与全面建成小康社会的关系，认清前者是后者的重要前提，后者是前者的价值基础，自觉把反腐败斗争融入经济社会发展的国家大局之中，为全面建成小康社会创造良好的经济发展环境和政治生态环境。要处理好反腐败与全面深化改革的关系，认清二者是建设中国特色社会主义的两个战略要素，反腐败斗争为全面深化改革清障开路、保驾护航，全面深化改革清除权力滥用的体制弊端，铲除腐败滋生的土壤。要处理好反腐败与全面依法治国的关系，认清反腐败是依法治国的重要内容，依法治国是根治腐败的基本方略，坚持用法治思维方式和法治方式治理腐败。要处理好反腐败与全面从严治党的关系，认清前者是后者的重要组成部分，后者是前者的重要体现。

在反腐败自身关系上，要处理好作风建设与惩治腐败的关系，认清前者是固本强基之举，后者是刮骨疗毒之策，都是全面从严治党的客观要求。要处理好反腐治标与治本的关系，认清前者不敢腐的惩治效能，后者不能腐的防范作用。要处理好拍"苍蝇"和打"老虎"的关系，认清只打"老虎"不拍"苍蝇"就会养痈遗患，只拍"苍蝇"不打"老虎"就会越反越腐。要处理好建章立制与制度执行的关系，认清前者是反腐的基础，后者是反腐的关键。要处理好国内反腐与国际反腐的关系，认清腐败是全世界的共同敌人，我国反腐是全球腐败治理的一部分，国外不是腐败分子的避罪天堂。

运用法治思维和法治方式反对腐败理念，依法赋予监察机关权限和调查手段，用留置取代"两规"措施。

法治是治国理政的基本方式。习近平总书记强调，要善于运用法治思维和法治方式反

对腐败。党的十九大报告指出，制定国家监察法，依法赋予监察委员会职责权限和调查手段，用留置取代"两规"措施。"工欲善其事，必先利其器"。《监察法》详细规定了监察权限和调查手段，包括由监察机关决定和实施的谈话、讯问、询问、查询、冻结、调取、查封、扣押、搜查、勘验检查、鉴定、留置等 12 项措施，以及由监察机关严格审批、交由有关机关执行的技术调查、通缉、限制出境等措施，明确了这些措施的使用主体、适用对象、适用条件、审批权限和程序等，有利于保证监察机关履行职责，促进监察工作规范化、法治化。

在上述措施中，取代"两规"措施的留置，解决了长期困扰的法治难题，是一项重要的制度创新，是以法治思维和法治方式反对腐败的重要体现，是法治建设的重大进步。留置是一种限制人身自由的措施，为规范其使用，防止滥用，监察法对留置的使用条件、审批程序、场所、期限等都作出了相应规定。如，明确监察机关采取留置措施，应当集体研究决定。留置时间不得超过三个月。在特殊情况下，可以延长一次，延长时间不得超过三个月。监察机关应当保障被留置人员的饮食、休息和安全，提供医疗服务，等等。

凸显"防止'灯下黑'"理念，专章规定"对监察机关和监察人员的监督"。

习近平总书记指出，新的形势任务对纪检监察干部队伍的思想作风、能力素质、纪律约束提出了新要求。要深化转职能、转方式、转作风，更好履行党章赋予的职责，严明各项纪律，严格管理监督。他还强调，纪检监察机关要防止"灯下黑"，严肃处理以案谋私、串通包庇、跑风漏气等突出问题，清理好门户，做到打铁还需自身硬。国家监察体制改革后，监察机关的监督范围扩大、权限更加丰富，如何监督监察机关备受各界关注。

2018 年颁布的《中华人民共和国监察法》（以下简称《监察法》）专设第七章"对监察机关和监察人员的监督"，规定了全面的外部监督和严格的内部监督机制。就外部监督而言，包括人大监督、民主监督、社会监督、舆论监督等。如第五十三条规定，监察机关应当接受本级人民代表大会及其常委会的监督，监督方式包括：听取和审议专项工作报告、组织执法检查、就有关问题提出询问或者质询。就内部监督而言，规定了设立内部专门的监督机构，对打听案情、过问案件、说情干预的报告和登记备案，等等。

《监察法》的规定，既有宏观层面，如强调坚持党对国家监察工作的领导，也有微观层面，如用留置取代"两规"措施。监察法规定了监察委员会的监督、调查、处置职责；既强调监察体制的集中统一、权威高效，规定对所有行使公权力的公职人员进行监察，赋予监察委员会权限与调查手段，又高度提防"灯下黑"，专章规定"对监察机关和监察人员的监督"。这些既各有侧重又相辅相成的新理念与新亮点，具有鲜明的时代性、创新性、辩证性，我们必须认真学习领会《监察法》的要求，不折不扣抓好贯彻落实。

第六节　运用创新思维方式，实现反腐败与时俱进

创新思维方式是指以新颖独创的方法解决问题的思维方式。通过这种思维方式能突破常规思维方式的界限，以超常规甚至反常规的方法、视角去思考问题，提出与众不同的解决方案，从而产生新颖的、独到的、有社会意义的思维成果。

党的十八大以来的这段时期，在我们党的发展史上是一个极其重要的历史时期。中华

民族伟大复兴中国梦的新征程由此开启，"四个全面"战略布局统筹实施，党风廉政建设和反腐败斗争以前所未有的力度、广度向前推进，反腐败斗争压倒性态势初步形成。新时期反腐败时代特征集中表现为：一是反腐败的理念更加清晰；二是反腐败目标更加明确；三是反腐败方式更加科学；四是反腐败责任更加强化。

运用创新思维方式，实现反腐败与时俱进，就要适应形势发展的客观要求，不断推进反腐败体制机制创新。党的十八大以来，党中央深入研究探索，汲取全党智慧，坚持依规治党和以德治党相统一，坚持高标准和守底线相结合，把从严治党实践成果转化为道德规范和纪律要求，党内法规制度体系更加健全。我们党研究依规治党这项重大课题，坚持纪严于法、纪在法前，实现纪法分开，修订《中国共产党廉洁自律准则》《中国共产党纪律处分条例》《中国共产党巡视工作条例》等党内重要法规，制定党委（党组）落实从严治党责任的意见。针对干部管理监督中的薄弱环节，完善领导干部报告个人有关事项、加强"裸官"管理等规定，推动制度建设与时俱进。

为营造良好政治生态提出新要求。习近平总书记指出，营造良好政治生态是一项长期任务，必须作为党的政治建设的基础性、经常性工作，浚其源、涵其林，养正气、固根本，锲而不舍、久久为功。要形成良好政治生态，一个重要方面就是要讲法治、明规矩，以法治的规范性和约束力推动全面从严治党，以良好政治文化涵养风清气正的政治生态。

从法的作用来看，《监察法》并非只具有惩罚机能，还应同时具备预防、教育、挽救的功能，并能引导国家公职人员提高自我净化能力。《监察法》本着"惩前毖后，治病救人"的态度，在第四十五条中规定了对涉嫌职务犯罪的公职人员，调查清楚并移送检察院依法审查并提起公诉；对有职务违法行为但情节轻微的公职人员采取相应措施进行劝诫，让其认识到自己的问题。此规定对公职人员形成有力震慑，使其时刻铭记党纪国法。《监察法》的颁布实施体现了坚持党的领导、人民当家作主和依法治国的有机统一。在法治中国建设的进程中，《监察法》必将成为我国法治反腐的重要里程碑，进一步推进反腐败工作规范化法治化，进一步坚定全党全国人民坚持走中国特色社会主义法治道路的决心和信心，形成海晏河清、朗朗乾坤的良好政治生态。

为解决全球腐败治理难题提供新方案。腐败是当今世界各国都无法绕开的一个共同问题，反腐败是当今全球治理重要议题之一。《监察法》开辟了反腐倡廉的新局面，明确了国家监察工作的一系列重大问题，规定了监察机关的职责权限、调查手段、监察程序等重要内容，是对国家监督制度的重大顶层设计。

《监察法》在立法技术方面与时俱进，充分体现了时代性和科学性。比如，监察法规定监察机关办理职务违法和职务犯罪案件，应当与审判机关、检察机关、执法部门互相配合，互相制约。为保证监察机关正确行使权力，监察法对监督、调查、处置工作，尤其是留置权的行使等，作出严格规定，对反腐败国际合作作出专门规定，并规定监察机关和监察人员必须接受人大监督、强化自我监督，规定了监察机关及其工作人员的国家赔偿责任，等等。可以说，《监察法》的制定颁布，在全球范围内破除了对固有反腐路径的依赖，就如何运用法治思维和法治方式反腐贡献了人类历史上的全新模式，提供了中国方案。

第九章　提高一体推进"三不腐"
能力和水平

腐败斗争关系民心这个最大的政治，是一场输不起也决不能输的重大政治斗争。当前，反腐败斗争取得压倒性胜利并全面巩固，但形势依然严峻复杂。全面从严治党没有一劳永逸，腐败的顽固性和危害性绝不能低估，我们还应一体推进不敢腐、不能腐、不想腐，持之以恒、久久为功，全面打赢反腐败斗争攻坚战、持久战。

第一节　从严治党永远在路上

高悬法治"利剑"，强化"不敢腐"的震慑。一体推进"三不腐"，不敢腐是前提。党的十八大以来，我们党以零容忍态度惩治腐败，做到了有腐必反、有贪必肃；严格落实中央八项规定精神，对顶风违纪者严肃查处、通报曝光；开展巡视巡察工作，精准发现问题、持续高悬利剑……持续整治群众身边腐败和作风问题，让腐败者付出惨重代价，也让意欲腐败者不敢越雷池半步，以法的震慑，为"不能""不想"创造条件，让纪律成了带电的"高压线"。

扎紧制度"笼子"，筑牢"不能腐"的防线。腐败的本质是权力滥用，反腐败必须强化对权力运行的制约和监督。相关部门要坚持以制度管人管事，建立起规章制度的铜墙铁壁，把权力关进制度的"笼子"；要从小从细入手，不断完善权力运行制约和监督机制；要加大政务、村务公开力度，拓宽信访举报渠道，充分发挥党内监督、群众监督和舆论监督的作用……织密织牢制度的"笼子"，让权力在阳光下运行，才能筑牢反腐防线，让蠢蠢欲动的不法分子无机可乘。

拧紧思想"开关"，加强"不想腐"的自觉。古人讲，"正气存内，邪不可干"。心中有信仰，脚下有力量。腐败之所以发生，主要原因是自律防线不牢固，是理想信念丧失、为民服务意识出了问题。相关部门要加强思想道德和党纪国法教育，严肃党内政治生活，开展案例警示教育等，引导广大党员干部和行使公权力的人员坚守初心、牢记使命，坚定"四个自信"，严守纪律规矩、严明公私界限、严格家风家教，树立正确的世界观、人生观、价值观，筑牢拒腐防变的思想堤坝。

全面从严治党永远在路上。面对任何形式的腐败，每一名党员干部都应该保持永远在路上的清醒和执着，严于律己、廉洁自律，凝聚正风肃纪反腐强大合力，全面打赢反腐败斗争，努力在新的赶考之路上向人民交出优异答卷。

党的十八大以来，党中央把全面从严治党纳入"四个全面"战略布局，以前所未有的勇气和定力推进党风廉政建设和反腐败斗争，刹住了一些多年未刹住的歪风邪气，解决了许多长期没有解决的顽瘴痼疾，清除了党、国家、军队内部存在的严重隐患，管党治党宽松软状况得到根本扭转，探索出依靠党的自我革命跳出历史周期率的成功路径。

党的十八大以来，全面从严治党取得了历史性、开创性成就，产生了全方位、深层次影响，必须长期坚持、不断前进。

党中央坚定不移推进全面从严治党，为全面建设社会主义现代化国家开好局、起好步提供了有力政治保障。

一、打铁必须自身硬

实现中华民族伟大复兴关键在党，全面从严治党是实现中华民族伟大复兴的坚强政治引领和政治保障。

2012年11月15日，面对中外记者，刚刚当选为中共中央总书记的习近平话语庄重深沉——

"新形势下，我们党面临着许多严峻挑战，党内存在着许多亟待解决的问题。尤其是一些党员干部中发生的贪污腐败、脱离群众、形式主义、官僚主义等问题，必须下大气力解决。全党必须警醒起来。打铁还需自身硬。"

《中共中央关于党的百年奋斗重大成就和历史经验的决议》明确指出："由于一度出现管党不力、治党不严问题，有些党员、干部政治信仰出现严重危机，一些地方和部门选人用人风气不正，形式主义、官僚主义、享乐主义和奢靡之风盛行，特权思想和特权现象较为普遍存在。特别是搞任人唯亲、排斥异己的有之，搞团团伙伙、拉帮结派的有之，搞匿名诬告、制造谣言的有之，搞收买人心、拉动选票的有之，搞封官许愿、弹冠相庆的有之，搞自行其是、阳奉阴违的有之，搞尾大不掉、妄议中央的也有之。"

以习近平同志为核心的党中央以加强党的长期执政能力建设、先进性和纯洁性建设为主线，以党的政治建设为统领，以坚定理想信念宗旨为根基，以调动全党积极性、主动性、创造性为着力点，不断提高党的建设质量，把党建设成为始终走在时代前列、人民衷心拥护、勇于自我革命、经得起各种风浪考验、朝气蓬勃的马克思主义执政党。

旗帜鲜明坚持和加强党的全面领导，历史性地把"中国共产党领导是中国特色社会主义最本质的特征"载入宪法，健全总揽全局、协调各方的党的领导制度体系，完善坚定维护党中央权威和集中统一领导的各项制度，完善党和国家机构职能体系，全党思想上更加统一、政治上更加团结、行动上更加一致，党的执政基础更加巩固。

把全面从严治党纳入"四个全面"战略布局，提出并落实新时代党的建设总要求和新时代党的组织路线，形成系统完备的全面从严治党思想体系、制度体系、工作体系，坚持思想从严、监督从严、执纪从严、治吏从严、作风从严、反腐从严，层层压实管党治党政治责任，有力解决了党内多年积累的突出问题，为实现第一个百年奋斗目标提供坚强保障。

把党的政治建设摆在首位，坚决维护党中央权威和集中统一领导。把党的政治建设纳入新时代党的建设总体布局并作为根本性、统领性建设，把保证全党服从中央、坚持党中央权威和集中统一领导作为党的政治建设的首要任务。

党以永远在路上的清醒和坚定，坚持严的主基调，突出抓住"关键少数"，落实主体责任和监督责任，强化监督执纪问责，把全面从严治党贯穿于党的建设各方面。

我们党坚持全面从严治党从党中央做起，突出"关键少数"带动绝大多数，从高级干部严起，2020年9月发布《中国共产党中央委员会工作条例》，全面推进中央和国家机关、地方以及基层党组织建设，持续整顿软弱涣散党组织；完善管思想、管工作、管作风、管纪律的从严管理制度，对"关键少数"特别是"一把手"提出更高标准、进行更严监督，有力强化了党组织政治功能、组织功能。

党中央召开各领域党建工作会议，作出有力部署，推动党的建设全面进步。一项项重要举措见证着全面从严治党持续推进、开启新局的伟大实践。

2022年1月18日，在十九届中央纪委第六次全体会议上，习近平总书记指出，党的十八大以来，我们继承和发展马克思主义建党学说，总结运用党的百年奋斗历史经验，深入推进管党治党实践创新、理论创新、制度创新，对建设什么样的长期执政的马克思主义政党、怎样建设长期执政的马克思主义政党的规律性认识达到新的高度。这就是坚持党中央集中统一领导，坚持党要管党、全面从严治党，坚持以党的政治建设为统领，坚持严的主基调不动摇，坚持发扬钉钉子精神加强作风建设，坚持以零容忍态度惩治腐败，坚持纠正一切损害群众利益的腐败和不正之风，坚持抓住"关键少数"以上率下，坚持完善党和国家监督制度，形成全面覆盖、常态长效的监督合力。

二、驰而不息纠"四风"

党的作风就是党的形象，关系人心向背，关系党的生死存亡。

进入新时代，党中央从制定和落实中央八项规定破题，坚持从中央政治局做起、从领导干部抓起，以上率下改进工作作风。

2012年12月4日，习近平总书记主持召开中央政治局会议，审议通过《十八届中央政治局关于改进工作作风、密切联系群众的八项规定》。

短短600余字的规定，对改进调查研究、精简会议改进会风、精简文件改进文风、规范出访活动、改进警卫工作、改进新闻报道、严格文稿发表、厉行勤俭节约等作出简洁而又明确的规定。

形式主义、官僚主义是党和国家事业发展的大敌。坚决反对大而化之、撒胡椒面，坚决反对搞不符合实际的"面子工程"，坚决反对形式主义、官僚主义，把一切工作都落实到为贫困群众解决实际问题上。

2019年3月，中共中央办公厅发出《关于解决形式主义突出问题为基层减负的通知》，将2019年确定为"基层减负年"。

2020年1月，中央纪委国家监委网站公布了2019年12月全国查处违反中央八项规定精神问题月报数据，一个变化引人注目——形式主义、官僚主义问题查处数据首次公开向社会发布。

党中央发扬钉钉子精神，持之以恒纠治"四风"，反对特权思想和特权现象，狠刹公款送礼、公款吃喝、公款旅游、奢侈浪费等不正之风，解决群众反映强烈、损害群众利益的突出问题，推进基层减负，倡导勤俭节约、反对铺张浪费，刹住了一些过去被认为不可能刹住的歪风，纠治了一些多年未除的顽瘴痼疾，党风政风和社会风气为之一新。

经过不懈努力，作风建设成为全面从严治党的"金色名片"，人民群众称赞"八项规定改变中国"。踏上新征程，习近平总书记强调，要加固中央八项规定的堤坝，锲而不舍纠"四风"树新风。

三、树理想、强组织、严纪律

党的十八大以来，我们党坚持思想建党和制度治党同向发力，不忘初心、牢记使命思想根基更加牢固。

（一）全面从严治党，必须做到理想信念坚定

《中共中央关于党的百年奋斗重大成就和历史经验的决议》指出，理想信念是共产党人精神上的"钙"，共产党人如果没有理想信念，精神上就会"缺钙"，就会得"软骨病"，必然导致政治上变质、经济上贪婪、道德上堕落、生活上腐化。

党的十八大以来，党先后开展党的群众路线教育实践活动、"严以修身、严以用权、严以律己，谋事要实、创业要实、做人要实"专题教育、"学党章党规、学系列讲话，做合格党员"学习教育、"不忘初心、牢记使命"主题教育、党史学习教育等，用党的创新理论武装全党，推进学习型政党建设，教育引导广大党员、干部特别是领导干部从思想上正本清源、固本培元，筑牢信仰之基、补足精神之钙、把稳思想之舵，保持共产党人政治本色，挺起共产党人的精神脊梁。

2022年新年伊始，习近平总书记指出，要巩固拓展党史学习教育成果，更加坚定自觉地牢记初心使命、开创发展新局。

（二）全面从严治党，必须做到组织体系严密

党提出和贯彻新时代党的组织路线，明确信念坚定、为民服务、勤政务实、敢于担当、清正廉洁的新时代好干部标准，突出政治素质要求、树立正确用人导向，坚持德才兼备、以德为先，坚持五湖四海、任人唯贤，坚持事业为上、公道正派，坚持不唯票、不唯分、不唯生产总值、不唯年龄，不搞"海推""海选"，强化党组织领导和把关作用，纠正选人用人上的不正之风。

党要求各级领导干部解决好世界观、人生观、价值观这个"总开关"问题，珍惜权力、管好权力、慎用权力，自觉接受各方面监督，时刻想着为党分忧、为国奉献、为民造福。

党坚持党管人才原则，实行更加积极、更加开放、更加有效的人才政策，深入实施新时代人才强国战略，加快建设世界重要人才中心和创新高地，聚天下英才而用之。

进入新时代，党不断健全组织体系，以提升组织力为重点，增强党组织的政治功能和组织功能，树立大抓基层的鲜明导向，推动党的组织和党的工作全覆盖。

（三）全面从严治党，必须做到纪律规矩严明

2021年6月，《中共中央关于加强对"一把手"和领导班子监督的意见》公开发布。

2021年12月24日，中共中央发布《中国共产党纪律检查委员会工作条例》。

党的十八大以来，党中央制定了《关于新形势下党内政治生活的若干准则》，修订完善了《中国共产党党内监督条例》《中国共产党纪律处分条例》等多部党内法规。党坚持依规治党，严格遵守党章，形成比较完善的党内法规体系，严格制度执行，党的建设科学化、制度化、规范化水平明显提高。

党坚持纪严于法、执纪执法贯通，用好监督执纪"四种形态"，强化政治纪律和组织纪律，带动各项纪律全面严起来。我们党依靠思想政治工作、依靠纪法制度约束推进管党

治党的能力极大增强。

四、不负 14 亿人民的重托

腐败是党长期执政的最大威胁，反腐败是一场输不起也决不能输的重大政治斗争，不得罪成百上千的腐败分子，就要得罪 14 亿人民。

党坚持不敢腐、不能腐、不想腐一体推进，惩治震慑、制度约束、提高觉悟一体发力，确保党和人民赋予的权力始终用来为人民谋幸福。

党的十八大以来，党坚持无禁区、全覆盖、零容忍，坚持重遏制、强高压、长震慑，坚持受贿行贿一起查，坚持有案必查、有腐必惩，以猛药去疴、重典治乱的决心，以刮骨疗毒、壮士断腕的勇气，坚定不移"打虎""拍蝇""猎狐"。

深化标本兼治，推动审批监管、执法司法、工程建设、资源开发、金融信贷、公共资源交易、公共财政支出等重点领域监督机制改革和制度建设，推进反腐败国家立法，促进反腐败国际合作，加强思想道德和党纪国法教育，巩固和发展反腐败斗争压倒性胜利。

2016 年 1 月，习近平总书记着重提出了"推动全面从严治党向基层延伸"的要求，明确强调"对基层贪腐以及执法不公等问题，要认真纠正和严肃查处，维护群众切身利益，让群众更多感受到反腐倡廉的实际成果"。

2018 年，党中央将扶贫领域腐败和作风问题治理纳入《中共中央、国务院关于打赢脱贫攻坚战三年行动的指导意见》，相关部门深入开展扶贫领域腐败和作风问题专项治理，持续整治扶贫领域"微腐败"。

2020 年 1 月，中央纪委国家监委印发《关于贯彻党中央部署要求、做好新型冠状病毒感染肺炎疫情防控监督工作的通知》，对在疫情防控工作中失职渎职、挪用救援款物等违纪违法问题，坚决依纪依法调查处理。

推进"天网行动"，加强反腐败国际合作，深入开展国际追逃追赃。

2018 年 1 月，习近平总书记明确提出要把扫黑除恶同反腐败结合起来，既抓涉黑组织，又抓后面的"保护伞"。同月，中共中央、国务院发出《关于开展扫黑除恶专项斗争的通知》，坚决打掉放纵包庇黑恶势力的"保护伞"，坚决铲除妨碍惠民政策落实的"绊脚石"。

2022 年 1 月，习近平总书记强调，要加强对党中央惠民利民、安民富民各项政策落实情况的监督，集中纠治教育医疗、养老社保、生态环保、安全生产、食品药品安全等领域群众反映强烈的突出问题，巩固深化扫黑除恶专项斗争、政法队伍教育整顿成果，让群众从一个个具体问题的解决中切实感受到公平正义。

党领导完善党和国家监督体系，推动设立国家监察委员会和地方各级监察委员会，构建巡视巡察上下联动格局，构建以党内监督为主导、各类监督贯通协调的机制，加强对权力运行的制约和监督。

2018 年 3 月，国家、省、市、县四级监察委员会全部组建产生；2021 年 9 月 20 日，《中华人民共和国监察法实施条例》公布施行，成为国家监委成立后制定的第一部监察法规；2022 年元旦，《中华人民共和国监察官法》正式施行……

党的十八大以来，以习近平同志为核心的党中央坚持问题导向，加强顶层设计，改革完善监督制度，以党内监督为主导，推动各类监督贯通协调，党和国家监督从理论突破到实践创制、从重点监督到全面覆盖、从做强单体到系统集成，搭建起"四梁八柱"，我们党构建起一套行之有效的权力监督制度和执纪执法体系，为推进国家治理体系和治理能力现代化提供了强大支撑。

随着全面从严治党向更广范围、更深层次推进，反腐败斗争取得压倒性胜利并全面巩固。

与此同时，必须清醒地认识到，腐败和反腐败较量还在激烈进行，呈现一些新的阶段性特征，防范形形色色的利益集团成伙作势、"围猎"腐蚀还任重道远，有效应对腐败手段隐形变异、翻新升级还任重道远，彻底铲除腐败滋生土壤、实现海晏河清还任重道远，清理系统性腐败、化解风险隐患还任重道远。只要存在腐败问题产生的土壤和条件，腐败现象就不会根除，反腐败斗争也就不可能停歇。

踏上新征程，习近平总书记指出，我们要保持清醒头脑，永远吹冲锋号，牢记反腐败永远在路上。

第二节　一体推进不敢腐、不能腐、不想腐

中共中央政治局2022年6月17日进行第四十次集体学习。中共中央总书记习近平在主持学习时强调，反腐败斗争关系民心这个最大的政治，是一场输不起也决不能输的重大政治斗争。要加深对新形势下党风廉政建设和反腐败斗争的认识，提高一体推进不敢腐、不能腐、不想腐能力和水平，全面打赢反腐败斗争攻坚战、持久战。

习近平总书记在主持学习时发表了重要讲话。他强调，勇于自我革命是党百年奋斗培育的鲜明品格。在各个历史时期，党坚持严于管党治党。进入新时代，就推进反腐败斗争提出一系列新理念新思想新战略，把全面从严治党纳入"四个全面"战略布局，探索出依靠自我革命跳出历史周期率的有效途径。党通过前所未有的反腐倡廉斗争，赢得了保持同人民群众的血肉联系、人民衷心拥护的历史主动，赢得了全党高度团结统一、走在时代前列、带领人民实现中华民族伟大复兴的历史主动。

习近平指出，党的十八大以来，我们在反腐败斗争中取得了显著成效、积累了重要经验。一是构建起党全面领导的反腐败工作格局，健全了党中央统一领导、各级党委统筹指挥、纪委监委组织协调、职能部门高效协同、人民群众参与支持的反腐败工作体制机制。二是从治标入手，把治本寓于治标之中，让党员干部因敬畏而"不敢"、因制度而"不能"、因觉悟而"不想"。三是始终坚持严的主基调不动摇，以零容忍态度惩治腐败，坚决遏制增量、削减存量，严肃查处阻碍党的理论和路线方针政策贯彻执行、严重损害党的执政根基的腐败问题，坚决清除对党阳奉阴违的"两面人"、不收敛不收手的腐败分子，深化重点领域反腐败工作，态度不变、决心不减、尺度不松。四是扎紧防治腐败的制度笼子，形成了一整套比较完善的党内法规体系和反腐败法律体系，增强制度刚性，防止"破窗效应"，贯通执纪执法，强化综合效能，确保各项法规制度落地生根。五是构筑拒腐防变的思想堤坝，用理想信念强基固本，用党的创新理论武装全党，用优秀传统文化正心明德，补足精神之"钙"，铸牢思想之"魂"，筑牢思想道德防线。六是加强对权力运行的制约和监督，深化党的纪律检查体制改革、国家监察体制改革，实现党内监督全覆盖、对公职人员监察全覆盖，强化党的自我监督和群众监督，把发现问题、推动整改、促进改革、

完善制度贯通起来，教育引导党员干部秉公用权、依法用权、廉洁用权、为民用权。

习近平强调，腐败是党内各种不良因素长期积累、持续发酵的体现，反腐败就是同各种弱化党的先进性、损害党的纯洁性的病原体作斗争。这种斗争极其复杂、极其艰难，容不得丝毫退让妥协，必须始终保持正视问题的勇气和刀刃向内的坚定，坚决割除毒瘤、清除毒源、肃清流毒，以党永不变质确保红色江山永不变色。

习近平指出，反腐败斗争取得压倒性胜利并全面巩固，但是形势依然严峻复杂。对腐败的顽固性和危害性绝不能低估，必须将反腐败斗争进行到底。一体推进不敢腐、不能腐、不想腐，必须三者同时发力、同向发力、综合发力，把不敢腐的强大震慑效能、不能腐的刚性制度约束、不想腐的思想教育优势融于一体，用"全周期管理"方式，推动各项措施在政策取向上相互配合、在实施过程中相互促进、在工作成效上相得益彰。

习近平强调，要加强党中央对反腐败工作的集中统一领导，发挥党的政治优势、组织优势、制度优势，压实各级党委（党组）全面从严治党主体责任，特别是"一把手"第一责任人责任，贯通落实相关职能部门监管职责，健全各负其责、统一协调的管党治党责任格局。要把反腐败斗争同党的政治建设、思想建设、组织建设、作风建设、纪律建设、制度建设贯通协同起来，发挥政治监督、思想教育、组织管理、作风整治、纪律执行、制度完善在防治腐败中的重要作用，打好总体战。

习近平指出，要保持零容忍的警醒、零容忍的力度，统筹推进各领域反腐败斗争，让那些反复发作的老问题逐渐减少直至不犯，让一些滋生的新问题难以蔓延，坚决把增量遏制住、把存量清除掉。要准确把握腐败阶段性特征和变化趋势，聚焦重点领域和关键环节，坚定不移"打虎""拍蝇""猎狐"，坚决清理风险隐患大的行业性、系统性腐败，有效防范化解腐败风险及关联性经济社会风险。各地区各部门要紧密结合实际，对自身政治生态状况进行深入分析，找准腐败的突出表现、重点领域、易发环节，有针对性地集中整治，全力攻坚、务求实效。

习近平强调，要从源头着手，完善管权治吏的体制机制，更加常态化、长效化地防范和治理腐败问题。要着力减少腐败机会，抓住政策制定、决策程序、审批监管、执法司法等关键权力，严格职责权限，规范工作程序，强化权力制约，减少权力对微观经济活动的不当干预。要有效防止腐败滋长，把反腐败防线前移，加强日常管理监督，精准运用"四种形态"，抓早抓小、防微杜渐、层层设防。要弘扬党的光荣传统和优良作风，开展有针对性的党性教育、警示教育，用廉洁文化滋养身心，建立符合新时代新阶段要求的干部考核评价体系，注重对年轻干部的教育引导。要建立腐败预警惩治联动机制，加强对腐败手段隐形变异、翻新升级等新特征的分析研究，提高及时发现、有效处理腐败问题的能力。

习近平指出，要深化党和国家监督体制改革，以党内监督为主导，促进各类监督力量整合、工作融合，强化对权力监督的全覆盖、有效性，确保权力不被滥用。要完善党内法规体系、国家法律体系，加快完善反腐败涉外法律法规。要严格执行制度，把遵规守纪内化为党员、干部的思想自觉和政治自觉。进行自我革命也要注重依靠人民，靠人民群众支持和帮助解决自身问题。

习近平强调，全面从严治党、推进反腐败斗争，必须从领导干部特别是高级干部严起。职位越高、权力越大，就越要有敬畏之心、越要严于律己。领导干部特别是高级干部要管好自身，还要管好家人亲戚、管好身边人身边事、管好主管分管领域风气，在营造风清气正的政治生态、形成清清爽爽的同志关系和规规矩矩的上下级关系、坚持亲清政商关系、营造向上向善的社会环境等方面带好头、尽好责。中央政治局的同志在严于律己上必须坚持最高标准，要求全党做到的要率先做到，要求全党不做的要坚决不做。

习近平指出，纪检监察机关要主动应对反腐败斗争新形势新挑战，深化对管党治党规律、反腐败斗争规律的认识，不断提高工作能力和水平，主动接受党内和社会各方面的监督，以自我革命精神坚决防止"灯下黑"。纪检监察干部要做到忠诚坚定、无私无畏，始终以党性立身，秉公执纪、谨慎用权，敢于斗争、善于斗争，真正做到让党中央放心、让人民群众满意。

第三节　用廉政管理思维前置廉洁文化教育环节

勇于自我革命是党百年奋斗培育的鲜明品格。全面从严治党是新时代党的自我革命的伟大实践，开辟了百年大党自我革命的新境界。进入新时代，以习近平同志为核心的党中央就推进反腐败斗争提出一系列新理念新思想新战略，把全面从严治党纳入"四个全面"战略布局，以前所未有的勇气和定力推进党风廉政建设和反腐败斗争，刹住了一些多年未刹住的歪风邪气，解决了许多长期没有解决的顽瘴痼疾，清除了党、国家、军队内部存在的严重隐患，管党治党宽松软状况得到根本扭转，探索出依靠自我革命跳出历史周期率的有效途径。党通过前所未有的反腐倡廉斗争，赢得了保持同人民群众的血肉联系、人民衷心拥护的历史主动，赢得了全党高度团结统一、走在时代前列、带领人民实现中华民族伟大复兴的历史主动。

十年磨一剑，反腐败斗争取得了显著成效，积累了重要经验。构建起党全面领导的反腐败工作格局，健全了党中央统一领导、各级党委统筹指挥、纪委监委组织协调、职能部门高效协同、人民群众参与支持的反腐败工作体制机制。从治标入手，把治本寓于治标之中，让党员干部因敬畏而"不敢"、因制度而"不能"、因觉悟而"不想"。始终坚持严的主基调不动摇，以零容忍态度惩治腐败，坚决遏制增量、削减存量。扎紧防治腐败的制度笼子，形成了一整套比较完善的党内法规体系和反腐败法律体系，增强制度刚性。构筑拒腐防变的思想堤坝，用理想信念强基固本，用党的创新理论武装全党，用优秀传统文化正心明德。加强对权力运行的制约和监督，深化党的纪律检查体制改革、国家监察体制改革，实现党内监督全覆盖、对公职人员监察全覆盖。成效来之不易，根本在于以习近平同志为核心的党中央坚强领导，在于习近平新时代中国特色社会主义思想科学指引；经验弥足珍贵，必须长期坚持、不断深化。

当前，反腐败斗争取得压倒性胜利并全面巩固，但是形势依然严峻复杂，对腐败的顽固性和危害性绝不能低估。腐败是党内各种不良因素长期积累、持续发酵的体现，反腐败就是同各种弱化党的先进性、损害党的纯洁性的病原体作斗争。这种斗争极其复杂、极其艰难，容不得丝毫退让妥协。必须清醒地认识到，腐败和反腐败较量还在激烈进行，呈现一些新的阶段性特征，防范形形色色的利益集团成伙作势、"围猎"腐蚀还任重道远，有效应对腐败手段隐形变异、翻新升级还任重道远，彻底铲除腐败滋生土壤、实现海晏河清还任重道远，清理系统性腐败、化解风险隐患还任重道远。必须始终保持正视问题的勇气和刀刃向内的坚定，坚决割除毒瘤、清除毒源、肃清流毒，以党永不变质确保红色江山永不变色。

提高一体推进不敢腐、不能腐、不想腐能力和水平，全面打赢反腐败斗争攻坚战、持久战。一体推进不敢腐、不能腐、不想腐，不是三个阶段的划分，也不是三个环节的割裂，必须三者同时发力、同向发力、综合发力，把不敢腐的强大震慑效能、不能腐的刚性制度约束、不想腐的思想教育优势融于一体，用"全周期管理"方式，推动各项措施在政策取向上相互配合、在实施过程中相互促进、在工作成效上相得益彰。要加强党中央对反腐败工作的集中统一领导，健全各负其责、统一协调的管党治党责任格局。保持零容忍的警醒、零容忍的力度，统筹推进各领域反腐败斗争，坚决把增量遏制住、把存量清除掉。从源头着手，完善管权治吏的体制机制，更加常态化、长效化地防范和治理腐败问题。深化党和国家监督体制改革，以党内监督为主导，促进各类监督力量整合、工作融合，强化对权力监督的全覆盖、有效性，确保权力不被滥用。

纪检监察机关是党内监督和国家监察专责机关，是推进党的自我革命的重要力量。要主动应对反腐败斗争新形势新挑战，深化对管党治党规律、反腐败斗争规律的认识，不断提高工作能力和水平，主动接受党内和社会各方面的监督，以自我革命精神坚决防止"灯下黑"。纪检监察干部要做到忠诚坚定、无私无畏，始终以党性立身，秉公执纪、谨慎用权，敢于善于斗争，真正做到让党中央放心、让人民群众满意，为全面打赢反腐败斗争攻坚战持久战作出应有贡献。

各级干部能否做到廉洁自律，关系着国家和民族的未来。因此，要加强对各级干部的教育引导，明确自己什么能做什么不能做。筑牢各级干部清正廉洁的根基，守住各级干部拒腐防变的防线。

廉洁用权，保持"党风"纯正。在日常工作中自律，核心就是正确对待和行使权力，要认识到权力是人民赋予的，要真正做到权为民所用，情为民所系，利为民所谋。更为重要的是自觉地让权力在阳光下运行，把权力关进制度的笼子里，通过增强用权行事的透明度，把自己的工作、生活和交往都置于党组织和群众的监督之下。要始终牢记公仆身份，廉洁用权、善于用权，确保权力始终用于为人民服务的伟大事业之中。

廉洁修身，保持"袖风"纯清。心不廉则无所不取，心无防则无所不为。有坚定正确地贯彻执行党的基本路线，才能廉洁奉公，勤政为民。党员干部要在马克思主义的基础上，保持革命气节，维护党的原则，廉洁奉公、艰苦奋斗，把党的思想政治优势充分挥发出来。领导干部手中的权力是党和人民赋予的，只能用来为党分忧、为国干事、为民谋利，绝不能为自己谋取私利。

第十章 研究结论与建议

腐败是全党的大敌，人民的大敌，改革开放的大敌。反腐败工作是一项长期而艰巨的任务，近年来，特别是党的十八大以来，在以习近平同志为核心的党中央正确领导下，我国的反腐败工作取得了明显的阶段性成果，但是形势依然严峻。我们对反腐败斗争既不能过于乐观，也不能过于悲观，腐败是顽症，但还不是绝症。只要客观地分析形势，找出其症结所在，同时在反腐败工作中巧妙地运用加减法则，将德治与法治结合起来，倡导责任伦理，建立相应的制度制约，标本兼治，综合治理，就一定能够使消极腐败现象滋生蔓延的势头得到遏制。

第一节 研究结论

腐败作为一种社会丑恶现象，它毒害着国家的政治肌体，吞噬着人类文明的成果，阻碍着生产力的发展，对社会的健康有序发展产生了极大的危害。本书通过对国内外腐败与反腐败理论的分析，研究了我国反腐败工作的现状与存在问题以及腐败特点、产生的原因和对社会的危害等，又对我国当前存在的腐败现象的制度原因作了具体分析。

本书的创新点在于：一是通过制度创新来预防腐败，较之于查处腐败、惩治腐败而言，预防腐败的社会成本要低；二是通过立法的方式改革现有的反腐法律制度，用法律规范来规范反腐败工作，改革现行的公务员管理体制，从人事上改变现有的体制弊端；三是优化反腐败工作机构，继承和完善现有反腐机制，借鉴成功经验，整合现有的反腐败制度资源，克服现有的体制弊端，加大对腐败的预防、查处力度；四是严禁公务员和普通民众在工资水平、福利保障等方面没有差别；五是在反腐败态度上实行零容忍。

总之，我们要逐渐从权力反腐转向制度反腐，从以惩治腐败为主转为预防腐败的廉政管理模式为主。要从源头着手，完善管权治吏的体制机制，更加常态化、长效化地防范和治理腐败问题。要深化党和国家监督体制改革，以党内监督为主导，促进各类监督力量整合、工作融合，强化对权力监督的全覆盖、有效性，确保权力不被滥用。只有健全的制度设计和有效的制度执行，才能从根本上遏制腐败。但是我们要保持清醒头脑。腐败现象毕竟是历史现象、社会现象，是人类的痼疾。腐败现象在市场经济条件下不可能彻底根除，我们只能通过制度设计的方法来减少腐败行为的发生、减小腐败对社会的危害。反腐败斗争的长期性、复杂性、艰巨性是必然的。在中国共产党的领导下，紧紧依靠人民群众，坚定与腐败现象作斗争的决心和信心，加大对腐败的制度预防和惩治，我们就一定能够取得反腐败斗争的新胜利。

第二节 后 续 建 议

有效防治腐败，制度建设是根本。"标本兼治、预防为主"已成为当今国际社会的反腐败战略选择，世界各国都致力在反腐败制度设计和创新上寻求突破。进入新阶段，我国也把加强制度建设作为防治腐败的根本性措施，不断加大力度，取得新进展。用廉政管理模式统筹反腐败工作，这既是总结历史经验教训之后作出的必然选择，也与当今世界反腐败的趋势和潮流相吻合。

但是反腐败问题研究是一个非常复杂、非常敏感、非常现实并具有相当挑战性的课题。当前，我国的反腐倡廉制度建设还存在一些缺陷和问题，防治腐败制度的质量普遍不高，其中突出问题是制度规范化不够——制度本身存在缺陷、相关制度之间不够协调配套以及制度设计缺乏系统性、前瞻性思考。这些问题和缺陷的产生都有其政治、经济、文化、社会等层面的深层次原因。正是由于它涉及的内容非常广泛，相关影响因素特别多，对反腐败问题的探讨，还只是我迈开研究步伐的开始。由于受知识水平的限制，对该问题的探讨还不深入、不全面，疏漏不足之处在所难免，敬请大家不吝指正。但是我们希望有更多的人关注廉政管理问题，不要把腐败问题当作自己的身外之事。充分发挥我们拥有的政治参与与民主监督权利，以权利制约权力，也是有效防止腐败的有效途径之一。

一项研究既不可能也没有必要穷尽所有内容和影响因素。因此，本研究选择了其中关键的因素进行分析研究。随着经济社会的快速发展，腐败问题必将会出现新的变化、新的情况、新的问题。我们希望本研究能起到抛砖引玉的作用，热忱期盼更多对此问题感兴趣的社会同仁，尤其是众多专家学者能够参与国家与地方治理相关课题的研究，因为他们是我们党深入开展反腐败工作的智囊团，在今后的十几年、几十年里，他们将是全面建设小康社会，实现中华民族复兴的中坚力量。只有我们大家能够携起手来，从目前做起，从自己做起，共同探讨腐败问题产生的原因以及防治对策，才能从根本上遏制腐败，将腐败带来的影响降低到最低限度，为中国早日实现现代化提供一个好的氛围。

提高一体推进不敢腐、不能腐、不想腐能力和水平，全面打赢反腐败斗争攻坚战、持久战。建设新时代有中国特色的反腐败监督体制，是一项宏大、艰巨而复杂的系统工程，有赖于专门机关和全体人民的共同努力。我们必须要勇于实践，敢于探索，为进一步加强有中国特色的新时期反腐败监督体制建设而努力奋斗。

参 考 文 献

［1］ 弗里德里希·奥古斯特·哈耶克. 通往奴役之路［M］. 王明毅，冯兴元，等，译. 北京：中国社会科学出版社，1997.

［2］ 习近平. 更加科学有效地防治腐败 坚定不移把反腐倡廉建设引向深入［N］. 人民日报，2013－01－23.

［3］ 徐育苗，梁琴，唐明勇. 当代中国政党制度研究［M］. 武汉：华中师范大学出版社，1995.

［4］ 中共中央纪律检查委员会. 江泽民论党风廉政建设和反腐败斗争［M］. 北京：中国方正出版社，2003.

［5］ 王春瑜. 中国反贪史［M］. 成都：四川人民出版社，2000.

［6］ 胡长清案：彰显严惩腐败的决心［N］. 人民法院报，2008－03－07.

［7］ 韩松洋，周五湖，梁田. 浅析大数据时代电子政府智能化的重要性［J］. 法制与社会，2013（10）：173－174.

［8］ 涂子沛. 大数据：正在到来的数据革命以及它如何改变政府·商业与我们的生活［M］. 桂林：广西师范大学出版社，2013.

［9］ BILL F. 驾驭大数据［M］. 黄海，车皓阳，王悦，译. 北京：人民邮电出版社，2013.

［10］ 维克托·迈尔-舍恩伯格. 大数据时代：生活、工作与思维的大变革［M］. 盛杨燕，周涛，译. 杭州：浙江人民出版社，2012.

［11］ 比尔·科瓦奇，汤姆·罗森斯蒂尔. 新闻的十大基本原则：新闻从业者须知和公众的期待［M］. 刘海龙，连晓东，译. 北京：北京大学出版社，2011：16－89.

［12］ 河南获嘉化工扰民事件再追责：4名官员受处分、18人被罚［EB/OL］. 中国新闻网，2014－09－22.

［13］ 中央亮剑官员"亲缘腐败"［EB/OL］. 新华网，2014－10－22.

［14］ 梅宏. 大数据时代，你准备好了吗？［EB/OL］. 央视网，2018－03－09.

［15］ 电子政务中的"信息孤岛"问题的思考［EB/OL］. 国脉电子政务网，2018－05－11.

［16］ 李国杰，程学旗. 大数据研究：未来科技及经济社会发展的重大战略领域——大数据的研究现状与科学思考［J］. 中国科学院院刊，2012，7（6）：647－657.

［17］ 彭波. 我们离"政务云"还有多远［EB/OL］. 人民网，2013－01－16.

［18］ 张凤阳. 科学认识国家治理现代化问题的几点方法论思考［J］. 政治学研究，2014（2）：11－14.

［19］ 李文钊. 理解治理多样性：一种国家治理的新科学［N］. 北京行政学院学报，2017－05－16.

［20］ 曹国芳. 中国特色社会主义制度和国家治理体系的科学内涵［J］. 理论学习与探索，2020（2）：11－12.

［21］ 许耀桐. 国家治理现代化理论的创新成果［N］. 中国社会科学报，2020－06－18.

［22］ 陈进华. 治理体系现代化的国家逻辑［J］. 中国社会科学，2019（5）：23－39.

［23］ 马克思恩格斯选集：第三卷［M］. 北京：人民出版社，1995.

［24］ 高小平. 国家治理体系与治理能力现代化的实现路径［J］. 中国行政管理，2014（1）：9.

［25］ 林震. 人与自然关系的"三个改变"［EB/OL］. 人民论坛网，2020－06－03.

［26］ 习近平. 在哲学社会科学工作座谈会上的讲话［EB/OL］. 新华网，2016－05－18.

［27］ 习近平在十八届中央纪委六次全会上发表重要讲话［EB/OL］. 新华社，2016－01－12.

［28］ 习近平主持中共中央政治局第五次集体学习并讲话［EB/OL］. 人民网，2013－04－22.

［29］ 李雪勤. 中国共产党执政以来反腐倡廉思想研究［M］. 北京：中国方正出版社，2020.

［30］ 本书编写组. 新时代廉政法规导读［M］. 北京：中国方正出版社，2022.

后 记

　　廉政管理是衡量一个国家政治发展和国家治理水平的重要内容。改革开放以来，开启了从计划经济向市场经济体制的转型进程。伴随着经济迅速发展，腐败现象也开始蔓延，严重威胁社会稳定、政党存亡和中国的长远发展。40多年来，中国的腐败问题不仅在国内引起了社会的强烈反响，还引起了国际社会的广泛关注。正如我们所切身感受到的：腐败正日益导致社会道德水平下降、扰乱市场经济秩序、扭曲政府治理规则、削弱政党执政权威。腐败现象的治理和预防已经成为国家政治稳定和社会和谐发展不容回避的重大问题之一。

　　党的十八大以来，中央打出一系列反腐"组合拳"，反腐力度前所未有。国家主席习近平多次强调，反腐败"要坚持'老虎''苍蝇'一起打，既坚决查处领导干部违纪违法案件，又切实解决发生在群众身边的不正之风和腐败问题。"这充分体现党中央对于腐败问题惩治的决心。为学习宣传以习近平同志为核心的党中央关于反腐倡廉的方针政策和决策部署，根据中宣部关于开展形势政策宣传教育文件精神和中央纪委监察部领导的要求，经过多年时间撰写的《从反腐败到廉政管理——国家治理研究的管理科学思维》一书终于与大家见面了。

　　掩卷《从反腐败到廉政管理——国家治理研究的管理科学思维》一书，我难掩内心的激动。我的眼前宛如出现了一幅幅我们党反腐倡廉工作的美丽画卷；耳边似乎飘来了一曲曲深化改革与坚决反腐败斗争的天籁之音；鼻翼间仿佛闻到了通过体制机制改革，优化内设机构设置，盘活现有资源和力量，通过"加减法"实现了"乘法效应"的一缕缕清新的气息；心灵深处犹如受到了一阵阵猛烈的撞击，跨越式发展与反腐工作的风起云涌。

　　首先，本书通过对目前我国反腐形势的基本判断和改革开放以来我国腐败问题出现的新特点以及引起腐败的原因和世界反腐趋势以及世界各国反腐的经验成果、我国的反腐败状况及其反腐败机构职能的强化、我国腐败犯罪侦查机制的改革与创新、反腐工作坚持的管理科学思维及防治腐败的具体措施和研究结论与建议等阐述，以案预警，以事为鉴，试图站在改革开放的世界反腐败工作的视野和政府廉政管理的角度，通过国家治理研究的管理科学思维的综合运用，做足我国反腐工作的大文章，进一步提高我国全体党员干部反腐倡廉建设的理论水平。史不断书，当未来的史家重估中国改革开放时代我们党反腐倡廉工作的时候，此书或可提供一些已经反复核实的真相碎片。书中每一段文字要么是我通过实际调查和所见所闻写就，要么逐字逐句重写编纂，读者可以从中看到一脉相承的文风与中国反腐败工作的波浪式发展。

　　其次，由于本人长期在基础理论研究一线工作，对我国职务犯罪和侦查机构处理腐败案件的程序有更多的体验，这种体验反映在写作中。一颗火热的心，凝结成珠玑般的文字，汇集成彩虹般的图画，犹如一颗颗光滑闪亮的珍珠，串成这本飘着墨香的《从反腐败到廉政管理——国家治理研究的管理科学思维》的诞生。为此，我在这里要特别感谢本书责任编辑和诸多专家及学者为本书提出的宝贵意见，因为有了你们的支持和参与，本书才能够得以出版发行。

再次，笔者深感知识之浅薄，加之时间仓促，书中遗漏和错误之处在所难免，衷心希望得到专家和读者的批评、指教，以俟再版时补正。

最后，再次感谢所有对这本书提供支持帮助、积极参与、作出贡献的朋友和同志们。

写作出版《从反腐败到廉政管理——国家治理研究的管理科学思维》是愉快、激动的心路历程。我想这是一批理想主义者自我实现的一次实践，希望本书带给读者的是清凉的甘泉。

董英豪

2022 年 6 月 30 日于北京